Der Autor

J. Steve Miller ist Gründer und Leiter von *Legacy Educational Resources*, einer Organisation, die auf ihrer Website www.character-education.info umfassende Materialien für Vermittler von Lebenskompetenz an Schulen, in Kirchen und Dienstleistungsorganisationen bereitstellt. Er bezeichnet sich selbst als »Weisheitsvermittler« und sammelt Weisheiten und Wissen aus vielen Fachgebieten, die er Lehrern und Autoren durch seine Bücher und über das Internet zur Verfügung stellt.

Miller ist Lehrer, Unternehmer und Vortragsredner, der sein Publikum von Atlanta bis Moskau hat. Er ist dafür bekannt, dass er praktische Weisheiten aus den Ergebnissen ernsthafter Forschung ziehen und auf zugängliche und klare Weise kommunizieren kann. Seine Frau Cherie und ihre sieben Söhne erinnern ihn immer wieder daran, was funktioniert und was nicht.

www.jstevemiller.com

J. STEVE MILLER

ERKUNDUNG DER EWIGKEIT

Was Nahtoderfahrungen über
die Existenz Gottes und ein Leben
nach dem Tod aussagen

Mit einem Vorwort von Dr. Jeffrey Long

Aus dem Amerikanischen übersetzt
von Juliane Molitor

WILHELM HEYNE VERLAG
MÜNCHEN

Die amerikanische Originalausgabe erschien 2012 unter dem Titel
Near-Death Experiences as Evidence for the Existence of God and Heaven
bei Wisdom Creek Press, Acworth, Georgia, USA.

Verlagsgruppe Random House FSC® N001967
Das für dieses Buch verwendete
FSC®-zertifizierte Papier *Holmen Book Cream*
liefert Holmen Paper, Hallstavik, Schweden.

Originalausgabe 02/2014

Copyright © 2012 by J. Steve Miller
Copyright © der deutschsprachigen Ausgabe 2014
by Wilhelm Heyne Verlag, München,
in der Verlagsgruppe Random House GmbH
Alle Rechte sind vorbehalten. Printed in Germany 2014.
Redaktion: Manfred Miethe
Umschlaggestaltung: Guter Punkt, München
Umschlagmotiv: © isak55 / shutterstock
Herstellung: Helga Schörnig
Satz: C. Schaber Datentechnik, Wels
Druck und Bindung: GGP Media GmbH, Pößneck

ISBN 978-3-453-70249-3

www.heyne.de

WIDMUNG

Für mutige Forscher, die es wagen,
Neuland zu erforschen, und die über eine unstillbare
wissenschaftliche Neugierde verfügen,
die sie dazu treibt, die Grenzen der Wissenschaft
zu erweitern, indem sie die herrschenden
Paradigmen infrage stellen.

Inhalt

Vorwort
von Dr. Jeffrey Long

Obwohl ich noch nie selbst eine Nahtoderfahrung gemacht habe, haben diese Erfahrungen mein Leben entscheidend verändert. Nichts in meiner medizinischen Ausbildung hat mich auf meine erste Begegnung mit einer Nahtoderfahrung vorbereitet, von der die Frau eines guten Freundes spontan beim Abendessen berichtete. Ich war bass erstaunt! Ich erinnere mich, dass ich dachte, so etwas könne meine Ansichten über das Leben, den Tod und Gott ändern, und beschloss, Berichte über Nahtoderlebnisse zu sammeln und zu untersuchen. Diese Studie hat mein Weltbild und meine Prioritäten in der Tat völlig neu geordnet.

Als Radioonkologe (Facharzt für Strahlentherapie bei Krebs) habe ich es täglich mit Patienten zu tun, die wissen, dass ihr irdisches Leben bald zu Ende sein könnte. Dank meiner Beschäftigung mit Nahtoderfahrungen kann ich ihnen helfen, ihrem Krebs mit Mut und Zuversicht zu begegnen. Seit über 35 Jahren veröffentlichen Ärzte und Wissenschaftler signifikante Nahtod-Studien, in denen solche Erfahrungen untersucht wurden, sowohl in Fachzeitschriften als auch in Büchern. Ich persönlich habe über 3000 Nahtoderfahrungen untersucht, die ich auf www.nderf.org veröffentlicht habe. Während weitere klinische Studien stets willkommen sind, scheint es mir, dass eine große Herausforderung heute darin besteht, die Berge von Daten zu sichten, die sich mittlerweile angesammelt haben, und die Konsequenzen, die sich aus ihnen ergeben, an die Öffentlichkeit zu bringen.

Wichtige Fragen, die sich sowohl Nahtod-Forscher als auch Menschen überall auf der Welt heute stellen, sind: Liefern Nahtoderfahrungen überzeugende Beweise für die Existenz Gottes und für das Jenseits? Welche Beweise sind das? Sind sie stark oder schwach? Wenn es sich bei einigen dieser Erlebnisse tatsächlich um Begegnungen mit dem Jenseits handelt, welche Auswirkungen könnte das dann auf die Prioritäten haben, die ich in meinem Leben setzen sollte?

Während andere Bücher, wie meine eigenen, diese Herausforderung annehmen, glaube ich, dass Millers Buch einen wertvollen Beitrag zur Literatur über Nahtoderlebnisse leistet. Erstens erhebt er eine frische Stimme, indem er sich kreativer Analogien und neuer Blickwinkel bedient, um die wichtigsten Punkte zu klären. Zweitens vermeidet er den akademischen Insider-Jargon, der mehr verschleiert als er erklärt. Drittens schafft er es auf bemerkenswerte Weise, die jüngsten Forschungen in einem Dokument zu verdichten, das in seiner Kürze alle anderen schlägt. Indem er sich auf die Beweiskraft der Nahtoderfahrungen konzentriert, kann Miller die möglichen Auswirkungen untersuchen, ohne den Leser mit unwesentlichen Einzelheiten zu belasten.

Wenn dies Ihr erster Kontakt mit dem Thema Nahtoderfahrung ist, schnallen Sie sich an! Sie sind dabei, eine aufregende Reise anzutreten, die Sie an Orte führen wird, die Sie sich nie hätten vorstellen können.

DR. JEFFREY LONG,
Autor von »Beweise für ein Leben nach dem Tod.
Die umfassende Dokumentation von Nahtoderfahrungen
aus der ganzen Welt«

Zum Geleit

Was, wenn du schliefst? Und was, wenn du in deinem Schlaf träumtest? Und was, wenn du in deinem Traum in den Himmel aufsteigen und dort eine seltsame und wunderschöne Blume pflücken würdest? Und was, wenn du diese Blume beim Erwachen in der Hand hieltest? Ah, was dann?

SAMUEL TAYLOR COLERIDGE

Was dann? In der Tat.

Dies ist im Prinzip das Versprechen, das viele Nahtod-Forscher geben und einzulösen behaupten: einen Blick auf die Ewigkeit zu liefern, untermauert von entsprechendem Beweismaterial. In diesem Buch wollen wir herausfinden, ob sie ihr Versprechen wirklich gehalten haben.

Was ist ein Nahtoderlebnis mit unterstützendem Beweismaterial?

Eine Patientin wird einer riskanten Gehirnoperation unterzogen, für die ihre Körpertemperatur auf etwa 10 Grad Celsius abgesenkt und alles Blut aus ihrem Gehirn abgesaugt werden muss. Drei primären Tests –

Null-Linien-EEG, nicht reagierender Hirnstamm und keine Durchblutung des Gehirns – zufolge ist sie klinisch tot. Doch nach der Operation berichtet die Patientin, dass sie während der Operation sehr lebendig war und sich die ganze Prozedur von außerhalb ihres Körpers angeschaut hat. Bis ins kleinste Detail gibt sie eine Unterhaltung wieder, die während der Operation geführt wurde, und beschreibt die von den Chirurgen verwendeten Spezialinstrumente. Selbst für den Fall, dass ihre lebendige und bewusste außerkörperliche Erfahrung stattgefunden hat, bevor man ihr das Blut aus dem Gehirn saugte, waren ihre Augen zu dem Zeitpunkt mit Klebeband verschlossen, sie war voll narkotisiert, und 100-Dezibel-Klicks beleidigten ihre Ohren mehr als zehnmal pro Sekunde, um ihre Hirnstamm-Aktivität zu überwachen. Bis auf das ganz kleine Stück, an dem operiert wurde, war ihr ganzer Körper zugedeckt.[1]

Aber wer hat von diesem Ereignis berichtet? Eine anonyme Person, die damit eine Sammlung entsprechender Geschichten auf einer Website bereichert hat? Die Patientin? Die Chirurgen? Wäre es möglich, dass sich die Patientin die Unterhaltung zusammengereimt und die Instrumente vor der Operation gesehen hat? Und wenn das alles wirklich passiert ist, welche Hypothese erklärt das Ereignis am besten?

Später werde ich noch mehr zu diesem bemerkenswerten Vorfall sagen und auch zu vielen faszinierenden Studien, in denen Beweise für ein Leben nach dem

Tod erbracht werden, die weit über bloße Anekdoten hinausgehen.

Warum dieses Buch?

In letzter Zeit haben viele über Nahtoderfahrungen geschrieben: von Menschen, die ihre persönlichen Erlebnisse teilen wollten, bis hin zu Ärzten, die bis ins kleinste Detail über ihre klinischen Studien berichtet haben. Ich habe das Gefühl, dass eine kurze, lesbare Einführung in dieses faszinierende Gebiet angebracht ist, und konzentriere mich dabei auf den beweiserheblichen Wert der Nahtoderlebnisse. Hier finden Sie:

• Berichte von Menschen, die behaupten, im Himmel gewesen zu sein.
• Wie diese Berichte erhärtet werden und welche Art von Beweisen sie liefern.
• Einführungen in die wichtigsten Forschungen auf diesem Gebiet.
• Ein Schwerpunkt liegt auf den Ergebnissen klinischer Studien und auf der wissenschaftlichen, von Experten geprüften Literatur.
• Die Ergebnisse meiner eigenen Interviews mit Menschen, die Nahtoderlebnisse hatten, weisen auf Möglichkeiten hin, wie sich jeder von uns diesen Beweisen annähern kann, indem er oder sie eigene Interviews im vertrauten Kreis führt.
• Eine Untersuchung der naturalistischen Hypothesen.

- Eine Diskussion über die Auswirkungen persönlicher Vorstellungen vom Tod und kultureller Unterschiede.
- Ein Vergleich von Nahtoderlebnissen mit traditionellen christlichen Lehren.
- Empfehlungen für weiterführende Studien.

Meine persönliche Suche nach Gott
Einige Leser sind vielleicht an meinem Hintergrund und meinen Beweggründen für das Schreiben dieses Buches interessiert. Das macht die Lektüre persönlicher und hilft Ihnen vielleicht, meinen Forschungsansatz und -stil besser zu verstehen.

Vor 40 Jahren, im Alter von 16 Jahren, war ich besessen von der Suche nach Gott. Ich argumentierte so: Weil das irdische Leben verglichen mit der Ewigkeit nur ein kurzer Moment ist, sollte es meine erste Priorität sein festzustellen, ob es Gott wirklich gab, und, wenn ja, herauszufinden, was er von mir und meinem Leben wollte. Die Worte Jesu Christi inspirierten mich zu manchen Zeiten und zu anderen suchten sie mich regelrecht heim:

Was hülfe es dem Menschen, wenn er die ganze Welt gewönne und nähme doch Schaden an seiner Seele?

Aber ich hatte ein Problem.

Wissen Sie, ich bin ein Skeptiker. War ich schon immer. Nicht im engeren Sinne, also jemand, der die

Religion pauschal ablehnt, sondern in einem allgemeinen Sinne: jemand, der alles infrage stellt. Mein Wörterbuch definiert einen Skeptiker als »jemanden, der von Natur aus anzweifelt oder infrage stellt, was er hört, liest und so weiter«. Das bin ich. Mein Bild sollte im Wörterbuch neben dieser Definition abgedruckt werden.

Wenn mir jemand von etwas Unerhörtem berichtet, das ein politischer Führer (egal von welcher politischen Partei) gesagt oder getan hat, frage ich:

- »Wer hat das berichtet?«
- »In welcher Publikation?«
- »In welchem Zusammenhang?«
- »War der Reporter aufgrund seiner politischen Zugehörigkeit vielleicht voreingenommen?«
- »War der Bericht objektiv oder hatte er eher etwas mit sensationeller Meinungsmache zu tun?«

Wie Sie sich vorstellen können, brachte mich meine skeptische Neigung dazu, religiöse Behauptungen ständig zu hinterfragen und sie wiederholt einer strengen Prüfung zu unterziehen. Obwohl ich als Zehntklässler an der Highschool mein Leben ganz Gott widmen wollte, hatte ich bald wieder Phasen, in denen ich zweifelte und mich mit Fragen zu Gott und den Dogmen des Christentums herumquälte.

Meine akademische Suche

Als Ergebnis davon liest sich meine akademische Karriere wie eine Suche nach Gott. Ich habe fünf höhere Lehranstalten – diverse Colleges, Universitäten und Hochschulen – besucht, in erster Linie auf der Suche nach spiritueller Wahrheit. Ich studierte viele Fächer, die für die wissenschaftliche Beschäftigung mit Gott und Religion relevant sind: Religionsphilosophie, vergleichende Religionswissenschaft, Bibelkunde, Griechisch, Hebräisch, Wissenschaftstheorie, deduktive Logik, Philosophie, Ethik, Soziologie, Psychologie, Religionspsychologie, Theologie und so weiter.

Ob meine Professoren nun Agnostiker, Christen oder Buddhisten waren, ich stellte ihren Glauben infrage und betrieb unabhängige Forschungen, um Fakten von Fantasie zu trennen und persönliche Vorlieben von unbequemen Wahrheiten. In meiner Freizeit las ich oft Bücher, in denen für und gegen religiöse Überzeugungen argumentiert wurde, und sammelte so im Laufe der Zeit eine recht stattliche Bibliothek an. Diese umfassendere Sicht auf religiöse und philosophische Studien hilft mir auch, wenn ich mir bestimmte Beweisstücke wie Nahtoderfahrungen anschaue.

Natürlich habe ich Gott nicht nur mit akademischen Methoden gesucht, sondern auch durch das Gebet und indem ich versuchte, mir ein lernfähiges und offenes Herz zu erhalten.

Wie mein Hintergrund diese Studie geprägt hat

Vor diesem Hintergrund werden Sie so manchen Aspekt dessen, was ich hier schreibe, besser verstehen.

Erstens habe ich viel gelesen und meine Quellen akribisch dokumentiert, damit Sie die Originalquellen finden können, wenn Sie selbst weiterforschen oder meine Interpretationen bestimmter Studien überprüfen möchten. Über die Dokumentation hinaus enthalten meine Anmerkungen und Anhänge, die einen großen Teil des Buches ausmachen, weiterführendes Material, von dem ich fürchtete, weniger engagierte Leser würden es vielleicht zu langatmig finden. Sollte Ihnen ein Argument also schwach oder unvollständig vorkommen, schauen Sie in den Anmerkungen nach, ob ich es dort weiter ausführe. Falls ich wichtige Quellen übersehen oder die missverstanden habe, auf die ich mich beziehe, dann informieren Sie mich bitte, indem Sie mir eine E-Mail an jstevemiller@gmail.com schreiben.

Zweitens verwende ich selten Worte, die endgültig klingen, wie »gewiss« oder »bewiesen«. Das liegt zum einen an meiner skeptischen Natur, zum anderen aber auch an meinem Wunsch, mich möglichst präzise auszudrücken. Weil »bewiesen« in der Mathematik und der deduktiven Logik »100 Prozent Gewissheit« anzeigt, tendiere ich dazu, den etwas bescheideneren Begriff »ausreichend bewiesen« zu verwenden, der für naturwissenschaftliche oder juristische Fragen angemessener ist.

Ein Beispiel: Jahrhundertelang dachten Biologen und Naturkundler, alle Schwäne seien weiß, weil sie Zehntausende von weißen Schwänen beobachtet hatten. Aufgrund so starker Beweise waren viele versucht, in aller Endgültigkeit zu erklären: »Wir haben bewiesen, dass alle Schwäne weiß sind.« Doch dann reiste jemand nach Australien und sah einen schwarzen Schwan. Diese eine Beobachtung war das Ende der Theorie, dass alle Schwäne weiß sind.

Denken Sie also bitte nicht, dass ich die Kraft eines Arguments herunterspielen will, wenn ich von »ausreichend bewiesen« spreche. Wir treffen unsere wichtigsten Entscheidungen im Leben eher, indem wir Beweise gegeneinander abwägen, statt nach der logischen Gewissheit Ausschau zu halten. Wir verurteilen Mörder aufgrund ausreichender Beweise. Und dennoch kann ein weiteres Beweisstück unser Urteil wieder kippen. Wir wählen unsere Autos und Häuser, unsere Ehepartner und Berufe auf der Basis ausreichender Beweise. Meiner Meinung nach ist die absolut logische Gewissheit in der wirklichen Welt gar nicht zu finden, sondern nur in einer abstrakten Welt wie der der Mathematik.

Drittens versuche ich, so einfach wie möglich zu schreiben. Schwache Argumente verstecken sich oft hinter Fachausdrücken und sprachlichen Schnörkeln. Wäh-

rend also in manchen Büchern zum Thema Nahtoderfahrungen von myokardialen Infarkten die Rede ist,
spreche ich einfach von Herzinfarkten.

Viertens möchte ich mich diesem Thema in aller Demut
annähern, weil mir klar ist, dass ich noch sehr viel
zu lernen habe. Meine Recherchen sind zwar noch
längst nicht abgeschlossen, aber ich habe versucht,
die besten Quellen zu lesen, in denen verschiedene
Positionen dargestellt werden. Und ich bitte Sie noch
einmal: Wenn Sie glauben, dass ich wichtige Daten übersehen habe, nehmen Sie Kontakt mit mir auf.

Einführung
Die Suche nach Shangri-La

Stellen Sie sich vor, Sie hätten Geschichten von einer außergewöhnlichen, in Vergessenheit geratenen Zivilisation namens Shangri-La irgendwo in den Bergen von Tibet gehört. Ihre Neugier lässt Sie zur Hochform auflaufen, und Sie brennen darauf herauszufinden, ob da etwas Wahres dran ist. Aber wie können Sie Beweise sammeln, ohne selbst eine kostspielige Expedition zu organisieren?

Die beste Möglichkeit, die Sie hätten, wäre, mit Unmengen von Menschen zu sprechen, die unabhängig voneinander behaupten, in Shangri-La gewesen zu sein, ihre Geschichten zu vergleichen und gleichzeitig Intelligenz, Ehrlichkeit und geistige Gesundheit Ihrer Informanten einzuschätzen. Und es könnte nicht schaden, wenn sie unterstützendes Beweismaterial vorlegen könnten, etwa ein Souvenir, das nur aus Shangri-La stammen kann.

Im Prinzip behaupten viele Menschen genau das über das Jenseits. Uns wird zwar gesagt, Sterben sei der beste Weg, um Gott von Angesicht zu Angesicht zu begegnen, aber es ist schlicht und ergreifend nicht besonders praktikabel, eine Reise über den Styx zu organisieren. Bleibt uns also nur die Möglichkeit, nüchtern denkende Menschen zu befragen, die für sich in Anspruch nehmen, am anderen Ufer gewesen zu sein.

Aber wie können sie jemals beweisen, dass ihre Erfahrungen mehr als lebhafte Träume waren? Und welches Beweismaterial könnten sie wohl vorlegen? Diese Fragen haben mich daran gehindert, Nahtoderfahrungen ernst zu nehmen.

Bis vor Kurzem.

Kapitel 1
Die Nahtoderfahrung eines Vierjährigen

Jemand aus meiner Verwandtschaft hatte das beliebte Buch *Den Himmel gibt's echt* gelesen und wollte meine Meinung dazu wissen.[1] Ich war nicht interessiert, tat der Person aber den Gefallen. In dem Buch erzählt ein Vater von seinem vierjährigen Sohn Colton, der seinen Besuch im Himmel während einer Vollnarkose beschrieben hat.

An dieser Geschichte faszinierten mich mehrere Dinge. Erstens war der Vater des Jungen ein angesehenes und sehr bekanntes Mitglied einer ländlichen Gemeinde (Pastor, Wrestling Coach, Mitglied der freiwilligen Feuerwehr, Leiter einer Firma für Garagentore). Wenn er sich so etwas nur ausgedacht hätte, hätten die Menschen in seiner Gemeinschaft wahrscheinlich sofort nachgebohrt und einschlägige Fragen gestellt. Schließlich wäre sein Ruf ruiniert gewesen, denn seine Nachbarn hätten sich wahrscheinlich an die Presse gewendet, das Schmierentheater aufgedeckt und ihrem Unmut in Leserbriefen Luft gemacht, etwa so:

»Der Vater ist seltsam; seine Frau neigt zur Hysterie und Colton leidet unter Wahnvorstellungen. Mein Sohn geht mit Colton zur Schule. Letzte Woche hat das Kind seinem Lehrer gegenüber versichert, dass es ein Einhorn als Haustier hat.«

Hätte es sich bei der Familie um unauffällige Bewohner einer Großstadt wie Los Angeles gehandelt, wäre es für sie deutlich einfacher gewesen, eine solche Geschichte in die Welt zu setzen und damit durchzukommen.

Zweitens gab es unterstützendes Beweismaterial. Colton teilte Insiderwissen mit, das er mit ziemlicher Sicherheit nicht aus irdischen Quellen haben konnte. Er behauptete, seine durch eine Fehlgeburt verlorene Schwester getroffen zu haben, von der ihm nie jemand etwas erzählt hatte. Er erzählte Details über seinen Urgroßvater, die er vermutlich gar nicht gekannt haben kann. Er hatte seinen Vater in einem anderen Raum des Krankenhauses beten sehen, und zwar angeblich von außerhalb seines Körpers.

Es war ein interessantes Buch, aber als Beweis für das Jenseits fand ich es nicht sehr hilfreich. Ich brauchte mehr. Um meinen skeptischen Verstand zufriedenzustellen, brauchte ich:

• Berichte von den Ärzten und Krankenschwestern.
• Berichte von Menschen aus der Gemeinde, welche die Integrität der Familie bestätigten.
• Den Nachweis, dass Colton nicht mitbekommen haben konnte, wie über die vermeintlichen »Beweise«

gesprochen wurde, etwa zu einer Zeit, als die Familie nicht merkte, dass er zuhörte.

• Den Nachweis, dass das, was er erlebt hatte, kein ausgeklügelter Traum war, dessen Details seiner religiösen Erziehung geschuldet waren.

Außerdem hielt ich es für reichlich seltsam, dass Colton nicht gleich nachdem er aus der Narkose aufgewacht war, über sein Erlebnis gesprochen hatte. Erzählen denn kleine Kinder normalerweise nicht gleich, wenn sie zur Tür hereinkommen, was sie gerade Spektakuläres erlebt haben?

Von den »Beweisen« her gesehen, kam mir die Geschichte eher schwach vor, aber sie war dennoch faszinierend. Im Klappentext kommentierte ein Autor, der sich selbst eingehend mit Nahtoderfahrungen beschäftigt hatte, dass Coltons Erfahrungen gut zu den vielen von ihm untersuchten Nahtoderfahrungen passen würden. Wenn andere von ähnlichen Erfahrungen berichtet haben, aber bessere Nachweise liefern konnten, würde man auf diese Weise an Beweise für das Jenseits kommen.

Kapitel 2
Untersuchungen von Nahtoderfahrungen

Ich suchte also nach seriösen Büchern zu diesem Thema – Bücher von objektiven Autoren (keine Pastoren oder New-Age-Gurus, die nur darauf aus waren, andere zu bekehren) mit der akademischen Qualifikation, solide Forschungen in vielschichtigen Fällen zu betreiben. Als Erstes las ich Dr. Raymond Moodys bahnbrechende Studie *Life after Life* (dt.: *Leben nach dem Tod*) von 1975.[1] Moody studierte Medizin (Psychiatrie), was es ihm möglich machte, wissenschaftliche Beweise für mögliche medizinische Erklärungen des Phänomens zu bewerten. Außerdem hatte er in Philosophie promoviert, was Forschern oft hilft, Hypothesen genauer auszuwerten und in ihren Schlussfolgerungen präziser zu sein.

Ich habe mit Moody begonnen, weil er einer der ersten Forscher war, der Nahtoderfahrungen ernsthaft untersucht und populär gemacht hat. Es war daher höchst unwahrscheinlich, dass seine Probanden etwas über Nahtoderfahrungen gelesen oder gesehen hatten, wie im Fernsehen darüber diskutiert wurde. Dies könnte die psychologische Erklärung ausschließen, dass Menschen diese Erfahrungen machen, weil sie davon gehört haben und daher erwarten, sie zu machen.

Moody kam aus einem nicht religiösen Elternhaus, und sein Vater, ein Chirurg, bezeichnete Religion verächtlich als »institutionalisierten Aberglauben«. Es ist also kein Wunder, dass Moody in der Überzeugung aufwuchs, der Tod sei das Ende des Lebens.[2] Doch während er an der University of Virginia Philosophie studierte, erwähnte einer seiner Professoren Dr. George Ritchie, einen angesehenen Psychiater an der dortigen medizinischen Fakultät, der, nachdem er für tot erklärt worden war und sein Bewusstsein später wiedererlangt hatte, über eine faszinierende Erfahrung berichtete, die er auf der anderen Seite gemacht hatte. Moody war so fasziniert, dass er zu einem Vortrag ging, den Ritchie vor einer Gruppe von Studenten hielt.

Dr. Ritchie berichtete, dass er an doppelseitiger Lungenentzündung gestorben war. (Er gab eine Kopie seines Totenscheins herum, die sich die Studenten anschauen konnten.) Während er klinisch tot war, hatte er seinen Körper verlassen und Beobachtungen gemacht, die er später dadurch bestätigte, dass er den Ort des Geschehens besuchte.[3] Er konnte durch Menschen und Türen gehen. Die Gesetze von Raum und Zeit schienen für ihn keine Gültigkeit mehr zu haben, er brauchte nur an einen Ort zu denken, und schon war er da.

Er kehrte in das Krankenzimmer zurück, sah seinen Körper dort liegen und hörte eine Stimme, die sagte: »Steh auf! Du befindest dich in der Gegenwart des Sohnes Gottes!« Ein herrliches Wesen erschien und zeigte ihm in scheinbar wenigen Sekunden sein ganzes Leben von der Geburt bis zu dem Zeitpunkt, an dem man ihn für tot erklärt hatte, in allen Einzelheiten. Das Wesen fragte: »Was hast du mit deinem Leben gemacht?« Er sagte: »Nun, ich bin bei den Pfadfindern ein Eagle Scout.« Das Wesen antwortete: »Ja, das ehrt dich.«

Dann setzte sich das Wesen neben ihn und gewährte ihm einen Blick in die himmlischen Gefilde. Schließlich kehrte Dr. Ritchie in seinen Körper zurück.[4]

Moody freundete sich mit Dr. Ritchie an, widmete ihm *Leben nach dem Tod* und ließ sich von seiner Leidenschaft für Psychiatrie anstecken. Ritchie sagte, wenn er über seine Erfahrungen sprach, kamen die Leute anschließend zu ihm und berichteten von ähnlichen Erlebnissen. Moody war fasziniert. War es möglich, dass diese Erfahrung ziemlich verbreitet war, die Menschen aber zögerten, darüber zu sprechen, weil sie Angst hatten, dass man sie für verrückt halten könnte?[5]

Als Moody an der East Carolina University Philosophie zu unterrichten begann, kam ein frustrierter Student auf ihn zu und schlug vor, sie sollten sich doch lieber auf wichtige Dinge konzentrieren, etwa auf das Leben nach dem Tod. Der Student erzählte, dass er in einen Autounfall verwickelt gewesen war und die Ärzte ihn für tot erklärt hatten. Bevor er wiederbelebt wurde, hatte er sich bei vollem Bewusstsein außerhalb seines Körpers wiedergefunden. Er war durch einen Tunnel gereist und hatte eine Person getroffen, die ihm sein ganzes Leben gezeigt hatte. Das hatte für ihn alles verändert. Für den Studenten war das interessanter und relevanter als das meiste, was er in seinem Philosophiestudium lernte.

Moody fragte also seine Studenten, ob sie auch so etwas erlebt hatten. Manche erzählten ihre Geschichten. Nachdem er sich an der medizinischen Fakultät eingeschrieben hatte, fuhr er mit seinen Befragungen fort, interviewte Ärzte, Professoren und andere, die von solchen Erfahrungen berichteten, und nahm alles mit einem Kassettenrekorder auf. Die Berichte über diese Erfahrungen, es waren etwa 150, bildeten das Material für sein Buch.[6] Darin veröffentlichte Moody Ausschnitte aus seinen Interviews und ordnete sie nach 15 gemeinsamen Merkmalen, etwa das Verlassen des Körpers, das Zusammensein mit verstorbenen Verwandten, der Gang durch einen Tunnel, die Begegnung mit einem Lichtwesen und der Rückblick auf das eigene Leben.

Die Berichte waren erstaunlich ähnlich, aber persönlich und detailliert, und oft enthielten sie unterstützendes Beweismaterial. Moody wertete sie aus und schloss mögliche natürliche Erklärungen dafür aus, etwa Sauerstoffmangel, psychologische Faktoren oder während medizinischer Krisen verabreichte Medikamente.[7]

Leben nach dem Tod war erhellend, aber ich wollte noch mehr. Seit Moodys Studie waren Jahrzehnte vergangen, und ich suchte jemanden, der mir eine Zusammenfassung der späteren Forschungen geben konnte.

Auch lebten Moodys Probanden alle in Amerika. Sie hatten zwar behauptet, unterschiedliche Überzeugungen zu haben, aber konnte die allgegenwärtige christliche Weltanschauung ihre sehr ähnlichen Erfahrungen nicht zumindest teilweise erklären? Hatte die weitere Forschung mit Probanden, deren kultureller Hintergrund unterschiedlicher war, Moodys Schlussfolgerungen bestätigt, verfeinert oder erschüttert?

Da trat Dr. Pim van Lommel auf den Plan, ein weltbekannter niederländischer Kardiologe und Autor des Buches *Endloses Bewusstsein. Neue medizinische Fakten zur Nahtoderfahrung.* Seine Arbeit auf einer Krankenstation, wo häufig klinisch tote Patienten wiederbelebt wurden, brachte ihn dazu, seine naturalistischen Annahmen zu überdenken. Van Lommel sagt:

>»Ich bin in einem akademischen Umfeld aufgewachsen, in dem ich gelernt habe, dass es für alles eine reduktionistische und materialistische Erklärung gibt. Und bis zu diesem Zeitpunkt hatte ich das immer für unbestreitbar wahr gehalten.«[8]

Was hat bewirkt, dass er seine Meinung änderte?

Viele seiner wiederbelebten Patienten berichteten in lebendigen Details von Ausflügen auf die andere Seite, die sie gemacht hatten, als sie klinisch tot waren. Während ihre leblosen Körper in Krankenhausbetten lagen, ihre Herzen nicht mehr schlugen und ihre Gehirne eigentlich nicht mehr in der Lage waren, Bewusstsein hervorzubringen, hatten sie nach eigenen Aussagen etwas erlebt, das lebendig und erstaunlich war und ihr ganzes Leben veränderte. Nach ihrer Reanimation sprachen sie davon, irgendwo anders sehr lebendig gewesen zu sein. Wie einer seiner Patienten sagte: »Es stellte sich heraus, dass tot gar nicht tot war.«[9] Überzeugende Beweise (Dinge, die seine Patienten gesehen und erfahren hatten, während sie klinisch tot waren) machten deutlich, dass es sich hier um echte Erfahrungen handelte.

Van Lommels wissenschaftliche Neugier war geweckt, und er begann mit einer Untersuchung von Nahtoderfahrungen, die 20 Jahre dauern sollte. Er befragte Patienten kurz nachdem sie ihre Erfahrungen gemacht hatten und Jahre später noch einmal, um zu sehen, ob ihre Erinnerungen und das, was sie über Veränderungen in ihrem Leben gesagt hatten, noch mit den ursprünglichen Berichten übereinstimmten. Seine Studie war so gut gemacht, dass sie in der renommierten medizinischen Fachzeitschrift *The Lancet* veröffentlicht wurde.[10]

Ein Grund, warum mich van Lommels Forschungen faszinierten, war der Ort, an dem sie durchgeführt wurden. Er hatte Patienten in Holland interviewt, wo die meisten Menschen nicht an ein Leben nach dem Tod glauben.[11] Wenn Menschen, die nicht an den Himmel glauben, lebendige Erfahrungen in einer Art Himmel gemacht hatten, konnte man diese Erfahrungen wohl kaum auf ihre eher langweiligen Erwartungen, dass auf den Tod das Nichts folgt, zurückführen. Bemerkenswert ist jedoch, dass die in Holland gemachten Erfahrungen den Berichten, die Moody in Amerika gesammelt hatte, sehr ähnlich waren.

Ergänzend zu seinen eigenen und Moodys Forschungen verglich van Lommel viele unabhängige Studien zu Nahtoderfahrungen, die nach Moody durchgeführt worden waren. Und schließlich – für alle, die von einer guten Sache nie genug haben können – theoretisiert er mehrere Kapitel lang über das Geist/Gehirn-Phänomen und mögliche Erklärungen auf der Grundlage der Quantenphysik. Das alles ist gut dokumentiert und zeigt, dass er die relevante Literatur eingehend studiert hat.

Und welche Schlussfolgerung zieht van Lommel daraus?

Nahtoderfahrungen passen nicht in ein naturalistisches Weltbild. Es *gibt* ein Leben nach dem Tod. Was seine Patienten erlebt hatten, waren keine lebhaften Träume, sondern sehr reale Reisen auf die andere Seite, und der wichtigste Teil davon war die Begegnung mit einem persönlichen Lichtwesen.[12]

Nachdem ich van Lommel gelesen hatte, arbeitete ich mich allmählich durch die Werke der anderen wichtigen Forscher auf diesem Gebiet. Jede Studie warf neue Fragen auf, die dann meist in anderen Studien angesprochen wurden. (Wenn Sie tiefer in die Materie eindringen wollen, werfen Sie einen Blick in Anhang 9 – Anleitung zum Weiterforschen. Angesichts der

Tatsache, dass es mittlerweile Hunderte von Büchern zum Thema Nahtoderfahrungen gibt, möchten Sie sich wahrscheinlich auf seriöse Untersuchungen einiger Fälle konzentrieren.)

Nicht nur in Büchern, sondern auch in der wissenschaftlichen Fachliteratur sind Nahtoderfahrungen mittlerweile keine Unbekannten mehr. Bis zum Jahr 2005 wurden mehr als 900 Artikel über Nahtoderfahrungen in der wissenschaftlichen Literatur veröffentlicht, etwa in Fachzeitschriften wie *Psychiatry*, *The Lancet*, *Critical Care Quarterly*, *The Journal for Near-Death Studies*, *American Journal of Psychiatry*, *British Journal of Psychology*, *Resuscitation* und *Neurology*.[13] In den dreißig Jahren nach der Veröffentlichung von Moodys *Leben nach dem Tod* haben 55 Forscher oder Forschungsteams mindestens 65 Studien zu mehr als 3500 Nahtoderfahrungen veröffentlicht.[14]

Man beachte, dass die meisten dieser Forscher nicht den Eindruck machen, als verkündeten sie ihre theologischen oder philosophischen Lieblingsüberzeugungen. Die meisten, die ich gelesen habe, bezweifelten zu Beginn ihrer Forschungstätigkeit, dass Nahtoderfahrungen irgendetwas Spirituelles an sich haben könnten, ließen sich jedoch von der Last der Beweise überzeugen. Sie schreiben wie objektive, wissenschaftlich denkende Menschen, die von einem verwirrenden Phänomen fasziniert sind, das uns nicht nur etwas über das Jenseits lehren kann, sondern auch über den eigentlichen Zweck unseres Daseins.

Ich habe auch meine eigenen informellen Interviews mit Freunden, Verwandten und Menschen, denen sie vertrauen, durchgeführt. Nachdem ich Unmengen von wissenschaftlichen Studien gelesen hatte, sagte der Skeptiker in mir immer noch: »Wenn diese Erfahrungen so weit verbreitet sind, wie sie alle sagen, warum habe ich dann noch nie von auch nur einem Nahtoderlebnis in meinem Bekanntenkreis gehört?« Also begann ich, Freunde und Verwandte zu befragen und war erstaunt zu hören, wie mir Menschen, denen zu vertrauen ich allen Grund hatte, ohne offensichtliche Hintergedanken von den Erfahrungen erzählten, die sie auf der anderen Seite gemacht hatten. In Anhang 3 mache ich Vorschläge, wie jeder Nahtoderfahrungen erforschen kann, indem er Menschen aus seinem Freundes- und Bekanntenkreis dazu befragt.

Kapitel 3
Eine Collage aus Nahtoderfahrungen

Nahtoderfahrungen sind nicht selten. Studien haben ergeben, dass vier Prozent der Bevölkerung in Deutschland und in den USA davon berichten, eine solche Erfahrung gemacht zu haben. Das sind mehr als einer von 25 oder mehr als neun Millionen Amerikaner.[1] Aber seien Sie nicht überrascht, wenn Sie von Freunden und Familienmitgliedern nichts darüber hören. Menschen neigen dazu, diese Erfahrungen für sich zu behalten, aus Angst, sie könnten für verrückt erklärt werden.[2] Dies erklärt vielleicht auch, warum Colton seine Nahtoderfahrung nicht sofort seiner Familie mitgeteilt hat. (Eine andere Möglichkeit, warum Colton erst verspätet davon berichtete, ist vielleicht, dass er unmittelbar nach seinem Nahtoderlebnis immer noch krank war. Hinzu kommt, dass ein Vierjähriger das Ungewöhnliche an seiner Erfahrung vielleicht nicht erkennen konnte. Daher ist es nur verständlich, dass er nicht darüber gesprochen hat, bis er in einer entsprechenden Unterhaltung Gelegenheit dazu bekam.)

Forscher teilen die faszinierenden Einzelheiten aus Tausenden von Nahtoderlebnissen mit uns. Ich empfehle, viele dieser Erfahrungsberichte ganz zu lesen, um einen möglichst umfassenden Eindruck zu bekommen. Ich empfehle außerdem, einige Menschen, die eine Nahtoderfahrung gemacht haben, persönlich zu befragen. Es hat etwas sehr Überzeugendes zu hören, wie eine Person, die einem vertraut ist, von ihrer ganz persönlichen Erfahrung berichtet.

An dieser Stelle sollte ich etwas genauer erläutern, was ich unter einer Nahtoderfahrung verstehe. Statt ganze Geschichten wiederzugeben, die schon in vielen anderen Büchern stehen und daher leicht zugänglich sind, werde ich Aussagen aus vielen Berichten über Nahtoderlebnisse, die von anderen Forschern veröffentlicht wurden, sowie meine eigenen Interviews zu einer kurzen, schlüssigen Geschichte zusammenfügen. Beachten Sie, dass die meisten Menschen einige dieser Elemente erleben, aber nicht alle. Einige verlassen beispielsweise ihren Körper, sehen, wie Ärzte und Krankenschwestern sie zu reanimieren versuchen, sprechen mit verstorbenen Verwandten und kehren dann in ihren Körper zurück, ohne durch einen Tunnel gegangen oder einem Lichtwesen begegnet zu sein. Beachten Sie auch, dass die meisten von ihnen Mühe hatten, ihre Erfahrungen in Worte zu fassen. Es scheint, als sei keine irdische Erfahrung dem Erlebten ähnlich genug gewesen, um die passenden Analogien zu bieten.

Hier also einige Berichte von der anderen Seite, direkt und aus erster Hand.[3]

Ich hatte noch nie etwas von einem Nahtoderlebnis gehört und war auch nie an paranormalen Phänomenen oder irgendwas in der Art interessiert gewesen.

Mir wurde plötzlich bewusst, dass ich über dem Fußende des Operationstisches schwebte und beobachtete, was dort unten rund um den Körper eines Menschen vor sich ging. Bald dämmerte mir, dass dies mein eigener Körper war. Ich hörte auch, wie der Arzt sagte, er denke, ich sei tot. (Später bestätigte er, dass er das gesagt hatte, und war erstaunt zu erfahren, dass ich es gehört hatte. Ich sagte ihm, dass sie während des Operierens aufpassen sollten, was sie sagen.)

Ich war dort. Ich war auf der anderen Seite. Es ist einfach zu viel für menschliche Worte. Unsere Worte, die so begrenzt sind, können es nicht beschreiben.

Es war real – so real, wie ich Ihnen hier gegenübersitze und mit Ihnen spreche. Nichts könnte mich jemals vom Gegenteil überzeugen.

Ich musste nicht denken, ich wusste alles. Ich ging einfach durch alles hindurch. Plötzlich erkannte ich: Hier gibt es keine Zeit und keinen Raum.

Ich sah ganz leuchtende Farben, was umso erstaunlicher war, als ich farbenblind bin.

Alle Schmerzen verschwanden, und ich begann die schönsten Gefühle zu erleben. Ich empfand nichts auf der Welt, außer Frieden, Behaglichkeit, Leichtigkeit. Ich hatte das Gefühl, dass alle meine Kümmernisse wie weggeblasen waren. Ich habe mich noch nie so entspannt gefühlt. Ich war noch nie zuvor so glücklich. Es war so bewegend, dass ich es gar nicht beschreiben kann.

Ich war überwältigt von einem Gefühl des Friedens, das ich auf der Erde nie gekannt hatte ... Ein übermächtiges Gefühl der Liebe überkam mich, nicht das irdische Gefühl, das mir recht vertraut war, sondern etwas, das ich nicht beschreiben kann.

Was ich sah, war zu schön für Worte. Ich erblickte eine herrliche Landschaft voller Blumen und anderer Pflanzen, die ich nicht wirklich benennen konnte. Es sah aus, als sei dies alles Hunderte von Kilometer weit weg. Und doch sah ich alles bis ins kleinste Detail. Es war sowohl weit entfernt als auch ganz nah. Es war vollkommen dreidimensional und etwa tausendmal schöner als mein Lieblingsurlaubsort im Frühling.

Ich war die ganze Zeit von liebevollen geistigen Lichtwesen umgeben.

Ich hatte den Eindruck, dass dies eine vollkommen andere Dimension war. Und wenn etwas fehlte, dann war es unsere irdische Vorstellung von Zeit!

Alles war von einer unbeschreiblichen Liebe erfüllt.

Das Wissen und die Botschaften, die durch mich hindurch-
gingen, waren so klar und rein.

Ich sprach mit Herrn Van der G., dem Vater des besten
Freundes meiner Eltern. Als ich das meinen Eltern erzählte,
nachdem ich wieder aufgewacht war, sagten sie, dass Herr
Van der G. gestorben war und man ihn begraben hatte,
während ich im Koma lag. Ich hatte nicht wissen können,
dass er tot war.

Ich sah sowohl meine tote Großmutter als auch einen Mann,
der mich liebevoll anschaute, den ich aber nicht kannte.
Mehr als zehn Jahre später gestand mir meine Mutter auf
dem Sterbebett, dass ich der Sohn einer außerehelichen
Affäre von ihr war … Sie zeigte mir ein Foto. [Darauf war]
der unbekannte Mann, den ich mehr als zehn Jahre zuvor
gesehen hatte.

Ich ging mit Supergeschwindigkeit durch dieses dunkle,
schwarze Vakuum. Man könnte es mit einem Tunnel vergleichen, vermute ich mal. Die Dunkelheit war so tief und
undurchdringlich, dass ich absolut nichts sehen konnte;
aber das war die wunderbarste, sorgenfreieste Erfahrung,
die man sich vorstellen kann.

Ich sah ein helles Licht, und auf meinem Weg dorthin
hörte ich wunderschöne Musik und sah Farben, die ich nie

zuvor gesehen hatte. Das Licht … war von einer Art, wie ich es noch nie zuvor gesehen hatte, anders als jede andere Art von Licht, etwa das der Sonne. Es war weiß und extrem hell und doch konnte man problemlos hineinschauen. Es ist der Gipfel von allem, was ist. Von Energie, von Liebe ganz besonders, von Wärme, von Schönheit. Ich war ganz versunken in einem Gefühl der umfassenden Liebe.

… ab dem Moment, in dem das Licht zu mir sprach, fühlte ich mich richtig gut – sicher und geliebt. Die Liebe, die von ihm ausging, ist einfach unvorstellbar und unbeschreiblich. Es machte Spaß, mit dieser Lichtperson zusammen zu sein! Und sie hatte auch Sinn für Humor – auf jeden Fall! Ich wollte die Gegenwart dieses Wesens *nie* mehr verlassen.

Mein ganzes bisheriges Leben erschien vor mir in einer Art Panorama, als dreidimensionaler Rückblick, und jedes Ereignis schien begleitet von einem Bewusstsein für Gut und Böse oder von einer Einsicht in seine Ursache und die Wirkung. Ich sah alles nicht nur aus meiner eigenen Sicht, sondern wusste auch, was alle anderen dachten, die an diesen Ereignissen beteiligt waren, und nahm ihre Gedanken irgendwie in mir wahr. Das heißt, ich sah nicht nur, was ich selbst getan oder gedacht hatte, sondern auch, wie es sich auf andere ausgewirkt hatte, als könne ich mit allwissenden Augen sehen. Und durchweg wurde in diesem Rückblick die Bedeutung der Liebe betont. Ich kann nicht sagen, wie lange diese Rückschau auf mein Leben dauerte. Sie könnte recht lang gewesen sein, weil sie jedes einzelne Thema abdeckte, aber gleichzeitig fühlte es sich an, als passiere dies alles in Bruchteilen einer Sekunde, weil ich alles auf einmal sah. Es schien, als existierten Zeit und Entfernung gar nicht.

Mir war klar, warum ich Krebs hatte. Warum ich ursprünglich überhaupt in diese Welt gekommen war. Welche Rolle jedes einzelne Mitglied meiner Familie in meinem Leben spielte, wo wir alle im großen Plan der Dinge unseren Platz hatten und worum es im Leben ganz allgemein geht. Die Klarheit und die Einsicht, die ich in diesem Zustand hatte, waren einfach unbeschreiblich.

Ich hatte dort bleiben wollen … und doch kam ich zurück. Zurück zu den Schmerzen und zu den ohrenbetäubenden Schreien und Schlägen der Ärzte. Ich bin wütend, unglaublich wütend! In dem Moment war es eine richtige Qual, in meinem Körper zu sein mit all den Einschränkungen, die ich zu der Zeit erlebte … Aber später erkannte ich, dass diese Erfahrung in Wirklichkeit ein Segen war, denn jetzt weiß ich, dass Geist und Körper voneinander getrennt sind und dass es ein Leben nach dem Tod gibt. Mein Weltbild hat eine radikale Veränderung erfahren.

Wenn Menschen ihre Nahtoderfahrungen aus allen möglichen Blickwinkeln untersucht haben, weisen sie den Einwand, es könne sich dabei um Visionen, lebhafte Träume oder Halluzinationen gehandelt haben, weit von sich. Sie glauben, dass sie die andere Seite wirklich erlebt haben, dass sie wirklich dort waren. Deshalb zögern sie, ihren Ärzten oder selbst Freunden und Familienangehörigen davon zu erzählen. Es wäre einfach zu sagen: »Hey, ich hatte einen faszinierenden, absolut realistischen Traum, während ich operiert wurde! Wollt ihr ihn hören?«

Aber das können sie nicht sagen.

Sie glauben nämlich, dass das, was sie erlebt haben, *real* war, *mehr* als ein Traum, und das bringt sie in die unbequeme Situation, eine Erfahrung gemacht zu haben, die zwar ihr Leben verändert hat, die ihnen aber, so fürchten sie, niemand glauben wird. Weil sie nicht wissen, wie weitverbreitet diese Erfahrungen sind, behalten sie ihre für sich oder teilen sie nur im privaten Rahmen mit einem vertrauten Seelenpartner.[4]

Als van Lommel Patienten zwei und acht Jahre nach ihrer Nahtoderfahrung noch einmal interviewte, berichteten sie von Veränderungen in ihrem Leben, die sich signifikant von denen der Kontrollgruppe aus Menschen, die Herzinfarkte ohne Nahtoderlebnis gehabt hatten, unterschieden. Sie fürchteten sich beispielsweise nicht mehr vor dem Tod, erkannten die enorme Bedeutung der Liebe, fühlten sich zu helfenden Berufen hingezogen und zeigten mehr Empathie und Mitgefühl. Sie waren auch weniger materialistisch eingestellt und fühlten sich oft ein wenig unwohl in einer materiellen Welt, wo so wenige ein wirkliches Verständnis für höhere spirituelle Werte haben.[5]

Kapitel 4
Naturalistische Erklärungen

Verschiedene Menschen haben unterschiedliche Erklärungen für Nahtoderlebnisse, und wir sollten ihre Gedanken und Analysen begrüßen. Die Wissenschaft macht Fortschritte, wenn sich Forscher jede denkbare Erklärung (oder Hypothese) einfallen lassen und einschätzen, welche Erklärungen angesichts der verfügbaren Daten am sinnvollsten erscheinen.

Natürlich ist eine Erklärung, dass es sich bei Nahtoderfahrungen (NTE) um reale Erfahrungen handelt, die der Betreffende mit dem Leben nach dem Tod gemacht hat. Argumente für diese Position werde ich später noch näher betrachten. Doch zunächst wollen wir einige Einwände dagegen unter die Lupe nehmen. Moody[1], Sabom[2], van Lommel[3], Sartori[4] und die anderen wichtigen Erforscher von Nahtoderfahrungen ziehen naturalistische Erklärungen ernsthaft in Betracht, halten sie aber letztlich für unzureichend.

Weil dieses Buch eher eine Einführung als eine ausführliche Abhandlung ist, gehe ich hier nur kurz auf einige der *wichtigsten* naturalistischen Erklärungsmodelle ein, weise aber für diejenigen, die sich näher damit beschäftigen wollen, auf andere Quellen hin (siehe die ausführliche Diskussion in meinen Anmerkungen und den Anhängen). Als vertiefende Abhandlung empfehle ich *Science and the Near-Death Experience* von Chris Carter. Das ganze Buch (fast 300 Seiten) beschäftigt sich mit der Auswertung naturalistischer Hypothesen, und zwar auf wohldurchdachte, gründlich recherchierte und gut begründete Weise.

Ich unterteile diese Erklärungsmodelle in fünf allgemeine Kategorien: materialistische, theoretische, methodische, psychologische und physiologische. Wenn Sie meine Ausführungen irgendwann langweilig und ermüdend finden (einige frühere Leser hatten eine geringe Detailtoleranz), steht es Ihnen natürlich frei, zum nächsten Abschnitt überzuwechseln, sobald Sie die wichtigsten Punkte gelesen und den Kern der Sache erfasst haben. Das ist besser als aufzugeben und die positiven Beweise ganz zu verpassen.

Erklärungen aus einer materialistischen Weltsicht

EINWAND NUMMER 1: Der Geist existiert nicht vom Gehirn getrennt. Daher kann der Geist den Tod des Gehirns nicht überleben. Nahtoderfahrungen müssen daher allein vom Gehirn hervorgebracht werden.[5]

Diesem Einwand zufolge wird das, was wir »Geist« nennen, üblicherweise als höhere Funktion des Gehirns betrachtet. Der Geist ist demnach völlig abhängig vom Gehirn, um richtig funktionieren zu können. Beweis: Wenn wir älter werden, arbeitet unser denkender Geist weniger effizient. Ein älterer Mensch sagt: »Mein ›Geist‹ ist auch nicht mehr das, was er mal war.« Wäre unser denkender Geist nicht vom Gehirn abhängig, das mit zunehmendem Alter immer mehr abbaut, könnte er doch eigentlich mit 100 ebenso scharf sein wie mit 25, oder nicht? Und was ist mit Krankheiten wie Alzheimer, die geistige Funktionen wie die Persönlichkeit und die Entscheidungsfindung beeinflussen? Wenn der Geist vom Gehirn *unabhängig* wäre, warum sieht es dann so aus, als sei er in seiner Funktion völlig vom Gehirn *abhängig?*

Angesichts dieser Beobachtungen argumentieren viele, das, was wir »Geist« nennen, müsse eine reine Funktion des Gehirns sein. Daher könne der Geist gar nicht vom Gehirn getrennt existieren und Nahtoderfahrungen müssten ausschließlich in Bezug auf Gehirnfunktionen erklärt werden.

Antwort Nummer 1: Ein Nachlassen der geistigen Funktionen könnte genauso einfach damit erklärt werden, dass das Gehirn als Empfänger fungiert.
Stellen Sie sich vor, Sie hätten noch nie ein Radio gesehen. Sie schalten es ein und hören Musik. Aber woher kommt die Musik? Ist die Musik vollständig in dem Radio enthalten, ähnlich wie die Musik, die aus einem CD-Spieler kommt, auf der CD gespeichert ist, die in dem Gerät liegt?

Etliche Beobachtungen unterstützen die Hypothese, dass »alles in der Maschine« ist. Erstens, wenn Sie das

Radio fallen lassen, geben die Lautsprecher anschließend vielleicht nur noch ein nerviges Brummen von sich. Zweitens, wenn Sie die Sendersuche zu schnell drücken, wird es schwer, einen anderen Sender zu finden. Aus diesen Beobachtungen könnte man nun leicht schließen, dass die Musik völlig vom Radio abhängig ist und ausschließlich im Radio enthalten ist. »Da Schäden am Radio zu Schäden am Klang führen«, könnte man argumentieren, »dass die Musik ausschließlich im Radio enthalten ist und vom Radio produziert wird. Würde das Radio zerstört, würde die Musik mit ihm vernichtet werden.«

Aber im Fall des Radios hätten Sie Ihre Beobachtungen in die Irre geführt. Das Radio *produziert* die Musik nicht, es ist nur ein *Empfänger*, mit dem Sie die Musik *hören* können. Zugegeben, der Zustand des Radios wirkt sich auf die Qualität der Musik aus, die Sie durch das Gerät hören. Die unsichtbaren Wellen, welche die Musik zum Radio transportieren, tragen diese Musik jedoch immer, unabhängig davon, ob das Radio empfangsbereit ist oder nicht. Wenn das Radio stirbt, kommen die Wellen, welche die Musik tragen, noch lange nicht zum Erliegen.

Ebenso vermuten van Lommel, Carter und viele andere, dass das Gehirn als Empfänger für den Geist fungiert. Der Geist verbindet sich mit dem Gehirn, während wir in unserem Körper sind, ist jedoch in seiner Existenz nicht vom Gehirn abhängig. Schädigungen des Gehirns beeinflussen unsere Fähigkeit, auf unseren Geist *zuzugreifen*, so wie Schäden an einem Radio unsere Fähigkeit, auf Funksignale zuzugreifen, beeinträchtigen. Diese Hypothese scheint genauso vereinbar mit unseren Beobachtungen (geistiger Verfall bei Alzheimer, Alterung etc.) wie die Hypothese, dass der Geist nur eine Funktion des Gehirns ist.[6]

Antwort Nummer 2: Nahtoderfahrungen bieten einen starken Beweis dafür, dass der Geist durchaus lebendig und wohlauf sein kann, während das Gehirn tot ist.

Unterstützendes Beweismaterial beschreibt die Aktivität des Geistes außerhalb des Körpers in aller Ausführlichkeit (beispielsweise über dem eigenen Körper zu schweben und Einzelheiten der Operation zu beobachten, mit Details zurückzukehren, die man von verstorbenen Verwandten erfahren hat, etc.). Wir werden auf diesen Punkt in Kapitel 5 noch näher eingehen.

EINWAND NUMMER 2: Ich bin ein sehr wissenschaftlich orientierter Mensch. Ich glaube nur, was ich sehen und anfassen kann. Ein Gehirn kann ich sehen. Aber ein körperloser Geist erinnert mich an Gespenster, Kobolde und Feen, die jenseits dessen liegen, womit sich die Wissenschaft beschäftigt, weil man sie weder sehen noch anfassen kann.[7]

Antwort: Die Wissenschaft erkennt mittlerweile an, dass die winzigen Bauteile der Materie keine Festkörper sind, die wir sehen und anfassen können.

Sie sind eher so etwas wie unsichtbare Wellen – mehr geist- als teilchenähnlich. Zugegeben, das gesamte Konzept des körperlosen Geistes kommt manchen wissenschaftlich denkenden Menschen ziemlich dumm vor – aber vielleicht auch nur denen, welche die wissenschaftlichen Durchbrüche des 20. Jahrhunderts verschlafen oder nicht in vollem Umfang mit den älteren wissenschaftlichen Paradigmen gebrochen haben. Früher tendierten Physiker dazu, feste Atome für die kleinsten Bestandteile der festen Materie zu halten. Sie glaubten, Materie könne mit mathematischen Beschreibungen darüber, wie sich diese Atome bewegen, gegenseitig abstoßen und zusammenschließen, um neue Dinge zu formen, hinreichend erklärt werden.

Heute wissen wir, dass Atome keine festen Körper sind. Tatsächlich sind sie zu 99,999 Prozent leerer Raum.[8] Und selbst die Teile des Atoms, die in diesem ganzen freien Raum herumwandern, sind nicht wirklich »fest«. Wir haben Elektronen noch nie mit unseren Augen »gesehen« und sehen sie noch nicht einmal mithilfe unserer stärksten Mikroskope. Wir sehen ihre *Wirkungen* und wissen daher, dass sie existieren, aber wir haben Schwierigkeiten, genau zu ergründen, was sie wirklich *sind*. Wir wissen, dass sie *da* sind, aber wir können nichts über ihre genaue Position in Erfahrung bringen, wenn wir sie gerade nicht beobachten. Tatsächlich haben Wissenschaftler starke Belege dafür, dass Elektronen eigentlich gar keinen Aufenthaltsort *haben*, bis sie beobachtet werden. Von ihrem Wesen her scheinen sie eher unsichtbare Wellen als beobachtbare Teilchen sein, aber dennoch haben ihre Aktivitäten Einfluss auf das, was wir die physische Welt nennen.

Wenn Ihnen dies seltsam vorkommt, dann heiße ich Sie in der verrückten Welt der Quantenphysik willkommen! So bizarr sie auch sind, diese Eigenschaften der subatomaren Teilchen wurden immer und immer wieder durch zahlreiche Experimente bestätigt und sind heute wissenschaftlicher Standard.

Was ich damit sagen will? Wissenschaftler haben tagtäglich mit unsichtbaren, immateriellen Dingen (wie Elektronen) zu tun. Diese immateriellen Dinge interagieren mit dem, was wir als materielle Dinge bezeichnen, und liefern die Bausteine dafür. Nur dass Sie etwas nicht sehen, fühlen oder vollständig verstehen können, heißt nicht, dass es nicht existiert. Wir wissen, dass es Elektronen gibt – aber nicht, weil wir sie sehen können, sondern weil wir ihre Wirkungen beobachten.

Es erscheint mir also eher unwissenschaftlich, die Möglichkeit eines unabhängig vom Gehirn funktionierenden Geistes rundweg abzulehnen, nur weil wir ihn nicht sehen können. Wenn wir genügend Beweise für seine Auswirkungen finden, tun wir gut daran, an sie zu glauben, auch wenn wir sie nicht vollständig verstehen.

Der Astronom V. A. Firsoff schrieb:

»Die Behauptung, dass es *nur Materie* und keinen Geist gibt, ist die unlogischste aller Aussagen, ziemlich weit entfernt von den Erkenntnissen der modernen Physik, die zeigen, dass im traditionellen Sinne des Wortes gar keine Materie existiert.«[9]

Der wegweisende Physiker Werner Heisenberg hat es so ausgedrückt:

»Atome sind keine *Dinge*. Die Elektronen, welche die Schalen eines Atoms bilden, sind keine Dinge im Sinne der klassischen Physik mehr, Dinge also, die eindeutig durch Begriffe wie Lage, Geschwindigkeit, Energie und Größe beschrieben werden könnten. Auf der Ebene der Atome existiert die objektive Welt in Raum und Zeit nicht mehr, und die mathematischen Symbole der theoretischen Physik beziehen sich nur noch auf Möglichkeiten, nicht auf Fakten.«[10]

James Jeans, angesehener Mathematiker und Physiker an den Universitäten Cambridge und Princeton, schrieb:

»Der Strom des Wissens bewegt sich in Richtung einer nicht mechanischen Wirklichkeit; das Universum sieht allmählich immer mehr wie ein großer Gedanke als wie eine Maschine aus. Der Geist scheint nicht mehr ein zufälliger Eindringling im Reich der Materie zu sein. Wir sollten ihn eher als Herrscher dieses Reiches anerkennen.«[11]

Theoretische Einwände

EINWAND NUMMER 3: Wenn jeder Mensch eine Seele hat, sollte dann nicht auch jeder, der einen Herzstillstand erleidet, eine Nahtoderfahrung machen?[12]

Antwort Nummer 1: Vielleicht machen ja alle diese Erfahrung, aber nicht jeder erinnert sich daran.

Beispielsweise gibt es Menschen, die eine erschreckende Nahtoderfahrung gemacht haben und diese Erfahrung, kurz nachdem sie wiederbelebt wurden, zwar erwähnen, sie dann aber sofort wieder vergessen, vielleicht infolge einer Verdrängung.[13]

Antwort Nummer 2: Vielleicht ist der Auslöser für ein Nahtoderlebnis gar nicht der Herzstillstand selbst, sondern eine andere körperliche Reaktion, die den Herzstillstand manchmal, aber nicht immer begleitet.

Wie Forschungen ergeben haben, hatten viele, die eine Nahtoderfahrung machen, gar keinen Herzstillstand. Dies lässt vermuten, dass der physische Auslöser, falls es einen gibt, vielleicht ein anderer ist als der Herzstillstand selbst.

Antwort Nummer 3: Vielleicht ist der Auslöser überhaupt nicht körperlich.

Denken Sie daran, es ist nicht Ihr endgültiger Tod, sondern nur *eine Begegnung mit* dem Tod. Wenn es tatsächlich einen Gott gibt, dann weiß Er, dass die Nahtoderfahrung eine Erfahrung des irdischen Lebens ist und nicht der endgültige Eintritt ins Jenseits. Vielleicht erlaubt er nur denen einen Blick auf die andere Seite, die ihn brauchen (z. B. als persönliche Rückversicherung oder als Aufforderung, ihr Leben ändern), um einen Eindruck von der Ewigkeit zu bekommen.[14]

EINWAND NUMMER 4: Manchmal ist das, was Menschen auf der anderen Seite sehen, nicht im Einklang mit der Realität, etwa wenn der Betreffende dort Menschen trifft, die nicht tot sind, oder mythologische Wesen oder wenn Vorhersagen getroffen werden, die sich nicht bewahrheiten.[15]

Antwort Nummer 1: Diese Erfahrungen werden möglicherweise ziemlich selten gemacht, weil sie in keinem der Berichte aus groß angelegten Studien, die ich gelesen habe, beschrieben werden.

Beispielsweise merkt Moody zu Vorhersagen (richtig oder falsch) an, dass sie »nur bei einem äußerst geringen Prozentsatz der Nahtoderfahrungen« auftreten.[16] Ich habe meine eigene Untersuchung von 100 vollständigen Berichten über Nahtoderfahrungen auf Dr. Longs NDERF-Website gestellt. Keiner davon enthielt eines dieser Elemente, was mir sagt, dass sie offenbar extrem selten sind.

Antwort Nummer 2: Wir würden erwarten, dass sich im Mainstream auch ein paar skurrile Geschichten finden.

Wir erwarten, dass von Zeit zu Zeit Anomalien auftreten, weil Menschen während eines längeren Traumas möglicherweise mehrere Erfahrungen machen, die durcheinandergeraten. Sicherlich können wir in einem solchen Zustand erwarten, dass es gelegentlich Berichte gibt, in denen sich Halluzinationen und lebhafte Träume mit Nahtoderlebnissen vermischen, je nachdem, ob die Betreffenden bei Bewusstsein sind und das Bewusstsein dann wieder verlieren, manchmal sogar mehrmals. Nach massiver Gewalteinwirkung auf das Gehirn, kann jemand nicht nur ein Nahtoderlebnis haben, sondern auch Barney (aus der US-Fernsehserie *Barney & Friends*, Anm. d. Übers.) und Bibo (aus der Sendung *Sesamstraße*, Anm. d. Übers.) halluzinieren und die beiden Erinnerungen später durcheinanderbringen. Wenn solche Erfahrungen *typisch* für eine Nahtoderfahrung wären, hätten wir allen Grund, die Gesamtheit der Erfahrung zu hinterfragen. Aber sie sind offenbar nicht typisch.

Antwort Nummer 3: Manche Menschen, die von solchen Erfahrungen berichten, sind vielleicht ein bisschen verrückt, neigen dazu zu lügen oder ihre Erfahrungen für ihre eigenen Zwecke auszunutzen.
Ein korrupter Radioprediger erzählt vielleicht, dass er in seinem Nahtoderlebnis Gott begegnet sei, der ihm gesagt habe, dass Ende 2015 die Welt untergeht. Aber wenn die Welt dann nicht untergeht, stellt das wohl kaum sämtliche Berichte von der anderen Seite infrage.

EINWAND NUMMER 5: Aber man kann nicht 100 Prozent sicher sein, dass es keine natürliche Erklärung gibt. Vielleicht kann die Wissenschaft Nahtoderfahrungen eines Tages vollständig als Resultat rein natürlicher, materieller Ursachen erklären.[17]

Antwort: Stimmt. Und wenn dieser Tag kommt, werde ich die Beweise neu beurteilen und in aller Demut zu dem Schluss kommen: »Wow! Was Nahtoderfahrungen betrifft, habe ich mich geirrt!«

Aber leider kann ich Beweise aus der Zukunft nicht hierher transportieren und abwägen, um meine Meinung schon heute zu ändern. Künftige wissenschaftliche Beweise könnten die Urknall-Theorie widerlegen und die Gesetze der Quantenmechanik und die Relativitätstheorie und viele andere wissenschaftliche Theorien, die derzeit in Anbetracht unserer aktuellen Beobachtungen und Experimente am meisten Sinn machen. Dennoch glauben die Wissenschaftler an diese Theorien, weil die *heutigen* Beweise eindeutig für sie sprechen. Künftige Beweise sind eine Unbekannte, mit der nichts erklärt werden kann.

Methodologische Einwände

EINWAND NUMMER 6: Über viele Nahtoderfahrungen wird erst Jahre nach dem Erlebnis berichtet. Und wie es mit Geschichten so ist, erzählen wir sie immer und immer wieder und neigen dabei dazu, sie immer mehr auszuschmücken, bis sie nur noch entfernt an das ursprüngliche Erlebnis erinnern.[18]

Antwort Nummer 1: Einige Forscher befragen ihre Probanden so schnell wie möglich nach dem Ereignis, oft noch während sie im Krankenhaus liegen.[19]

Antwort Nummer 2: Als dieselben Probanden viele Jahre später erneut befragt wurden, stellten die Forscher fest, dass die Geschichten bemerkenswert unverändert geblieben waren.
Sie waren nicht ausgeschmückt worden.[20] Diese Folgestudien geben uns Grund genug, auf die Richtigkeit der Geschichten, die anderen Forschern Jahre nach den entsprechenden Erlebnissen erzählt wurden, zu vertrauen. Eine Person, die ich interviewte, sagte über ihr Nahtoderlebnis, das sich vor 38 Jahren ereignet hatte: »Ich erinnere mich, als sei es gestern gewesen.«

EINWAND NUMMER 7: Forscher beeinflussen vermutlich ihre eigenen Beobachtungen, weil es sich üblicherweise um Menschen handelt, die bereits an das Jenseits glauben.[21]

Antwort: Von den Forschern, deren Veröffentlichungen ich gelesen habe, deuteten alle an, dass sie die Echtheit von Nahtoderfahrungen infrage gestellt hatten, bevor sie sie genauer untersuchten.

Van Lommel hat ausdrücklich darauf hingewiesen, dass er vor Beginn seiner Forschungen extrem materialistisch und reduktionistisch eingestellt war, was bedeutet, dass er nicht an Gott oder den Himmel glaubte und dass religiöse Erfahrungen für ihn keine Gültigkeit hatten. Er erklärte: »Dass der Tod das Ende ist, war das, was auch ich glaubte.«[22] Bevor Dr. Rawlings *(Beyond Death's Door)* auf ein Nahtoderlebnis gestoßen war, hatte er »den Tod immer für ein schmerzloses Auslöschen« gehalten. Für ihn war Religion »nur Hokuspokus«.[23] Dr. Sabom untersuchte Nahtoderfahrungen, um sie zu widerlegen und um zu beweisen, dass es eine natürliche Erklärung dafür gab. Erst nachdem er ein Jahr lang geforscht hatte, begann er zu glauben, dass Menschen ihren Körper wirklich verlassen konnten.[24] Später sollte Sabom den Schluss ziehen: »Ich habe in den letzten fünf Jahren nach einer solchen [natürlichen] Erklärung gesucht, aber bisher noch keine gefunden, die angemessen ist.«[25] Sartori tat die erste Nahtoderfahrung, mit der sie es zu tun hatte, als »Wunschdenken« ab.[26] Keiner der Forscher, deren Berichte ich gelesen habe, waren als Befürworter des Paranormalen ausgezogen, um mit der Untersuchung von Nahtoderfahrungen ihre Weltanschauung zu stützen.

Dr. Bruce Greyson, Professor für Psychiatrie und Neurobehaviorale Wissenschaften an der University of Virginia und einer der renommiertesten Forscher auf diesem Gebiet, sagt: »Die meisten Nahtod-Forscher glaubten zu Beginn ihrer Untersuchungen nicht an die Möglichkeit einer Trennung von Körper und Geist, stellten aber aufgrund dessen, was sie bei ihren Untersuchungen herausgefunden hatten, eine entsprechende Hypothese auf.«[27]

Psychologische Erklärungen

EINWAND NUMMER 8: Die Beschreibungen von Krankenhausräumen und Ärzten, die eine Reanimation durchführen, könnten damit erklärt werden, dass mittlerweile jeder mit entsprechenden Krankenhausszenen aus dem Fernsehen vertraut ist.[28]

Antwort Nummer 1: Das mag manche Berichte erklären. Aber wenn Forscher von beweiskräftigen Ereignissen sprechen, ziehen sie so allgemeine Äußerungen wie »Ich habe weiß gekleidete Schwestern gesehen und Ärzte, die auf meine Brust gedrückt haben« gar nicht in Betracht.

Geschichten, die als beweiskräftig gelten, enthalten *unerwartete* Details, die niemand hätte erraten können. Beispielsweise beobachtete ein Patient während einer Operation am offenen Herzen von außerhalb seines Körpers, wie sein Herzchirurg »mit den Armen flatterte, als versuche er zu fliegen«. Er erzählte seinem Kardiologen von seinem Nahtoderlebnis und der eigenartigen Bewegung, und der wunderte sich sehr, wie er das wissen konnte. Die Erklärung? Dieser Chirurg hatte eine seltsame Angewohnheit. Wenn er, weil er seine chirurgische Handwäsche noch nicht beendet und seine Chirurgenhandschuhe noch nicht angelegt hatte, nichts mit den Händen anfassen wollte, legte er die Hände auf die Brust und dirigierte seine Assistenten, indem er ihnen mit den Ellbogen Zeichen gab. Der Forscher ließ sich dieses Ereignis von dem Kardiologen Dr. Anthony LaSala bestätigen.[29]

Antwort Nummer 2: Dr. Sabom stellte eine Kontrollgruppe aus Herzpatienten zusammen, die von keiner Nahtoderfahrung berichtet hatten.

Als er diese Leute fragte, was ihrer Meinung nach während der Reanimation nach ihrem Herzstillstand passiert war, machten sie signifikante Fehler, die in krassem Gegensatz zu den genauen Beschreibungen der Patienten standen, die ein Nahtoderlebnis gehabt hatten.[30]

EINWAND NUMMER 9: Es ist nur natürlich, dass sie vom Jenseits träumen, weil sie durch den allgemeinen Glauben an ein Jenseits psychologisch entsprechend instruiert sind.[31]

Antwort Nummer 1: Diejenigen, die nicht an ein Leben nach dem Tod glaubten, rechneten nicht mit einem Besuch im Jenseits, und das trifft auf einen hohen Prozentsatz von van Lommels Probanden in Holland zu.

Antwort Nummer 2: Vieles von dem, was sie erlebten, war völlig unerwartet, selbst für Menschen, die an ein Jenseits glauben.

Zunächst einmal glaubten viele oder sogar die meisten nicht, dass sie starben. Bei der großen Mehrheit standen diese Erfahrungen nicht am Ende einer langen Krankheit wie Krebs, wo die Leute wissen, dass sie bald sterben werden und sich daher psychologisch auf den Tod vorbereiten. Viele hatten vielleicht einfach Schmerzen in der Brust und plötzlich einen Herzstillstand, sodass sie gar keine Chance hatten, »Ich sterbe« zu denken. In van Lommels Studie hatten

> »die meisten Patienten vor dem Herzstillstand keine Angst vor dem Tod. Der Herzstillstand kam so plötzlich, dass sie ihn nicht einmal bemerkten.«[32]

Selbst für diejenigen, bei denen es Anzeichen dafür gibt, dass sie in Lebensgefahr sind, gilt, dass die erste psychologische Reaktion, die Menschen zeigen, wenn sie mit ihrem möglichen Tod konfrontiert werden, häufig Verleugnung ist und nicht etwa Akzeptanz.[33]

Todeserwartungen scheinen also keinen Einfluss auf ein Ereignis zu haben, vor dessen Eintreten die meisten gar nicht mit dem Tod gerechnet haben. Zu dieser Beobachtung passt, dass es in vielen Nahtoderlebnissen, in denen eine Person über ihrem Körper schwebt, einen Moment dauert, bis die Person herausgefunden hat, dass sie tot ist. Offensichtlich hat sie nicht damit gerechnet zu sterben.

Es ist auch relevant, wie viele Menschen berichten, dass sie an verschiedenen Punkten ihrer Erfahrung *erstaunt* waren. Sie waren erstaunt, ihren Körper von oben zu sehen. Sie waren erstaunt, dass niemand im Raum sie sehen konnte und dass sie direkt durch Menschen hindurchgehen konnten. Ich könnte noch viel mehr aufzählen. Warum sollten sie so erstaunt gewesen sein, wenn dies genau das war, was sie erwartet hatten? In den Hunderten von Erfahrungsberichten, die ich gelesen habe, stand nirgendwo so etwas wie: »Ich machte genau die Erfahrung, die ich erwartet hatte, wenn ich sterbe.« Die Berichte spiegelten genau das Gegenteil wider. Wie Forscher entdeckt haben, »laufen die tatsächlichen Erfahrungen den spezifischen religiösen oder persönlichen Überzeugungen des Individuums und seinen Vorstellungen vom Tod oft krass zuwider«.[34]

Antwort Nummer 3: Selbst für diejenigen, die in Kirchgänger-Familien aufgewachsen sind, ist das typische Nahtoderlebnis absolut nicht das, was sie erwartet hätten.

Wenn ich glaube, dem Tode nahe zu sein, würde ich erwarten, dass der Tod *endgültig* ist und nicht, dass ich von dort wieder zurückkehren kann. Basierend auf dem, was ich durch die christliche Erziehung in meiner Kindheit mitbekommen habe, sieht mein geistiges Bild vom Tod etwa so aus, dass ich in einer Schlange stehe und darauf warte, einen Gott zu sehen, der mit sichtbarem Körper auf seinem Thron sitzt.

Ich habe definitiv nicht die Erwartung, dass ich meine Lieben an einem Ort außerhalb von Raum und Zeit wiedertreffe, dass ich über meinem Krankenhausbett schwebe, wortlos mit verstorbenen Verwandten kommuniziere, durch einen Tunnel reise etc. Eigentlich würde ich nicht eines der Elemente erwarten, die Moody auflistet, zumindest nicht in der Weise, wie Menschen berichten, sie erlebt zu haben, obwohl ich an ein Leben nach dem Tod glaube.

Und wieder, wenn ich dächte, dass ich im Sterben liege, würde ich das erwarten, was ich mir unter dem *endgültigen* Tod vorstelle, kein intermediäres Erlebnis, nach dem ich ins Leben zurückkehren werde.

Antwort Nummer 4: Obwohl heute viele Menschen von Nahtoderfahrungen gehört oder etwas darüber gelesen haben und daher ein größerer Anteil der Bevölkerung eine gewisse Vorstellung davon hat, was zu erwarten ist, erklärt dies nicht die Fälle, von denen Moody bei seinen in den 1970er-Jahren gemachten Interviews erfahren hat, also bevor diese Berichte einer breiten Öffentlichkeit bekannt waren.

EINWAND NUMMER 10: Manche Erfahrungen entsprechen kulturellen Erwartungen.[35]

Antwort Nummer 1: Oft handelt es sich bei den erwähnten Unterschieden nicht um Unterschiede in den Erlebnissen selbst, sondern in ihrer Interpretation.

Beispielsweise berichtet ein Jude vielleicht, dass er Jehova gesehen hat; ein Christ berichtet, dass er Jesus sah, und ein Muslim berichtet, dass er Allah gegenüberstand. Aber bei näherer Befragung stellt sich heraus, dass sie lediglich ein großes helles Licht gesehen und mit ihm gesprochen hatten, und dass sie *davon ausgegangen* waren, dies sei der Gott ihrer spirituellen Tradition.[36]

Antwort Nummer 2: Wenn diese Erfahrungen von Gott gelenkt sind, macht es Sinn, dass Er sie personalisiert, um sie für jeden Betroffenen bedeutsam und tröstlich zu machen.

Ein Beispiel: Wenn Kinder Nahtoderlebnisse haben, sehen sie oft eher ihre verstorbenen Haustiere als tote Verwandte (von denen ein Fünfjähriger vielleicht gar keinen kennt).

Antwort Nummer 3: Wieder einmal ist das wirklich Erstaunliche an diesen Erfahrungen, wie bemerkenswert ähnlich sie sich sind, und zwar unabhängig von Geschlecht, ethnischer Zugehörigkeit, sozioökonomischem Status, Bildung oder religiöser (bzw. nicht religiöser) Orientierung.

Dies wurde in mehr als einem Dutzend Studien nachgewiesen.[37]

Physiologische Einwände

EINWAND NUMMER 11: Teile von Nahtoderfahrungen wurden durch elektrische Stimulation des Gehirns induziert oder von Piloten berichtet, die orientierungslos geworden waren.

Von Piloten auf langen, eintönigen Flügen ist bekannt, dass sie sich manchmal als außerhalb des Flugzeugs erleben, von wo aus sie ins Innere des Flugzeugs und auf sich selbst schauen. Während einer elektrischen Stimulation des Gehirns sehen einige Leute bestimmte Teile ihres Körpers von einer Position außerhalb des eigenen Körpers.

Antwort Nummer 1: Diese Erfahrungen scheinen ganz anders zu sein als Nahtoderfahrungen.

Ein Bild des eigenen Körpers aus einer gewissen Entfernung (eine Erinnerung, die wir leicht aus unserem Gehirn abrufen können, weil wir uns selbst üblicherweise aus der Vogelperspektive imaginieren, beispielsweise wie wir einen Strand entlanggehen) ist etwas ganz anderes als eine visuell beeindruckende, interaktive und direkte Kommunikation mit verstorbenen Freunden und Verwandten und eine persönliche Bewertung des eigenen Lebens, die gemeinsam mit einem Lichtwesen vorgenommen wird.[38]

Antwort Nummer 2: Die groß angekündigten Berichte über elektrische und magnetische Stimulation sowie epileptische Anfälle, die nahtodähnliche Erfahrungen hervorrufen, wurden untersucht und für nicht überzeugend befunden.

Sie weisen keine »verblüffende Ähnlichkeit« mit Nahtoderfahrungen auf.[39] Schläfenlappenanfälle bringen »zufällige unorganisierte Erfahrungen« hervor.[40] Ernst Rodin, Ärztlicher Direktor des Epilepsie-Zentrums Michigan und Professor für Neurologie an der Wayne State University, sagt dazu: »Obwohl ich in den drei Jahrzehnten meines Berufslebens schon Hunderte von Patienten mit Schläfenlappenepilepsie und entsprechenden Anfällen gesehen habe, habe ich diese Symptomatik [die klassischen Komponenten eines Nahtoderlebnisses] noch nie als Teil eines solchen Anfalls beobachtet.«[41]

EINWAND NUMMER 12: Jagdflieger bekommen während der schnellen Beschleunigung ihres Flugzeugs manchmal einen Tunnelblick, werden ohnmächtig und träumen von Freunden.[42]

Antwort: Diese Erlebnisse wurden ausgiebig untersucht und sind ganz anders als Nahtoderfahrungen.
Die Träume werden in den Berichten als Träume dargestellt und nicht, als seien sie mit der extrem lebendigen und das ganze Leben verändernden Kraft einer Nahtoderfahrung erlebt worden. Die Piloten sehen *lebende* Freunde und Verwandte in ihren Traumsequenzen, keine *toten* Menschen. Der sogenannte Tunnelblick von Piloten geht auf eine Einschränkung des peripheren Sehens zurück und hat nichts mit der Wahrnehmung eines Tunnels oder der Bewegung durch einen

Tunnel zu tun. (Verursacht wird er durch ein Absinken des Blutdrucks in den Augäpfeln, der einem vorübergehenden Verlust der Sehschärfe vorausgeht.) Die Piloten erleben keine Rückschau auf ihr bisheriges Leben. Das Ganze endet auch nicht mit einer Entscheidung, zurückzukehren. Die Träume sind überhaupt nicht einheitlich. Der eine träumt davon, zu Hause bei seiner Familie zu sein, der andere ist in seinem Traum im Supermarkt und noch ein anderer schwimmt auf dem Rücken im Meer.[43]

EINWAND NUMMER 13: Sauerstoffmangel kann zu bestimmten Elementen einer Nahtoderfahrung führen.[44]

Antwort Nummer 1: Bei vielen Nahtoderfahrungen litt der Betreffende gar nicht unter Sauerstoffmangel.
In manchen Fällen traten die Nahtoderlebnisse vor einer physiologischen Stresssituation[45] auf, etwa bei einem drohenden Verkehrsunfall[46] oder im Krankenhaus, wo der Sauerstoffgehalt des Blutes sorgfältig überwacht wurde.[47]

Antwort Nummer 2: Forscher, die auch Kardiologen sind, sind bestens vertraut mit den Auswirkungen eines Sauerstoffmangels auf ihre Patienten, und doch lehnen sie die Sauerstoffmangel-Hypothese ab.
Es ist von Bedeutung, dass van Lommel, Sabom und Rawlings nicht nur praktizierende Ärzte sind, sondern

sogar Kardiologen – und eben nicht nur durchschnittliche Kardiologen von nebenan. Dr. Rawlings unterrichtete andere Ärzte an der National Teaching Faculty der American Heart Association.[48] Dr. van Lommel ist ein weltbekannter Kardiologe. Dr. Sabom war Assistenzprofessor für Medizin, Fachbereich Kardiologie, an der Medizinischen Fakultät der Emory University. Es ist ein wesentlicher Bestandteil ihrer täglichen medizinischen Praxis, die Auswirkungen von Sauerstoffmangel (kein Sauerstoff) und Hypoxie (verminderter Sauerstoff) auf ihre Patienten zu verstehen und zu überwachen, vor allem während eines Herzstillstands, wo Sauerstoffmangel in nur drei bis fünf Minuten Hirnschädigungen verursachen kann.

Antwort Nummer 3: Mit Sauerstoffentzug wurden schon sehr viele Versuche gemacht, seine Auswirkungen sind also bestens bekannt. Sauerstoffmangel führt zu Denkfaulheit, Reizbarkeit, Konzentrationsstörungen und Erinnerungslücken.

Wenn die Sauerstoffversorgung noch weiter abnimmt, wird die Person mehr und mehr desorientiert und verwirrt, bis sie schließlich in Ohnmacht fällt. Kommt die Sauerstoffzufuhr schließlich ganz zum Erliegen, stellt das Gehirn seine Funktion ein. Das ist genau das Gegenteil von dem, was Menschen erleben, die eine Nahtoderfahrung machen. Sie berichten von äußerst lebendigen Erfahrungen, erhöhter Klarheit des Denkens und extremem Frieden. In den Tausenden von Fällen, in denen Forscher die Sauerstoffversorgung ihrer

Probanden nach und nach immer mehr reduziert haben, wurde nicht bei einem von einer Nahtoderfahrung berichtet.[49]

Antwort Nummer 4: Wir können die Zeit, in der ein Nahtoderlebnis stattfindet, oft genau festlegen und ausschließen, dass sich dieses unmittelbar vor einer Ohnmacht oder unmittelbar vor der Reanimation ereignet.

Berichte von Patienten, die von außerhalb ihres Körpers gesehen haben, was im Krankenzimmer passierte, schließen offenbar aus, dass eine Nahtoderfahrung unmittelbar vor einem Blackout oder vor der Reanimation stattfindet.

Antwort Nummer 5: Eine Nahtoderfahrung ist etwas ganz anderes als Erfahrungen, die durch Sauerstoffmangel verursacht werden.

Ein britischer Pilot der Royal Air Force hatte eine Höhenanoxie und Jahre später ein Nahtoderlebnis. Er berichtete, dass die beiden Erfahrungen absolut unterschiedlich waren.[50]

Antwort Nummer 6: Stellen wir uns – nur um der Beweisführung willen – vor, Sie könnten eine vollständige Nahtoderfahrung dadurch hervorrufen, dass Sie Ihrem Gehirn genügend Sauerstoff entziehen. Würde das irgendetwas beweisen?

Immerhin ist es eine Tatsache, dass Sie dem Tod immer näher kommen, je mehr Sauerstoff Sie Ihrem Gehirn entziehen. Sie beweisen daher also nicht mehr, als dass eine Person, die dem Tod sehr nah ist, dazu neigt, eine Nahtoderfahrung zu erzeugen, nicht wahr? Aber das wussten wir ja schon. Zapfen Sie einer Person eine bestimmte Menge Blut ab, und sie kann eine Nahtoderfahrung machen. Prallen Sie mit 120 Stundenkilometern frontal auf einen LKW, und Sie können eine Nahtoderfahrung machen. Halten Sie lange genug die Luft an, vielleicht haben Sie dann ja ein Nahtoderlebnis.[51]

Antwort Nummer 7: Der Auslöser liefert nicht unbedingt die Erklärung für die Erfahrung.
Stellen Sie sich vor, ich sage zu einem Zehnjährigen, während wir beide auf meinen Computer starren: »Es ist mir ein Rätsel, wie ich ein paar Worte in das Suchfeld meines Browsers eingeben kann, und schon wird ein Video-Trailer von *Der Hobbit* für mich abgespielt.« Das Kind schaut mich jetzt vielleicht verständnislos an und antwortet: »Es ist dieser Knopf, dummer alter Mann. Du drückst einfach auf diesen ›An‹-Knopf, und schon passiert es!«

Ja, natürlich, indem ich diesen Knopf drücke, starte ich meinen Computer. Aber den »Auslöser« für den Computer zu entdecken, bringt uns einer Erklärung für das, was sich im Innern des Computers abspielt, keinen Schritt näher.

Selbst wenn Wissenschaftler theoretisch eines Tages dem Teil meines Gehirns einen Schock versetzen würden, der eine hochauflösende, voll interaktive Nahtoderfahrung auslöst, hätten sie nicht mehr getan, als den Auslöser zu finden, der dies geschehen lässt. Die eigentlichen Fragen blieben weiterhin unbeantwortet:

- »Was ist tatsächlich passiert?«
- »Kommt die Erfahrung, die ich ausgelöst habe, ausschließlich aus dem Gehirn, oder habe ich einfach einen Auslöser im Gehirn gefunden, der ein Tor zur anderen Seite öffnet?«
- »Warum ist es passiert?«

Wenn eine Nahtoderfahrung rein mechanisch wäre – ein lebendiges visuelles Erlebnis, das in einer großen Anzahl von Gehirnen irgendwie fest eingebaut ist und nur darauf wartet, dass jemand, den »An«-Knopf drückt (via Sauerstoffmangel, einer Elektrode im Gehirn etc.) –, warum ist dann genau *diese* so vorhersehbare Erfahrung dort eingebaut und nicht eine unendliche Reihe von anderen möglichen Erfahrungen? Und welches Weltbild würde ihre Präsenz im Gehirn am besten erklären – ein atheistisches oder ein theistisches?

Wenn das Nahtoderlebnis keine außerkörperliche Erfahrung ist, sondern nur ein hochauflösendes, interaktives Traumerlebnis, das fest im Gehirn installiert ist, dann scheint es aus atheistischer Perspektive so zu sein, dass Nahtoderfahrungen so etwas wie einen signifikanten Überlebensvorteil bieten. Andernfalls würde der klassische Darwinismus implizieren, dass sich die Erfahrung nie entwickelt und nie überlebt hätte. Aber was für ein Überlebensvorteil könnte das sein? Statt Menschen, die eine Nahtoderfahrung gemacht haben, dazu zu veranlassen, sich nach einem längeren irdischen Leben zu sehnen und ihre Ressourcen besser zu nutzen, um dies möglich zu machen, veranlassen Nahtoderfahrungen Menschen dazu, ihr irdisches Leben als weniger erstrebenswert zu betrachten und sich mehr auf das Wohlergehen anderer, statt auf ihr eigenes Überleben zu konzentrieren.

Nützlicher als die übliche Nahtoderfahrung wäre aus naturalistischer Sicht die Erfahrung, dass ein Lichtwesen mit großem Unmut Szenen aus dem Leben des Betreffenden beurteilt, in denen dieser Big Macs und Twinkies verzehrt und Gemüse und Bewegung vermeidet.

Ich lasse nun drei der angesehensten Autoritäten zum Thema Nahtoderfahrungen – Dr. Bruce Greyson, Dr. Emily Williams Kelly und Dr. Edward F. Kelly – den aktuellen Stand der Forschung zu den physiologischen Erklärungen zusammenfassen.

»... Theorien, die bisher aufgestellt wurden, bestehen weitgehend aus nicht bewiesenen Spekulationen darüber, was während eines Nahtoderlebnisses geschehen könnte. Es hat sich herausgestellt, dass *keiner* der vorgeschlagenen neurophysiologischen Mechanismen bei Nahtoderfahrungen eine Rolle spielt. Beispielsweise konnte eine natürlich vorkommende Ketamin-ähnliche Substanz bei Menschen nicht identifiziert werden (Strassman 1997, 31). Darüber hinaus *stimmen* einige dieser Thesen, etwa die Rolle, die Erwartungen oder das Vorhandensein und die Auswirkungen von Sauerstoffmangel spielen, *nicht* mit den wenigen Daten *überein*, die wir haben.«[52]

Überlegungen zu natürlichen Erklärungsversuchen

Wir könnten noch über viele andere Erklärungsversuche sprechen, die in den letzten 35 Jahren bei der Untersuchung von Nahtoderfahrungen ebenfalls in Betracht gezogen, aber für unzureichend befunden wurden:

• Natürliche Chemikalien, die aufgrund eines Traumas im Körper freigesetzt werden, können eine euphorisierende Wirkung haben. (Während dies ein Gefühl des inneren Friedens erklären könnte, bieten diese Chemikalien wohl kaum eine Erklärung für das Auftreten aller spezifischen Merkmale von Nahtoderfahrungen.)[53]

• Der Einfluss von Medikamenten, die während eines Herzstillstands verabreicht werden. (Aber was ist mit Nahtoderfahrungen, die ohne diese Medikamente gemacht wurden?)[54]

• Vielleicht sind diejenigen, die Nahtoderlebnisse haben, besonders anfällig für Täuschungen. (Probanden werden in der Regel daraufhin überprüft. In den Studien hat sich gezeigt, dass sie psychisch gesund sind und sich in Bezug auf »Alter, Geschlecht, Rasse, Religion, Religiosität, Intelligenz, Neurotizismus, Extraversion, Ängste oder Rorschach-Tests« nicht von denjenigen unterscheiden, die keine Nahtoderlebnisse hatten.[55]

• Vielleicht erfinden Patienten diese Dinge. (Doch was ist mit der Konsistenz ihrer Geschichten? Und was sind ihre Motive angesichts der Tatsache, dass die meisten Menschen, die eine Nahtoderfahrung gemacht haben, äußerst zurückhaltend sind, wenn es darum geht, ihre Geschichten zu erzählen, weil sie fürchten, sich der Lächerlichkeit preiszugeben?)[56]

• Vielleicht sind Nahtoderfahrungen eine Täuschung Satans. (Warum haben diese Erfahrungen diejenigen, die sie gemacht haben, dann motiviert, Gott zu suchen, Menschen zu lieben und göttliche Tugenden zu praktizieren?)

• Vielleicht geht es hier nicht um einen, sondern um mehrere physiologische und psychologische Faktoren, die zusammenkommen, um die Erfahrung hervorzurufen. (Siehe meine Anhänge in Bezug auf zwei solcher Versuche: Susan Blackmores »Dying-Brain-Hypothese« und Dr. Kevin Nelsons Buch *The Spiritual Doorway in the Brain*.)

Zusammenfassung

Keine der naturalistischen Hypothesen, die ich untersucht habe, kann diese Erfahrung auch nur annähernd erklären. Eine gründliche Überprüfung der Studien zu Nahtoderfahrungen (bis 2005) kommt zu folgendem Schluss:

- »Die Forschung hat noch kein Charakteristikum entdeckt, welches das Auftreten, die Häufigkeit, die Art oder die Nachwirkungen eines Nahtoderlebnisses entweder garantiert oder verunmöglicht.«[57]
- »Es gibt sehr wenige Beweise für irgendeine dieser Hypothesen.«[58]

Andere Besprechungen in der Literatur kamen zu ähnlichen Schlüssen.[59]

Wenn dies tatsächlich der aktuelle Stand der Forschung ist, was ist dann von gelegentlich auftauchenden Artikeln mit sensationellen Schlagzeilen zu halten, in denen behauptet wird, man habe natürliche Erklärungen für Nahtoderfahrungen gefunden? Beispielsweise veröffentlichte das Magazin *Scientific American* im Jahr 2011 den Artikel »Peace of Mind: Near-Death Experiences Now Found to Have Scientific Explanations – Seeing your life pass before you and the light at the end of the tunnel, can be explained by new research on abnormal functioning of dopamine and oxygen flow«. (»Innerer Friede: Nahtoderfahrungen können jetzt wissenschaftlich erklärt werden – Neuere Forschungen erklären Wahrnehmungen, wie das eigene Leben an sich vorbeiziehen und das Licht am Ende des Tunnels zu sehen, mit einer abnormalen Dopamin- und Sauerstoffzufuhr.«)

In Artikeln dieser Art, die ich gelesen habe, ist noch nicht einmal eine grundlegende Vertrautheit mit dem gesamten Spektrum der Nahtod-Forschung der letzten 35 Jahre erkennbar. Stattdessen werden hier nur die immer gleichen abgenutzten Hypothesen wiederholt, die sich in jahrzehntelanger Forschung immer wieder als unbrauchbar erwiesen haben.[60] Eine Besprechung dieses populären, im *Scientific American* veröffentlichten Artikels finden Sie in Anhang Nr. 2.

Nach dem derzeitigen Stand der Forschung sind naturalistische Erklärungen unzureichend. Aber das bedeutet nicht, dass wir stattdessen eine Hypothese akzeptieren, die das Übernatürliche ins Spiel bringt. Man könnte argumentieren, dass in Zukunft immer bessere naturalistische Erklärungen auftauchen könnten. Doch die Beweise, die im nächsten Kapitel vorgestellt werden, ziehen die Brauchbarkeit jeder Hypothese, die eine Nahtoderfahrung als rein natürliches Phänomen erklären will, ernsthaft in Zweifel.

Kapitel 5
Liefern Nahtoderfahrungen schlüssige Beweise dafür, dass es Gott und den Himmel wirklich gibt?

Wie ich in »Zum Geleit« schon sagte, suchen wir, wenn wir Entscheidungen treffen, in der Regel ausreichende Beweise für das, wofür wir uns entscheiden, und nicht den absoluten Beweis, den man nur in vordefinierten Feldern wie der Mathematik erhalten kann. Ich kann absolut beweisen, dass $1 + 1 = 2$ ist, aber nur, weil wir uns auf eine Definition für jedes dieser Symbole geeinigt haben und weil sich meine kleine Gleichung derzeit auf nichts bezieht, was in der realen Welt existiert.

Doch was, wenn meine Frau sagt: »Überprüfe das Haus, bevor wir zu Bett gehen. Wie viele Leute sind hier?« Ich schaue vielleicht in jedes Zimmer und berichte dann: »Ich komme nur auf uns beide.« (Nach meiner Mathematik gilt: Cherie plus ich gleich zwei.) Aber wenn ich recht darüber nachdenke, führe ich, sobald ich reale Objekte in die Gleichung einbringe, auch den Zweifel ein. Habe ich wirklich *jeden* Schrank überprüft *und* den Dachboden? Und selbst wenn ich das Haus gründlich überprüft hätte, wie konnte ich absolut sicher sein, dass nicht einer unserer Jugendlichen heimlich durch das Fenster hereingeklettert war, und zwar unmittelbar *nachdem* ich sein Zimmer überprüft hatte?

Was will ich damit sagen? Es wird immer Beweise für und gegen jede Entscheidung geben, vor der wir stehen, und mehrere Hypothesen können aufgestellt werden, um jedes Phänomen zu erklären. In derselben Weise, in der wir die meisten wichtigen Entscheidungen unseres Lebens treffen, sei es in unserem persönlichen Leben (»Soll ich sie heiraten?«), auf einem wissenschaftlichen Gebiet (»Ist die Relativitätstheorie korrekt?«) oder in einem Gerichtssaal (»Ist er schuldig?«), *wägen wir die Beweise ab, um zu entscheiden, welche Hypothese am besten zu den Daten passt, die wir beobachtet haben.* Manche nennen dies *schlussfolgern, um die beste Erklärung zu bekommen.*

Es wurden zwar viele Argumente vorgebracht, um Nahtoderfahrungen naturalistisch zu erklären, aber wir sollten nicht zulassen, dass die Anzahl der vorgeschlagenen Erklärungen das Problem verschleiert. Wir könnten den lieben langen Tag neue Hypothesen ersinnen.[1] Doch letzten Endes müssen wir uns entscheiden, welcher dieser Erklärungsversuche die Tatsachen aus unserer Sicht am besten erläutert.

Um die Sache zu vereinfachen, nehmen wir uns nur zwei große Erklärungen vor.

Erklärung Nummer 1: Die spirituelle Erklärung: Bei einem Nahtoderlebnis ist die Person mit einem voll funktionsfähigen Geist wirklich lebendig, und zwar in einer nicht materiellen, spirituellen Welt außerhalb des Körpers.

Erklärung Nummer 2: Die naturalistische Erklärung: Die Nahtoderfahrung kann nur bezogen auf die Funktion des Gehirns erklärt werden. Sie kann durch einen Mangel an Sauerstoff, psychologische Erwartungen oder viele andere natürliche Ursachen hervorgerufen werden. Und wenn sie zufriedenstellend in naturalistischen Begriffen erklärt werden kann, gibt es keine Notwendigkeit, einen selbstständig wirkenden Geist und himmlische Sphären zu postulieren.

Weiter oben haben wir die wichtigsten Argumente untersucht, die vorgebracht wurden, um eine naturalistische Erklärung zu rechtfertigen. Jetzt schauen wir uns die Beweise an, die für die spirituelle Erklärung sprechen. Während Sie weiterlesen, können Sie sich fragen: »Welche dieser beiden Erklärungen (Hypothesen) trägt den bekannten Fakten am besten Rechnung?«

Beweis 1: Berichte (von außerhalb des Körpers) über das Krankenzimmer oder den Unfallort erweisen sich bei einer Überprüfung als korrekt.

Laut Moody: »Mehrere Ärzte haben mir gesagt … sie seien bass erstaunt darüber gewesen, dass Patienten ohne jedes medizinische Wissen derart detailliert und korrekt die gesamte Prozedur beschreiben konnten, die bei Wiederbelebungsversuchen zur Anwendung kommt, obwohl diese Ereignisse in einer Phase stattgefunden haben, in der die Ärzte wussten, dass die beteiligten Patienten ›tot‹ waren.«[2]

Hier ein Beispiel: Ein komatöser Mann wurde in einem Park gefunden und bekam von Passanten eine Herzmassage. Bei seiner Ankunft auf der kardiologischen Intensivstation lag er immer noch im Koma. Eine Schwester entfernte sein Gebiss und legte es in einen Notfallwagen. Nach etwa 90 Minuten stabilisierten sich sein Blutdruck und sein Herzrhythmus, aber er war immer noch im Koma und wurde auf die normale Intensivstation verlegt. Mehr als eine Woche später wachte er aus dem Koma auf und wurde wieder auf die kardiologische Intensivstation gebracht, wo er die Krankenschwester erkannte und ihr auf den Kopf zu sagte: »Sie wissen, wo mein Gebiss ist.« Er beschrieb den Notfallwagen mit Flaschen oben drauf und darunter die Schublade, in die sein Gebiss gelegt worden war.

Er sagte, er habe die ganze Szene von oben, von außerhalb seines Körpers beobachtet. Ferner beschrieb er den Raum und die darin Anwesenden ganz genau und merkte auch an, er habe sehr befürchtet, sie könnten ihre Wiederbelebungsversuche vielleicht einstellen. Die Krankenschwester bestätigte alles, einschließlich der Tatsache, dass sie sich während ihrer Reanimationsversuche, »extrem negativ über die Prognose des Patienten« geäußert hatten.[2a]

Das ist kein Einzelfall.[3] In den Büchern und Studien, die ich gelesen habe, werden zahlreiche Fälle präsentiert, die ganz spezifisches Beweismaterial liefern.[4] Zu den Beweisen für eine genaue Wahrnehmung von außerhalb des Körpers gehören das Finden von verloren gegangenen Objekten; exakte Berichte über bestimmte Gespräche, welche die betreffenden Patienten gehört hatten, während sie in Vollnarkose waren; das Identifizieren unerwarteter oder ungewöhnlicher Objekte; das Sehen von Menschen, die sich in einem anderen Raum aufhielten und dort mit etwas beschäftigt waren, beispielsweise mit Beten; lebendige und ausführliche Beschreibungen des Operationsvorgangs; das Sehen eines Menschen auf der anderen Seite, von dem der Betreffende nicht wusste, dass er gestorben war; das Treffen von jemandem auf der anderen Seite, den er nie kennengelernt hatte und/oder von dem er nicht wusste, dass er überhaupt existierte (etwa ein totgeborenes Geschwisterkind oder den wirklichen Vater – der später anhand von Bildern identifiziert werden konnte) etc.[5]

Fälle, die für sich in Anspruch nehmen, so gut bewiesen zu sein, tauchen in der Fachliteratur immer wieder auf.[6] Glücklicherweise hat Professor Janice Holden, Vorsitzende der Fakultät *Counseling and Higher Education* an der Universität von Nordtexas, mehr als hundert solcher Fälle identifiziert und jeweils die Publikation mit Seitenangabe dazu notiert. Es gibt noch viele weitere, ähnlich gut bewiesene Fälle, aber

Professor Holden hat entschieden, einige davon nicht zu berücksichtigen, beispielsweise autobiografische Bücher; Bücher, in denen keine systematische Untersuchung der Nahtoderfahrungen stattgefunden hat, und »einzelne Fallstudien, die außerhalb der anerkannten Fachliteratur beschrieben wurden«. Sie hat nur Fälle berücksichtigt, in denen Menschen dem Tod wirklich nah waren. (Diejenigen, die sich über eine große Anzahl derart gut bewiesener Fälle informieren möchten, können zunächst einmal Holdens Sammlung in Anhang 8 lesen.)

Wenn ich Atheist wäre, würden mich diese Beweise in größte Verlegenheit bringen. Versuche, diese Erfahrungen naturalistisch zu erklären, scheinen erschreckend kurz zu greifen. Sollten diese Beweise lediglich darauf zurückzuführen sein, dass Leute gut geraten haben, wie manche behaupten[7], dann wäre es jetzt an den Naturalisten, eine vernünftige Hypothese aufzustellen, warum Menschen während eines Nahtoderlebnisses so außerordentlich gut raten. (Oder vielleicht haben gute Rater aus irgendeinem natürlich erklärbaren Grund besonders häufig Nahtoderlebnisse. Stellen wir sie auf die Probe.) Nach dem, was bis heute bewiesen ist, greift gutes Raten als Erklärung zu kurz, wenn man die Fälle im Detail studiert.[8]

In ihrer prospektiven Fünfjahresstudie zu Nahtoderfahrungen in Großbritannien testete Dr. Sartori die »Gut-geraten-Hypothese«. Sie bat Herzstillstand-Patienten, die nicht davon berichteten, ihren Körper von außerhalb gesehen zu haben, zu raten, was wohl während ihrer Reanimation passiert war. Sartori schreibt:

> »28 dieser Patienten waren nicht in der Lage, auch nur annähernd richtig zu raten, welche Verfahren angewandt worden waren. Drei beschrieben Szenarien, die auf Dingen basierten, die sie in populären Krankenhausdramen im Fernsehen gesehen hatten, und zwei dachten sich einfach ein Szenario aus. Alle Beschreibungen der verwendeten Geräte enthielten Fehler und Missverständnisse und auch die Verfahren wurden nicht korrekt beschrieben. Viele vermuteten, dass ein Defibrillator zum Einsatz gekommen sei, auch wenn dem in Wirklichkeit nicht so war … Dieses Rätselraten unterschied sich deutlich von den erstaunlich genauen Berichten der Patienten, die behaupteten, die Notfallsituation von außerhalb ihres Körpers beobachtet zu haben.«[9]

Der Kardiologe Michael Sabom leistete außerordentlich gute Arbeit, als er seine Patienten mit Nahtoderfahrung zum Verlauf ihrer Operationen befragte. Obwohl er, was die Realität ihrer außerkörperlichen Erfahrungen anging, anfangs sehr skeptisch war, ließ er sich allmählich überzeugen, als er sah, wie detailliert und genau sie in ihren Beschreibungen sein konnten. Sabom merkt an, dass sich jede Reanimation in signifikanter Weise von einer anderen unterscheidet, was es sehr unwahrscheinlich macht, dass die

Betreffenden erraten könnten, welche Verfahren in welcher Reihenfolge in ihrem jeweiligen Fall zum Einsatz gekommen waren. Über einen Patienten berichtet Sabom:

> »Als ich ihn bat, mir zu sagen, was genau er gesehen hatte, beschrieb er die Reanimation derart detailliert und genau, dass ich das Band später verwendet habe, um angehende Ärzte auszubilden.«[10]

Stellen Sie sich vor, Sie sind in eine Jury gewählt worden, die über einen Fall entscheiden muss, in dem ein Arzt seine Patientin in die Psychiatrie eingewiesen hat, weil sie behauptet hat, sie sei nach ihrem Herzstillstand im Himmel gewesen und habe dort mit Engeln gesprochen. Die Verteidigung argumentiert, dass sie völlig gesund ist und tatsächlich im Himmel war. Die Staatsanwaltschaft hält dagegen, dass solche Erlebnisse unmöglich sind und dass alle, die Anspruch darauf erheben, Wahnvorstellungen haben. Während der achtstündigen Zeugenbefragung lässt die Verteidigung hundert Menschen mit einer Nahtoderfahrung bezeugen, dass auch sie die Reise auf die andere Seite unternommen haben. Zu jedem dieser Nahtoderlebnisse werden Ärzte, Krankenschwestern und Familienmitglieder befragt, die bezeugen, dass die Dinge, die diese Menschen gesehen und gehört hatten, während sie sich außerhalb ihres Körpers aufhielten, wirklich passiert beziehungsweise da gewesen waren. Wären diese Beweismittel zwingend genug, um eine unvorein-genommene Jury zu überzeugen?

Beweis 2: Menschen, die eine Nahtoderfahrung gemacht haben, berichten von gesteigerten geistigen Fähigkeiten, während ihre Gehirnfunktionen erheblich beeinträchtigt waren.

Nahtoderfahrungen können dann nicht mit den im Gehirn ablaufenden Vorgängen erklärt werden, wenn das Gehirn nicht gut genug arbeitet, um lebendiges Bewusstsein zu erzeugen. Das war es, was van Lommel in Zusammenhang mit seinen ersten Patienten, die eine Nahtoderfahrung hinter sich hatten, zunächst verblüffte. Sie hatten diese Erfahrungen gemacht, als ihr Gehirn offensichtlich nicht funktionierte.[11] Um dies für seine Leser näher auszuführen, schrieb er ganze Kapitel zu Fragen wie »Was passiert im Gehirn, wenn das Herz plötzlich stehen bleibt?« und »Was wissen wir über die Funktionen des Gehirns?«[12]

Atypische Fälle von Bewusstheit während einer Vollnarkose oder bei Herzstillstand existieren. Extrem wenige Menschen (0,18 Prozent oder weniger als zwei von 1000)[13] haben von kurzen Episoden der Bewusstheit unter Vollnarkose berichtet. Für diejenigen, die eine solche Erfahrung machen (manchmal aufgrund der unsachgemäßen Verabreichung von Narkosemitteln), ist sie alles andere als angenehm.[14] Es gab Fälle von

Menschen, die während einer Reanimation kurz bei Bewusstsein waren[15], und zwar bevor das Herz angefangen hatte, wieder selbstständig zu schlagen. Aber der Grund dafür, dass solche Fälle in der Literatur überhaupt Erwähnung finden, ist, dass sie so selten sind.

Die bei Weitem typischere Erfahrung, von der Menschen berichten, die eine Vollnarkose oder einen Herzstillstand hinter sich haben, ist, dass sie sich an gar nichts erinnern können. Unter solchen Umständen ist das Gehirn nicht in der Lage, das Bewusstsein oder Erinnerungen in irgendeiner Form aufrechtzuerhalten.[16] Doch genau aus dieser Zeit berichten Nahtoderfahrene übereinstimmend von einem nicht etwa vagen, verwirrten Bewusstsein, sondern von einem sehr lebendigen Bewusstsein, das »wirklicher als wirklich« war. Es ist, als hätte ihr Gehirn in einen höheren Gang geschaltet, und manche erleben innerhalb kürzester Zeit ihr ganzes Leben noch einmal. Und ihre Erinnerungen sind, wie wir gesehen haben, weit davon entfernt, vage und flüchtig zu sein (wie wir es von einem geschädigten Gehirn erwarten würden), sondern werden vielmehr so effizient gespeichert, dass sie noch Jahrzehnte später berichten, sie könnten sich an jedes Detail erinnern, als sei es gestern geschehen.

Überzeugende Beweise aus Studien an Patienten, die im Krankenzimmer beobachtet wurden, während sie ihre außerkörperlichen Erfahrungen hatten, bestätigen, dass viele Nahtoderfahrene unmittelbar vor der Bewusstlosigkeit oder in den frühen Stadien der Wiederbelebung gar keine lebhaften Träume gehabt haben konnten. Andere medizinische Daten sprechen dagegen, dass Patienten Informationen zusammengesetzt haben, die sie bekamen, während sie noch bei Bewusstsein waren. In den kurzen Momenten, in denen das Gehirn das Bewusstsein verliert oder wiedererlangt, weil das Gehirn nicht mehr durchblutet wird (etwa bei einem Herzstillstand) oder während einer Vollnarkose, ist die Funktion des Gehirns unorganisiert und verwirrt. Und das Erinnerungsvermögen ist ebenfalls schwer beeinträchtigt.[17]

Hier ist ein Beispiel (das in »Zum Geleit« bereits zusammengefasst wurde):

Pamela Reynolds, eine fünfunddreißigjährige Mutter, wurde einer komplexen Operation unterzogen, um ein riesiges Aneurysma in einer Hirnarterie zu reparieren. Wie der Kardiologe Michael Sabom und der Neurochirurg Robert Spetzler berichteten, wurde ihre Körpertemperatur in Vorbereitung auf die Operation auf etwa 10 Grad Celsius abgesenkt und alles Blut aus dem Kopf abgesaugt, sodass ihr Gehirn nicht mehr funktionierte, was durch drei klinische Prüfungen bestätigt wurde: »Ihr Elektroenzephalogramm zeigte nichts an, ihr Hirnstamm reagierte nicht, und ihr Gehirn wurde nicht durchblutet …« Zusätzlich waren ihre Augen mit Klebeband verschlossen, sie war voll narkotisiert, ihre Hirnstammtätigkeit wurde mit »100-Dezibel-Klicks« überwacht, »die von kleinen Lautsprechern in ihre Ohren emittiert wurden«, und ihr ganzer Körper mit Ausnahme der kleinen Fläche am Kopf, an der operiert wurde, war vollständig abgedeckt.

Während dieser Zeit hatte Reynolds ein sehr lebhaftes Nahtoderlebnis, in dem sie einen Teil der Operation beobachtete. Später berichtete sie den Ärzten, was sie gesehen hatte, und beschrieb die speziellen Instrumente, die sie für die Operation verwendet hatten, bis ins kleinste Detail. Beispielsweise beschrieb sie die Säge, die »viel mehr wie eine Bohrmaschine« ausgesehen habe, »als wie eine Säge. Sie hatte kleine Zubehörteile, die in einem Etui aufbewahrt wurden, das aussah wie das Etui, in dem mein Vater seine Steckschlüssel aufbewahrte, als ich ein Kind war ... Und ich erinnere mich genau an eine weibliche Stimme, die sagte: ›Wir haben ein Problem. Ihre Arterien sind zu eng.‹ Und dann eine männliche Stimme: ›Versuchen Sie die andere Seite.‹«

Die Instrumente waren vor Beginn der Operation abgedeckt gewesen. Es war also unmöglich, dass sie diese vorher gesehen hatte. Weiterhin beschrieb sie, wie sie durch einen Tunnel gegangen war, wie sie mit verstorbenen Verwandten gesprochen hatte, die aussahen, als seien sie in der Blüte ihres Lebens, und wie sie in ihren Körper zurückgeschickt worden war, um nach der Reanimation wieder aufzuwachen. Reynolds beschreibt ihre Nahtoderfahrung in einer kontinuierlichen, ununterbrochenen Erzählung vom Beginn ihrer Operation bis zu dem Zeitpunkt, an dem sie von der anderen Seite zurückgeschickt wurde und wieder zu Bewusstsein kam.

Sabom und Spetzler (Direktor des Barrow Neurological Institute) bestätigten die Richtigkeit dessen, was die Patientin im Operationssaal gehört und gesehen hatte. Selbst wenn Teile ihrer Nahtoderfahrung stattgefunden haben sollten, während sie in Vollnarkose versetzt wurde, also nach der Blutabsaugung, trat diese lebendige, präzise Erfahrung auf, während sie stark sediert war und ihr Gehirn mit drei Methoden überwacht wurde, um sicherzustellen, dass sie tief narkotisiert war. Bevor das Blut abgesaugt wurde, hatte man ihr die Augen zugeklebt. Ein lautes Klicken mit einer Rate von 11 bis 33 Klicks pro Sekunde klang ihr kontinuierlich in den Ohren. Die Lautstärke der Klicks lag zwischen 90 und 100 Dezibel. Das ist vergleichbar mit dem Geräusch einer U-Bahn, eines pfeifenden Teekessels oder eines Rasenmähers. Auch wenn die Sedierung nicht wirksam gewesen wäre, hätte das Klicken verhindert, dass sie etwas hörte, und das Klebeband hätte verhindert, dass sie etwas sah. Wie konnte sie etwas über diese Dinge wissen, wenn sie sie nicht von außerhalb ihres Körpers beobachtet hatte?[18]

Wenn mentale Funktionen bemerkenswert klar, luzide und sogar erweitert in Erscheinung treten[19], während das Gehirn stark beeinträchtigt ist, scheint die

Jenseits-Hypothese (der Geist existiert unabhängig vom Gehirn) besser zu den Tatsachen zu passen als eine naturalistische Hypothese (mentale Funktionen werden ausschließlich vom Gehirn produziert).

Beweis 3: Das Vorhandensein von bemerkenswert einheitlichen und dennoch unerwarteten Elementen ist nicht das, was wir von einem psychologisch induzierten Traumzustand erwarten würden.

Bemerkenswerte Einheitlichkeit

Träume unterscheiden sich von Individuum zu Individuum ganz erheblich. Woher also kommt die bemerkenswerte Einheitlichkeit von Nahtoderfahrungen, wenn es sich dabei einfach nur um Traumzustände handelt?

Denken Sie einmal über die zufällige Natur von Träumen nach. Wenn 20 Leute aufgeregt schlafen gehen, haben einige vielleicht wirklich Träume, die diese Aufregung reflektieren, aber vermutlich unterscheiden sich die Träume völlig. Der eine träumt vielleicht davon, dass er mit einer widerwärtigen Person zusammen ist. Ein anderer träumt davon, dass er sich in einem Brennnesselfeld schlafen gelegt hat.

Wir wären schockiert und verwirrt, wenn wir Hunderte von Menschen, die in heller Aufregung eingeschlafen sind, interviewt und festgestellt hätten, dass

95 Prozent von ihnen von einem einheitlichen Traum berichteten – als lebten wir in einer Großstadt, die von Zombies bewohnt ist. Wir wären sogar noch verwirrter, wenn sie von einheitlichen Merkmalen berichten würden, die sich von den typischen Zombie-Filmen unterscheiden, etwa »alle Zombies in meinem Traum haben kommuniziert, indem sie sich gegenseitig einen Morse-Code auf die Schultern tippten«. Ohne Erwartungen an ein so seltsames Verhalten würde die einheitliche Erfahrung wahrscheinlich schwerer wiegen als jeder Erklärungsversuch.[20]

Deshalb ist etwas an dem, was Moody als die »verblüffende Ähnlichkeit«[21] der Berichte über Nahtoderfahrungen bezeichnet, sehr seltsam. Was Menschen auf der anderen Seite erleben, ergibt ein ziemlich einheitliches Bild vom Leben in einer anderen Dimension. Woher kommt eine solche Einheitlichkeit, wenn es sich hier um nicht mehr als einen Traumzustand handelt? Die Berichte sind zwar auch persönlich (beispielsweise der Inhalt ihrer Gespräche und die Verwandten, die sie sehen), aber sie sind bemerkenswert einheitlich in Bezug auf die spezifische, oft unerwartete Natur des jenseitigen Lebens.

Dazu schreibt Dr. Rawlings:

»Die sich in bemerkenswerter Weise wiederholende Abfolge von Ereignissen und die parallelen Erfahrungen in Fällen, die überhaupt nichts miteinander zu tun haben, scheinen die Möglichkeit irgendeines Zufalls oder verbindender Umstände während dieser außerkörperlichen Existenz auszuschließen.«[22]

Unerwartete Details

Wenn Nahtoderfahrungen nur lebhafte Träume wären, die etwas mit den Erwartungen einzelner Menschen über den Tod zu tun hätten, würde ich erwarten, dass es eine enge Beziehung zwischen den Erwartungen der Menschen und dem gibt, wovon sie tatsächlich berichten.

Das meiste, was sie berichten, war jedoch völlig unerwartet. Wer würde erwarten, dass direkte Kommunikation von Geist zu Geist stattfindet und nicht über das Medium Sprache? Wer rechnet damit, eine Dimension kennenzulernen, in der sich Zeit und Raum aufzulösen scheinen; wo man das, was ganz nah und das, was ganz weit weg ist, mit der gleichen Klarheit sehen kann, und wo man ein ganzes Leben in einem einzigen Augenblick zu sehen bekommt? Ein helles Licht könnte von einigen erwartet werden, aber wer erwartet die allgemeine Erfahrung, nicht blinzeln zu müssen, während man diese extreme Helligkeit wahrnimmt?

Wenn derart einheitliche Elemente etwas mit den Erwartungen der Menschen zu tun hätten, müssten eigentlich diejenigen, die von Nahtoderfahrungen berichten, üblicherweise sagen, dass sie genau das erfahren haben, was sie erwartet hatten. Doch das ist nicht der Fall. Und wer würde solche seltsamen Dinge auch erwarten, außer er hätte die gesamte Nahtod-Literatur studiert und die Berichte geglaubt?

Doch von van Lommels Probanden hatten 43 Prozent noch nie etwas von Nahtoderfahrungen *gehört*, geschweige denn daran geglaubt.[23] Diejenigen, die etwas über Nahtoderfahrungen wissen, an ihre Realität glauben und erwarten, dass eine solche Erfahrung auftritt, scheinen einen extrem kleinen Prozentsatz der Gesamtbevölkerung auszumachen, vor allem in einem Land wie den Niederlanden, wo mehr als die Hälfte der Bevölkerung »ziemlich überzeugt ist, dass der Tod das Ende von allem ist«.[24] Daher hat der durchschnittliche niederländische Patient die Erwartung, nach dem Tod absolut gar nichts zu sehen.

Und vergessen Sie bitte auch nicht, dass vor Moodys Studie nicht viel über Nahtoderfahrungen berichtet worden war. Es ist also höchst unwahrscheinlich, dass einer seiner Probanden jemals etwas von Nahtoderfahrungen gehört hatte. Tatsächlich prägte erst Moody den Begriff »Nahtoderfahrung« oder »Nahtoderlebnis«.

Moody (der darin später von anderen Forschern bestätigt wurde) stellte 15 spezifische, gemeinsame Elemente fest, von denen Menschen bemerkenswert übereinstimmend berichteten. (Die elf Elemente, die ich unten erwähne, finden tatsächlich *während* des Nahtoderlebnisses statt.) Wenn ich über diese Liste nachdenke, wird mir klar, dass alle diese Elemente

Eigenschaften haben, die sich signifikant von dem unterscheiden, was ich erwarten würde, wenn ich sterbe. Ich sage mal, dass ich ein ziemlich typischer religiöser Amerikaner bin und hier durchaus stellvertretend für viele von denen stehe, die von Moody untersucht wurden.

Beachten Sie bitte noch einmal, dass ich wie fast alle Menschen, die dem Tod nahe kommen, eher einen *endgültigen* Tod als eine *Nahtod*-Erfahrung erwarten würde. Sicher steht niemand auf der Schwelle des Todes und denkt: »Ich sterbe gleich, aber ich komme ins Leben zurück!«

Hier sind also die gemeinsamen Elemente einer Nahtoderfahrung, wie sie von Moody beobachtet wurden, meinen, sich davon unterscheidenden Erwartungen gegenübergestellt.

• *Unbeschreiblichkeit* – Bevor ich Nahtoderfahrungen untersuchte, bin ich davon ausgegangen, dass es mir, wenn ich eine solche Erfahrung gemacht hätte, nicht schwerfallen würde, sie anderen zu beschreiben.

• *Einen Arzt oder jemand anderen sagen hören, dass ich tot bin* – Ich erwarte nicht, das zu hören.

• *Gefühle des Friedens und der Ruhe* – Nach dem Tod und vor irgendeiner Art von Beurteilung würde ich eine Kombination aus unglaublicher Spannung und extremer Nervosität erwarten, sicher nicht den Zustand des Friedens, über den in Zusammenhang mit Nahtoderfahrungen berichtet wird.

- *Hören eines Geräuschs* – Ein Summen oder Klingeln. Ich erwarte nichts dergleichen.
- *Der dunkle Tunnel* – Davon habe ich gehört, aber ich erwarte ihn nicht.
- *Außerhalb des Körpers sein* – Ja, ich erwarte, außerhalb meines irdischen Körpers zu sein, aber nicht in meinem Zimmer im Krankenhaus bei denen, die noch leben, und von der Decke aus auf meinen Körper herabzuschauen.
- *Begegnungen mit anderen Menschen* – Ja, ich erwarte, Menschen zu treffen, die vor mir gestorben sind, aber erst nach einer Art Begegnung mit Gott. Ich rechne nicht damit, mit Wesen direkt von Geist zu Geist kommunizieren zu können. Ich stelle mir vor, dass ich auf Englisch spreche und höre, da das meine Muttersprache ist.
- *Das Lichtwesen* – Ich erwarte, Gott zu begegnen, aber Ihn stelle ich mir eher mit körperlichen Merkmalen (Gesicht, Arme, Hände) vor, statt nur als Licht.
- *Der Lebensrückblick* – Ich erwarte so etwas wie eine Art Belohnung für Taten, die ich auf der Erde vollbracht habe, aber nicht die Art von Lebensrückblick, von der Menschen, die eine Nahtoderfahrung hatten, berichten – ohne jedes Zeitgefühl, eher ein Wiedererleben als ein distanziertes Beobachten, das Erfahren aller Gefühle von Betroffenen, während ich mich selbst Dinge tun sehe. Ich erwarte auch, dass so etwas *nach* einem Wort von Gott über die Sühne Jesu kommt. (Sind meine Sünden wirklich vergeben worden?)

- *Eine Grenze* – Ich rechne nicht damit, an eine Grenze zu kommen, an der ich das Gefühl habe, dass es kein Zurück gibt, wenn ich sie überschreite.
- *Rückkehr* – Ich erwarte nicht, in meinen Körper zurückzukehren, nachdem ich gestorben bin. Ich erwarte einen Abschluss, keine Halbzeitbilanz.

Wenn Leute also sagen: »Eine Nahtoderfahrung ist nicht mehr als ein lebendiger Traum, der von den Erwartungen der betreffenden Menschen an das Jenseits verursacht wird«, kann ich mit dieser Aussage absolut nicht einverstanden sein. Es ist überhaupt nicht das, was ich erwarten würde. Noch scheint es das zu sein, was die überwiegende Mehrheit der anderen Menschen erwarten würde. Moody bestätigt:

> »... worüber am häufigsten berichtet wird, ist offensichtlich nicht das, was man sich in unserem kulturellen Umfeld gemeinhin unter dem vorstellt, was mit den Toten geschieht.«[25]

Und da viele dieser Menschen noch nicht einmal wussten, dass sie starben, wie kann die Erfahrung dann psychologisch induziert werden?[26]

Menschen haben sehr unterschiedliche Überzeugungen davon, was unmittelbar nach dem Tod geschieht. Mehrere Studien haben jedoch gezeigt, dass diese Überzeugungen keinen Einfluss darauf hatten, ob Menschen ein Nahtoderlebnis hatten oder nicht –

weder Vorkenntnisse über Nahtoderfahrungen, noch religiöse Überzeugungen, noch das Bildungsniveau.[27] Viele, die ein Nahtoderlebnis hatten, glaubten davor überhaupt nicht an ein Leben nach dem Tod. Laut van Lommel war

»… jede Art von religiösem Glauben oder seine Abwesenheit bei Ungläubigen und Atheisten irrelevant …«[28]

Es ist typisch, dass Menschen immer wieder berichten, wie erstaunt sie über das waren, was sie erlebt hatten, was wiederum unterstreicht, wie völlig unerwartet viele ihrer Erfahrungen waren.[29]

Van Lommel spricht von der »Verblüffung«, von der Menschen angesichts solcher Dinge berichten, wie außerhalb ihres Körpers im Krankenzimmer zu sein, ohne dass sie jemand hören oder sehen konnte.[30]

Ein Proband berichtet: »Nun, diese ganze Sache hat mich erstaunt und vollkommen überrascht.«[31]

Die Kombination aus erstaunlicher Übereinstimmung und unerwarteten Details scheint vielmehr auf einen tatsächlichen Besuch auf der anderen Seite (der spirituellen Hypothese) hinzuweisen, als auf einen lebendigen Traum, der durch bestimmte Erwartungen hervorgerufen wurde (eine naturalistische Hypothese).

Beweis 4: Nahtoderlebnisse werden nicht abrupt unterbrochen, was sie von Träumen und Halluzinationen unterscheidet.

Das hat zwar etwas mit Beweis 3 zu tun, verlangt aber möglicherweise eine besondere Behandlung. Reflektieren Sie etwa eine Woche lang unmittelbar nach dem Aufwachen über Ihre Träume. Haben sie normalerweise ein Ende wie das Ende eines Films, oder werden sie beim Aufwachen mitten in der Geschichte unterbrochen?

Als ich meine eigenen Träume über einen Zeitraum von Monaten analysierte, fand ich heraus, dass sie alle mittendrin aufhörten, oft mitten in einem Satz. Es gab kein eigentliches Ende. Eine Geschichte entwickelte sich, ein Gespräch fand statt, aber als ich aufwachte, war alles schlagartig vorbei. Und wenn man einmal darüber nachdenkt, ist es genau das, was wir von Träumen und Halluzinationen erwarten. Sie sollten zu Ende sein, wenn wir aufwachen und in die Realität zurückkehren, und zwar unabhängig davon, wo wir im Handlungsablauf der Geschichte gerade waren, *denn Träume sind zeitlich nicht so programmiert, dass sie enden, wenn wir aufwachen.*

Wenn Nahtoderfahrungen tatsächlich Träume oder Halluzinationen wären, würden wir dann nicht erwarten, dass sie abrupt enden, wenn die Sedierung eingestellt oder der Herzschlag wiederhergestellt wird?

Aber Nahtoderfahrungen haben in der Art, wie sie enden, mehr Ähnlichkeit mit Filmen als mit Träumen.

Meg Ryan findet den perfekten Kerl. Sie verlieben sich und ziehen in ihr Traumhaus. Ende. Wir wären schockiert, wenn der Film abrupt abgeschnitten würde, mitten in der Handlung, mitten im Satz. Warum? Weil die Handlung in einem Film nicht dem Zufall überlassen wird. Sie ist geplant, und es gibt ein Drehbuch, in dem alles festgelegt ist, auch das Ende.

Moody hat das »Zurückkehren« als eines der häufigsten Elemente von Nahtoderfahrungen identifiziert.[32] In Longs Studie berichteten die meisten der Nahtoderfahrenen, dass sie an der Entscheidung, in ihren Körper zurückzukehren, beteiligt waren.[33] Sabom berichtet: »In der Mehrzahl der Fälle, war diese ›Rückkehr‹ von einem anderen, einem geistigen Wesen beeinflusst oder gelenkt.«[34]

Dies schien mir wichtig. Ich fragte mich aber auch, was mit den Berichten war, denen zufolge es keine Diskussion über eine Rückkehr gegeben hatte. Hatten die entsprechenden Erfahrungen mitten im Satz aufgehört und hatten sich die Betreffenden einfach plötzlich in ihrem Körper wiedergefunden? Obwohl mir noch nie ein solcher Fall untergekommen war, kamen sie vielleicht häufig vor, aber Forscher berichteten nie darüber. Ich beschloss, es selbst zu erforschen.

Ich untersuchte 50 aufeinanderfolgende Nahtoderfahrungen (indem ich mich von den zuletzt eingereichten zurückarbeitete) sowie mehr als 50 nicht westliche Nahtoderfahrungen, die auf Dr. Longs Website gestellt worden waren.[35] Ich rechnete fest damit, dass zumindest in einigen dieser Berichte von einem abrupten Ende die Rede sein würde, da die meisten wissenschaftlichen Studien Anomalien und Ausreißer aufspüren. Doch *in keiner einzigen dieser Nahtoderfahrungen kam ein abruptes Ende vor*. Tatsächlich sprachen die meisten von einem Gespräch, das mit der Entscheidung endete, zurückzukehren, oder einfach nur davon, dass sie wussten, es sei an der Zeit zurückzukehren. Aber auch in Fällen, in denen keine bewusste Entscheidung zurückzukehren vorkam, war nicht zu erkennen, dass die Nahtoderfahrung abrupt abgeschnitten worden wäre, etwa mitten im Satz.

Ein Beispiel für ein Ende ist der Schluss einer Nahtoderfahrung von jemandem, der fast ertrunken wäre:

Ich hörte eine Stimme sagen: »Deine Zeit ist noch nicht gekommen. Dir wird nichts passieren.« Ich konnte nicht sagen, ob es eine männliche oder eine weibliche Stimme war. Das Nächste, was ich mitbekam, war, dass mich mein Bruder an der Rückseite meines Mantels packte und aus dem Wasser zog.[36]

Weil ich noch nie gehört habe, dass diese Frage unter den Forschern diskutiert wird, möchte ich sie zunächst als vorläufig bezeichnen. Vielleicht ist sie bedeutsam. Auf der anderen Seite wird die weitere Nahtodforschung vielleicht noch andere Erklärungen geben. Als ich persönlich mit Nahtodforscher Bruce Greyson korrespondierte, deutete er an: »Wir wissen nicht, ob der Bericht über eine solche Entscheidung oder darüber, dass man zurückgeschickt wurde, eventuell eine nachträgliche Verzerrung davon ist, wie die Nahtoderfahrung wirklich endete.«

Ich würde gern mehr Forschungsergebnisse zu diesem Thema sehen. Gibt es Parallelen zu dieser Erfahrung in der Traumforschung, etwa dass das Gehirn rückwirkend eine Geschichte erfindet, die zu einem bestimmten Gefühl, einem Schmerz oder einer Intuition passt? Wenn ja, ist es wahrscheinlich, dass das Ende der Geschichte vom Gehirn ausgelöst wird, weil es rückwirkend mit dem Gefühl, das Bewusstsein wiederzuerlangen, übereinstimmt?

Und selbst wenn einige Entscheidungen zur Rückkehr auf diese Weise erklärt werden könnten, erklärt das immer noch nicht, warum so extrem wenige, wenn überhaupt irgendwelche Nahtoderlebnisse mitten im Satz unterbrochen werden, wie wir es bei Träumen und Halluzinationen in der Regel erleben. Sie scheinen mehr wie nach einem Drehbuch abzulaufen – geplant, geleitet und entwickelt, um auf eine bestimmte Weise zu enden. Diese Tatsachen scheinen dazu zu passen, dass es sich bei Nahtoderfahrungen eher um echte Erlebnisse auf der anderen Seite handelt, als um natürliche Traumzustände oder Halluzinationen.

Beweis 5: Nahtoderlebnisse von Kindern bieten einzigartige Indizien.[37]

Die siebenjährige Katie trieb mit dem Gesicht nach unten in einem YMCA-Schwimmbecken, als man sie fand. Der Kinderarzt und Medizinforscher Melvin Morse reanimierte sie in der Notaufnahme, aber sie verblieb in einem tief komatösen Zustand – mit einer massiven Schwellung des Gehirns und ohne Würgereflex – und atmete nur mithilfe einer künstlichen Lunge. Er gab ihr eine Überlebenschance von zehn Prozent.

Doch erstaunlicherweise war sie innerhalb von drei Tagen wieder ganz gesund.

Als Katie zur Nachuntersuchung kam, erkannte sie Morse sofort und sagte zu ihrer Mutter: »Das ist der mit dem Bart. Zuerst war da dieser große Arzt, der keinen Bart hatte, und dann kam er herein. Zuerst war ich in einem großen Zimmer, und dann haben sie mich in einen kleineren Raum gebracht, wo ich geröntgt wurde.«

Sie erwähnte noch andere Details, etwa, dass man ihr einen Schlauch in die Nase eingeführt hatte. Alles war korrekt, aber sie hatte es »gesehen«, während ihre Augen geschlossen waren und sich ihr Gehirn in einem tief komatösen Zustand befand.

Morse fragte sie, an was sie sich im Zusammenhang mit ihrem Beinahe-Ertrinken erinnerte, denn wenn dieses durch einem Anfall ausgelöst worden war, dann war es durchaus möglich, dass dieser sich wiederholen würde.

Sie antwortete: »Meinst du, als ich den himmlischen Vater besucht habe?« Das klang interessant, also antwortete Morse: »Das ist ein guter Anfang. Erzähl mir mehr über den himmlischen Vater.«

»Ich habe Jesus und den himmlischen Vater getroffen«, sagte sie. Vielleicht war es sein entsetzter Gesichtsausdruck, vielleicht meldete sich plötzlich ihre natürliche Scheu. Was auch immer der Grund gewesen sein mochte, das war alles, was sie bei diesem Termin sagte.

In der nächsten Woche aber war Katie gesprächiger. Sie erinnerte sich an nichts, was mit dem Ertrinken zu tun hatte, aber an eine anfängliche Dunkelheit und dann an einen Tunnel, durch den Elizabeth gekommen war. Sie beschrieb sie als »groß und freundlich« mit strahlend goldenen Haaren. Elizabeth begleitete Katie durch den Tunnel, wo sie mehrere Menschen traf, darunter auch ihren verstorbenen Großvater, zwei Jungen namens Mark und Andy und andere Personen.

Katie berichtete auch, dass sie ihr irdisches Zuhause besucht und gesehen hatte, wie ihre Brüder mit einer GI-Joe-Actionfigur in einem Jeep spielten, während ihre Mutter Brathähnchen mit Reis zum Essen machte. Sie wusste sogar, was sie anhatten. Ihre Eltern waren schockiert über die Detailgenauigkeit, mit der sie das alles beschrieb.

Schließlich nahm Elizabeth Katie mit, um den himmlischen Vater und Jesus treffen. Der Vater fragte, ob sie nach Hause gehen wolle. Sie wollte bleiben. Jesus fragte, ob sie ihre Mutter sehen wolle. Sie sagte »Ja« und wachte auf.

Katie brauchte etwa eine Stunde, um ihre Geschichte zu erzählen, aber diese Stunde veränderte Dr. Morses Leben. Er befragte die Krankenschwestern auf der Intensivstation, die sagten, Katies erste Worte seien gewesen: »Wo sind Mark und Andy?« Sie habe immer wieder nach ihnen gefragt. Morse dachte lange über Katie und ihre Art und Weise, die Geschichte zu erzählen, nach. Obwohl sie extrem schüchtern war, sprach sie über diese Erfahrung in einer »kraftvollen und überzeugenden Weise«.

Morse führte stundenlange Gespräche mit Katies Eltern, um zu erfahren, ob es in ihrer Vorgeschichte irgendetwas gab, das vielleicht helfen konnte, eine solche Erfahrung zu erklären. Sie waren Mormonen und hatten mit ihr nicht über Tunnel, Schutzengel und solche Dinge gesprochen. Als Katies Großvater starb, hatte ihre Mutter ihr gesagt, der Tod sei so, als schicke man jemanden mit dem Schiff auf große Fahrt, während Freunde und Familienmitglieder im Hafen zurückbleiben mussten.[38]

Morse veröffentlichte diesen Fall im *American Journal of Diseases of Children*[39] und zog weitere Forschungen in Betracht. Er hatte ein Stipendium für Krebsforschungen bekommen, aber die Leiterin der Stipendienvergabe, Janet Lunceford, unterstützte seinen Wunsch, stattdessen die Nahtoderfahrungen von Kindern am

Seattle Children's Hospital zu erforschen. Er stellte ein Team aus acht Forschern zusammen, von denen jeder über einschlägiges Fachwissen verfügte, darunter Dr. Don Tyler, Experte für Anästhetika und deren Auswirkungen auf das Gehirn, und Dr. Jerrold Milstein, Direktor der Klinik für Kinderneurologie an der Universität Washington, der sich mit der Funktion des Hirnstamms und des Hippocampus beschäftigte.[40]

Morse zog folgenden Schluss aus seiner Dreijahresstudie:

»Im Medizinstudium hat man uns beigebracht, die jeweils einfachste Erklärung für ein medizinisches Problem zu finden. Nachdem ich mir alle anderen Erklärungen für Nahtoderfahrungen angeschaut habe, denke ich, die einfachste Erklärung ist, dass es sich dabei tatsächlich um Einblicke in die jenseitige Welt handelt. Und warum auch nicht? Ich habe alle möglichen komplizierten psychologischen und physiologischen Erklärungen für Nahtoderfahrungen gelesen, und keine von ihnen schien mir sonderlich befriedigend.«[41]

Er veröffentlichte die Ergebnisse seiner Studie in einer medizinischen Fachzeitschrift und schrieb ein Buch dazu, in dem er mehr ins Detail ging.[42]

Wenn Kinder Nahtoderlebnisse haben, enthalten diese die gleichen Elemente wie die von Erwachsenen.[43] Doch es ist höchst zweifelhaft, dass Kinder jemals etwas von Nahtoderfahrungen gehört oder ähnliche Erwartungen in Zusammenhang mit dem Tod haben wie Erwachsene. Die kindliche Spontaneität, mit der sie Ereignisse beschreiben, die völlig außerhalb ihres bisherigen Lern- oder Erfahrungshorizonts liegen, sorgt für eine einzigartige und aussagekräftige Beweisführung. Das macht auch einen Teil des Reizes aus, der von der Nahtoderfahrung des kleinen Colton in *Den Himmel gibt's echt* ausgeht. Seine Berichte sind spontan und kindlich, und er beschreibt aus seiner Sicht Dinge, die Erwachsene besser und umfassender verstehen.[44]

Wenn die Nahtoderfahrungen von Kindern auf das zugeschnitten wären, was sie in einer Zeit lebensbedrohender Krankheit sehen wollen, würden sicher viele von ihren Eltern träumen. Stattdessen sehen sie oft ihre verstorbenen Großeltern oder Haustiere. Und wie bei Erwachsenen, die eine Nahtoderfahrung hatten, wird auch ihr Leben langfristig davon beeinflusst. Sie werden einfühlsamer als ihre Altersgenossen und erfassen die Emotionen hinter den gesprochenen Worten. Sie wollen anderen helfen und tendieren in Richtung der helfenden Berufe – Krankenpflege, Medizin und Sozialarbeit.[45]

Hier ist noch eine Nahtoderfahrung eines Kindes. Ein Fünfjähriger erkrankte an Meningitis und fiel ins Koma. Als er wieder aufwachte, erzählte er, er habe auf der anderen Seite ein Mädchen getroffen, das behauptete, seine Schwester zu sein. Sie hatte zu ihm gesagt:

> »Ich bin deine Schwester. Ich bin einen Monat nach meiner Geburt gestorben. Ich wurde nach deiner Groß-mutter benannt. Unsere Eltern haben mich Rietje ge-nannt, das war kürzer.«

Als er aufwachte und seinen Eltern davon erzählte, waren sie schockiert und verließen für einen Moment das Zimmer. Dann kamen sie wieder herein, um ihm zu sagen, dass er in der Tat eine ältere Schwester na-mens Rietje hatte, die ein Jahr, bevor er geboren wurde, an einer Vergiftung gestorben war. Sie hatten beschlos-sen, ihm erst etwas davon zu erzählen, wenn er älter war.[46]

Kindliche Nahtoderfahrungen scheinen deutlich bes-ser zu der spirituellen Hypothese zu passen als zu na-turalistischen Erklärungen, die sich auf Erwartungen oder Wunscherfüllung stützen, vor allem wenn entspre-chendes Beweismaterial vorhanden ist.

Beweis 6: Visionen auf dem Totenbett liefern die Bestätigung.[47]
Der erste bekannte Versuch, Berichte über Visionen auf dem Sterbebett zu sammeln, wurde von Sir William Barrett, Professor für Experimentalphysik am Royal Col-lege of Science, Irland, unternommen. Seine Studie

wurde angeregt von seiner Frau (sie war Ärztin), die eines Tages nach Hause kam, um Sir William von einer bemerkenswerten Vision zu erzählen, die Doris, eine Frau, die nach der Geburt ihres Kindes im Sterben lag, gehabt hatte. Doris hatte mit großer Freude darüber gesprochen, dass sie ihren verstorbenen Vater sah. Dann sagte sie mit eher verwirrter Miene: »Er hat Vida bei sich.« Doris drehte sich zu ihr und wiederholte: »Vida ist bei ihm.« Kurz darauf starb sie.

Doris' Schwester Vida war drei Wochen zuvor gestorben, aber wegen ihres schlechten Gesundheitszustands hatte es ihr niemand gesagt.[48]

In der zweiten Hälfte des 20. Jahrhunderts wurden drei groß angelegte Studien über Sterbebettvisionen durchgeführt. Im Rahmen der ersten Studie wurden die Berichte von Krankenschwestern und Ärzten über mehr als 35 000 Patienten gesammelt und analysiert. Für eine zweite wurden rund 50 000 Berichte gesammelt. Beides waren amerikanische Studien. Später wurden in einer dritten Studie 255 Berichte über Sterbebettvisionen in Indien verglichen. Erstaunlicherweise »stimmten die Ergebnisse der indischen Umfrage in fast allen Punkten mit den Ergebnissen der früheren Erhebungen überein«.[49]

Einige Punkte aus diesen Studien, die im Sinne der Beweiskraft von Interesse sind:

1. Diejenigen, die sagten, dass verstorbene Verwandte oder engelhafte Wesen gekommen seien, um sie zu

holen, starben früher als diejenigen, die nur davon sprachen, Wesen auf der anderen Seite zu sehen.[50]

2. Manchmal berichteten Menschen, mit deren Tod niemand rechnete, von solchen Visionen, was bestimmte Erwartungen als Ursache dafür ausschließt. Ein studierter Inder in seinen Zwanzigern fühlte sich am Ende seines Krankenhausaufenthalts recht gut. Er sollte an diesem Tag entlassen werden und sowohl der Arzt als auch der Patient rechneten mit einer vollständigen Genesung. Plötzlich schrie der Patient: »Da steht jemand in weißen Kleidern. Ich gehe nicht mit dir!« Er starb innerhalb von zehn Minuten.[51]

Wenn diese Visionen von kulturell geprägten Erwartungen verursacht worden wären, würde man erwarten, dass sie sich von Person zu Person und von Kultur zu Kultur erheblich unterscheiden. Ihr hoher Grad an Konvergenz scheint besser zu einer spirituellen Erklärung (es gibt ein Leben nach dem Tod) zu passen als zu einer rein naturalistischen Erklärung (es gibt kein Leben nach dem Tod).[52]

Beweis 7: »Gemeinsame Nahtoderfahrungen« bescheren uns viele Augenzeugen.[53]
Oft teilen diejenigen, die dem Sterbenden (beziehungsmäßig und/oder körperlich) nah sind, seine Nahtoderfahrung. Diese Berichte sind beweiserheblich insofern

wertvoll, weil hier möglicherweise mehrere Personen unabhängig voneinander berichten und die Erfahrung bestätigen. Abgesehen davon können diese Berichte sicher nicht mit naturalistischen Deutungen wie der Dying-Brain-Hypothese erklärt werden, weil diejenigen, die das Erlebnis geteilt haben, den Prozess des Sterbens selbst nicht durchlaufen haben. Weder litten sie unter Sauerstoffmangel noch unter Hyperkarbie, Todesangst oder anderen Symptomen, die das Gehirn beim Eintreten des Todes beeinflussen können.

Hier ist ein Beispiel für eine solche Erfahrung, die von allen bestätigt wurde, die anwesend waren:

Fünf Mitglieder der Familie Anderson aus dem Großraum Atlanta hatten sich um das Krankenbett ihrer Mutter versammelt, als sie im Sterben lag. Da es sich um das Ende einer längeren Krankheit handelte, war keiner von ihnen zu der Zeit psychisch besonders aufgewühlt. Eine der Töchter berichtete: »Plötzlich erschien ein helles Licht im Raum.« Das Licht sah anders aus als »jede Art von Licht auf dieser Erde. Ich stupste meine Schwester an, weil ich wissen wollte, ob sie es auch sah, und als ich sie anschaute, waren ihre Augen so groß wie Untertassen. … Ich sah meinen Bruder buchstäblich nach Luft schnappen. Jeder von uns sah es gleichzeitig, und eine Weile waren wir ganz eingeschüchtert.«

Als Nächstes sahen sie Lichter, die sich zu einem Tor formten. Ihre Mutter verließ ihren Körper, ging durch die Passage und ließ ein Gefühl der ekstatischen Freude zurück. Alle waren sich einig, dass das Tor an die Natural Bridge im Shenandoah Valley erinnerte.[54]

Andere gemeinsame Erfahrungen können Passagen aus dem Lebensrückblick des Verstorbenen enthalten, sodass Anwesende beispielsweise Freunde des Verstorbenen sehen, die sie gar nicht kannten. Einer, der so etwas miterlebt hatte, schaute anschließend in ein Jahrbuch und erkannte die Menschen, die er in dem Lebensrückblick zum ersten Mal gesehen hatte.

Da diese Erfahrungen unerwartet kommen, können die Forscher sie keiner Wunscherfüllung zuschreiben. Und selbst wenn sich manche inbrünstig wünschen, die Seele von jemandem abreisen zu sehen, ist es unwahrscheinlich, dass sie alle so unerwartete Elemente wie Verzerrungen im Raum wahrnehmen, von denen in vielen Fällen unabhängig voneinander berichtet wurde.[55]

Als ich Moodys jüngstes Buch über gemeinsame Nahtoderlebnisse las, ging ich zunächst davon aus, dass solche Erfahrungen ziemlich selten sind. Nur Moody, dachte ich, könnte mit einer großen Sammlung gemeinsam gemachter Erfahrungen aufwarten, da er im Laufe seines Lebens Tausende von Menschen mit Nahtoderfahrungen befragt hatte.

Daher war ich überrascht, als ich bei der Befragung meiner eigenen Kontaktpersonen herausfand, dass einer meiner Verwandten, ein pensionierter Geschichtslehrer mit einem Magistergrad, ein geteiltes Nahtoderlebnis gehabt hatte. Er erzählte mir davon. Bucky war um 3.00 Uhr morgens mit dem Gefühl einer extremen Schwere auf der Brust aufgewacht, ähnlich wie Menschen es von einem Herzinfarkt berichten. Er sah ein Licht in der Ferne. Dann schwebte er aus seinem Körper und schaute von oben an der Decke auf seinen Körper hinab und beobachtete einige himmlischen Wesen. (Aus diesem Blickwinkel war das Licht hinter ihm.) Er erlebte die extreme Ruhe, über die in Zusammenhang mit vielen Nahtoderlebnissen berichtet wird. Schweißgebadet kam er schließlich in seinem Bett liegend wieder zu sich, und sofort klingelte das Telefon. Sein Vater, der 90 Meilen entfernt lebte und nicht krank gewesen war, war plötzlich an einem Herzinfarkt gestorben.[56]

Berichte über gemeinsam gemachte Todeserfahrungen scheinen die Beweise auf eine neue Ebene zu bringen, weil oft mehr als eine Person bezeugen kann, die gleichen paranormalen Phänomene erlebt zu haben. Und wieder gilt: Da Freunde und Familienmitglieder die psychologischen und physiologischen Symptome des Sterbens nicht erlebt haben, kann man diese Erfahrung wohl kaum auf Sauerstoffmangel oder ein anderes Merkmal des sterbenden Gehirns zurückführen. Moody hat die Auswertungen dieser Berichte 2010 in seinem Buch *Glimpses of Eternity: Sharing a Loved One's Passage from This Life to the Next* (deutsch: *Zusammen im Licht – Was Angehörige mit Sterbenden erleben*) veröffentlicht, und viele von ihnen enthalten überzeugende Beweise.

Beweis 8: Persönliche Interviews hinterlassen einen starken Eindruck bei den Forschern.

Dr. Moody sagt, dass er, bevor er seine Interviews führte, solche Geschichten einfach von der Hand gewiesen hätte. Durch die Interviews änderte sich seine Einstellung.[57] Dr. van Lommel war ein überzeugter Materialist, konnte aber die extrem emotionale Patientin, die einen Herzstillstand überlebt hatte und anschließend von »einem Tunnel, Farben, einem Licht, einer wunderschönen Landschaft und Musik« sprach, nie vergessen.[58] Dr. Rawlings hielt die meisten Geschichten über Nahtoderfahrungen, die er gehört hatte, ursprünglich für »Fantasie, Vermutungen oder Einbildung«, bis einer seiner Patienten wiederholt starb und wiederbelebt wurde und jedes Mal sehr emotional berichtete, was er auf der anderen Seite erlebt hatte. Die Aufrichtigkeit des Patienten zwang ihn, dessen Erfahrung ernst zu nehmen.[59]

Einer der Männer, die ich interviewte, war ein erfolgreicher, intelligenter, angesehener, selbstbewusster Mensch von etwa 60 Jahren. Ich begann das Interview mit freundlichem Geplauder und fragte ihn dann nach seiner Nahtoderfahrung. Er schluckte. Es war nicht etwa so, dass ich die Andeutung einer Träne in seinen Augen sah, als er sprach. Es war eher so, dass er überhaupt nicht sprechen konnte, bis er seine Emotionen in den Griff bekommen hatte. Er entschuldigte sich und brauchte noch ein paar Minuten, um seine Fassung wiederzuerlangen.

Aus der Perspektive des Interviewers hatte ich keinen Zweifel daran, dass er zutiefst aufrichtig war. Ich war absolut sicher, dass er seinen Körper verlassen hatte, in eine andere Dimension eingetreten war und mit drei Wesen darüber gesprochen hatte, ob er zur Erde zurückkehren solle oder nicht. Er sagte, diese Erfahrung habe sich »von einem Traum absolut unterschieden«. Was er erlebte, war real, mächtig und unvergesslich, und es hat sein Leben verändert.

Dies mag Ihnen auf den ersten Blick ziemlich subjektiv vorkommen, aber machen Sie sich klar, dass auch vor Gericht die offensichtliche Aufrichtigkeit des Zeugen als berechtigter Beweis zählen kann. Wenn eine Frau den Eindruck macht, wirklich vor ihrem Ehemann Angst zu haben, kann der Richter eine einstweilige Verfügung gegen ihn erlassen. Natürlich kann sie auch eine begabte Lügnerin und großartige Schauspielerin sein, und auch bei Berichten über Nahtoderfahrungen sollte jeder Fall daraufhin untersucht werden, ob der Betreffende vielleicht nur Aufmerksamkeit sucht.

Auf der einen Seite macht der kleine Colton *(Den Himmel gibt's echt)* in seinen Berichten einen unschuldig kindlichen Eindruck. Auf der anderen Seite sagt mir meine skeptische Seite, dass Kinder gern Aufmerksamkeit bekommen, und Coltons Beschreibungen des Himmels haben ihm viel davon eingebracht! Das entwertet seine Aussagen nicht zwangsläufig, aber es wäre auch unklug, diese potenzielle Motivation zu ignorieren. Im Falle bestimmter Pastoren könnte ein You-Tube-Interview, das ihre Nahtoderfahrungen dramatisiert, genau das Richtige sein, um ihren Buchverkäufen neuen Schwung zu geben.

Aber bei den meisten Berichten über Nahtoderfahrungen gibt es kaum eine Motivation zu lügen. Wie wir gesehen haben, ist der typische Krankenhauspatient nur äußerst ungern bereit, seine Nahtoderfahrungen zu teilen, was von vielen Studien bestätigt wird. Sie stellen sich nicht an, um eine Geldprämie oder einen Verdienstorden dafür zu bekommen, dass sie behaupten, im Himmel gewesen und zurückgekommen zu sein. In der Tat haben sie sehr viel stärkere Motive, *nicht* über dieses Ereignis zu berichten oder gar zu lügen, indem sie behaupten: »Es war nur ein sehr lebhafter Traum.«

Wenn Sie Interesse an dieser Beweiskette haben, suchen Sie sich mehrere intelligente, besonnene Menschen, die eine Nahtoderfahrung hatten. Ich fand ein Dutzend, indem ich einfach Freunde und Familienmitglieder fragte, ob sie Leute kennen, die ein Nahtoderlebnis hatten. Und dann interviewte ich einige von ihnen persönlich. Die Aufrichtigkeit dieser Menschen zu sehen – ihren absolut überzeugenden Tonfall und Gesichtsausdruck –, ließ viele Interviewer zu dem Schluss kommen: »Sie sind absolut überzeugt, dass sie die andere Seite besucht haben. Hätte ich ihre Erfahrung gemacht, würde ich wahrscheinlich genauso sehr daran glauben, auf der anderen Seite gewesen zu sein. Warum also sollte ich auf meine eigene Nahtoderfahrung warten, um daran zu glauben?«[60]

Moody machte sich Gedanken über die vielen Menschen, die er interviewt hatte, und merkt dazu an:

»Niemand wirkte, als sei er darauf aus zu missionieren und zu versuchen, andere von der Realität dessen zu überzeugen, was er erlebt hatte. Tatsächlich habe ich festgestellt, dass die Schwierigkeit eine ganz andere ist: Menschen sind von Natur aus sehr zurückhaltend, wenn es darum geht, mit anderen über das zu sprechen, was ihnen passiert ist.«[61]

»… Viele haben gesagt, ihnen sei von Anfang an klar gewesen, dass andere denken könnten, sie seien psychisch instabil, wenn sie über ihre Erfahrungen sprechen würden.«[62]

Beweis 9: Taube »hören«.

Hören Sie, wie ein Junge, der taub geboren wurde, seine Nahtoderfahrung beschreibt:

> »Ich wurde gehörlos geboren. Alle meine Verwandten können hören, und sie kommunizieren mit mir immer durch Gebärdensprache. Nun stand ich in direkter Kommunikation mit etwa 20 meiner Vorfahren, und zwar über irgendeine Art von Telepathie. Eine überwältigende Erfahrung …«[63]

»Überwältigend«, in der Tat. Er hatte eine verbale Kommunikation noch nie gehört oder verstanden. Und doch konnte er nun mühelos kommunizieren, nicht durch Gebärdensprache, sondern direkt von Geist zu Geist, ohne eine neue Form der Kommunikation gelernt zu haben. Dies passt in keiner Weise zu dem, was wir über die Funktionsweise des Gehirns wissen.

Beweis 10: Farbenblinde sehen Farben.

Ich bin farbenblind. Also, eigentlich sehe ich manche Farben, genug jedenfalls, um das Konzept der Differenzierung von Farben zu verstehen. Aber meine Farbenblindheit ist immerhin so ernst, dass mich die Krankenschwester das letzte Mal, als ich einen Farbensehtest machte, regelrecht ausgelacht hat: »Also bitte! Sicher sehen Sie da *irgendwas*!«

Wenn ich also jemals eine Nahtoderfahrung hätte, wäre ich wahrscheinlich erstaunt über das Farbspektrum. Zwar erwähnen auch diejenigen, die nicht farbenblind sind, dass sie neue Farben gesehen haben, aber das Spektrum scheint für die Farbenblinden besonders erstaunlich zu sein.

Denken Sie über diese Nahtoderfahrung nach:

»Ich kann die Grundfarben unterscheiden, aber Pastellfarben sehen für mich alle gleich aus. Aber plötzlich konnte ich sie sehen, alle Arten von unterschiedlichen Farbtönen. Bitten Sie mich jetzt aber nicht, diese Farben zu benennen, denn dafür fehlt mir die nötige Erfahrung.«[64]

Wenn ich über dieses Phänomen nachdenke, kann ich sagen, dass ich, obwohl ich das Konzept der Farben verstehe, die Farben, die ich nicht sehe, auch nicht begreifen kann. Wenn ich also in eine lebensbedrohliche Situation käme, hätte ich weder eine visuelle Erwartung an bestimmte Farben (psychologische Vorbereitung) noch Erinnerungen an die schwer fassbaren Farben, auf die mein Gehirn zurückgreifen könnte (die durch Stimulation des Gehirns zum Vorschein kommen). Dementsprechend sehe ich auch in meinen Träumen keine neuen Farben.

Wieder scheinen naturalistische Hypothesen unzureichend, um diese Erfahrung zu erklären.

Beweis 11: Blinde sehen.[65]

Menschen, die blind geboren wurden, träumen nicht in Bildern. Selbst diejenigen, die ihr Augenlicht in den ersten fünf Lebensjahren verlieren, haben in ihrem späteren Leben keine visuellen Vorstellungen.

Doch als Forscher 31 blinde Menschen (fast die Hälfte von ihnen von Geburt an blind), die von Nahtoderfahrungen berichteten, untersuchten, stellten sie fest:

- »… dass blinde Menschen, einschließlich jener, die von Geburt an blind sind, über klassische Nahtoderfahrungen von der Art berichten, die auch bei sehenden Menschen üblich ist; dass die große Mehrheit der Blinden behauptet, während einer Nahtoderfahrung und einer außerkörperlichen Erfahrung etwas gesehen zu haben, und dass die gelegentliche Inanspruchnahme visuell basierten Wissens, das mit normalen Mitteln nicht hätte erlangt werden können, von unabhängiger Seite bestätigt wurde.«[66]

- »… in Untersuchungen haben sich hinsichtlich der Häufigkeit des Auftretens bestimmter Elemente von Nahtoderfahrungen keine offensichtlichen Unterschiede zwischen den Untergruppen gezeigt. Unabhängig davon, ob jemand von Geburt an blind ist, das Augenlicht im späteren Leben verliert oder an schweren Sehstörungen leidet, scheint die Art der Nahtoderfahrung, von der berichtet wird, im Großen und Ganzen die gleiche zu sein und sich strukturell nicht von den Erfahrungen zu unterscheiden, die von sehenden Personen beschrieben werden.«

• »Wie Sehende, die eine solche Erfahrung gemacht haben, beschrieben auch unsere blinden Befragten sowohl Wahrnehmungen dieser Welt als auch jenseitige Szenen oft in übertrieben feinkörnigem Detail und manchmal in einer extremen Schärfe und sogar subjektiv perfekten Genauigkeit.«[67]

Nehmen wir den Fall von Vicki, die blind geboren wurde und im Alter von 22 Jahren nach einem Autounfall ins Koma fiel. Sie sagt:

> »Ich habe noch nie etwas gesehen, kein Licht, keine Schatten, gar nichts … Und in meinen Träumen habe ich auch keine visuellen Eindrücke. Nur Geschmack, Berührung, Klang und Geruch. Aber keine visuellen Eindrücke von irgendetwas.«

Nach dem Unfall sah sie mit vollkommener Klarheit eine Szene in einer Notaufnahme, wo sich ein Ärzteteam fieberhaft bemühte, eine Person wiederzubeleben. Sie erkannte ihren Ehering (über den sie durch Berührung Bescheid wusste) und begann zu begreifen, dass der Körper ihrer war und dass sie gestorben sein musste. Sie schwebte durch die Decke und sah zum ersten Mal Bäume, Vögel und Menschen. »Es war unglaublich, wirklich wunderschön, und ich war regelrecht überwältigt von dieser Erfahrung, weil ich mir vorher nicht vorstellen konnte, was Licht ist.« Bevor sie zurückkam, ging sie noch weiter, um einige Leute zu treffen, die vor ihr gestorben waren.[68]

Dr. van Lommel reflektiert über Vickis Erfahrung:

>Das ist nach unserem aktuellen medizinischen Wissensstand unmöglich … Die Beobachtungen, von denen Vicki berichtet, konnten nicht das Produkt ihrer Sinneswahrnehmung oder einer (visuell) funktionierenden Großhirnrinde sein und angesichts der bei ihr überprüfbaren Fakten auch keine Ausgeburt ihrer Fantasie.«[69]

Als Beweise für ein Leben nach dem Tod sind diese Erfahrungen in mehrfacher Hinsicht sehr überzeugend. Wenn diese Berichte legitim sind (und die Autoren geben gute Gründe an, warum sie diesen Quellen vertrauen), greifen alle naturalistischen Hypothesen, ob psychologisch, physiologisch oder was auch immer, erschreckend kurz. Psychologisch sind blind Geborene in keiner Weise auf ein visuelles Erlebnis dieser Art vorbereitet, weil sie noch nicht einmal eine Vorstellung von hell und dunkel haben, geschweige denn von Farben, Farbtönen, Texturen, visueller Distanz usw. Physiologisch haben sie keine visuellen Erinnerungen, auf die sie zurückgreifen könnten. Eine elektrische Stimulation bestimmter Teile des Gehirns könnte Erinnerungen an Geschmacks- und Klangerlebnisse hervorbringen, aber keine visuellen Erinnerungen.

Wenn Blinde während einer Nahtoderfahrung sehen können, sehen sie nicht mit ihren physischen Augen, denn die sehen nicht und gehören darüber hinaus zu einem hilflosen Körper, der in einem Krankenhausbett oder neben einem Autowrack liegt. Sie sehen ganz offenbar mit den aufgerüsteten »Augen« eines spirituellen Körpers, der nicht mehr unter den Einschränkungen der beschädigten Teile leidet, die er hinter sich gelassen hat.

Naturalisten sollten die Nahtoderfahrungen von Blinden als eine ernsthafte Herausforderung sehen, ihre eigene Weltsicht zu überprüfen.

Beweis 12: Die Erfahrung ist extrem überzeugend für denjenigen, der sie macht, und vollkommen anders als ein Traum.

Wenn man die Ergebnisse von fünf unabhängigen Studien über Menschen mit Nahtoderfahrungen zusammenstellt, glaubten nur 27 Prozent der Probanden vor ihrem Nahtoderlebnis an ein Leben nach dem Tod. Aber selbst mehr als 20 Jahre nach der Nahtoderfahrung, nachdem sie viel Zeit gehabt hatten, das Ereignis aus jedem Blickwinkel zu analysieren und es wegzuerklären, berichteten 90 Prozent von ihnen, dass sie an ein Leben nach dem Tod glauben. Es scheint, dass sie umso mehr an ein Jenseits glaubten, je mehr Zeit sie hatten, um darüber nachzudenken.[70] In einer Studie glaubten nur 38 Prozent der Befragten vor ihrem Nahtoderlebnis an ein Leben nach dem Tod, während nach dem Nahtoderlebnis 100 Prozent daran glaubten. Es erübrigt sich wohl zu erwähnen, dass dies in Anbetracht der Tatsache, dass dieser Sinneswandel von einem einzigen Ereignis im Leben verursacht wurde, eine enorme Veränderung einer fundamentalen Überzeugung ist.[71]

Es war real

Einer der Männer, die ich interviewte, war emphatisch. Er schaute mir in die Augen und sagte:

> »Es war real – so real, wie ich Ihnen jetzt gegenübersitze und mit Ihnen spreche. Nichts könnte mich jemals vom Gegenteil überzeugen.«

Dies war eine so kraftvolle, emotional aufgeladene Aussage, dass ich das Thema noch zweimal anschnitt. Er wusste ohne den Hauch eines Zweifels, dass es kein Traum und auch keine Halluzination gewesen war. Dieser intelligente, rationale Mann war absolut überzeugt, dass er auf der anderen Seite gewesen war.

Wie Sie sich vorstellen können, haben Menschen mit Nahtoderlebnissen ihre Erfahrungen schonungslos analysiert. Aber lebhafte Träume oder Halluzinationen schließen sie durchweg aus.

»Ich konnte es nicht verstehen. Aber es war real ...
Mein Verstand war nicht in der Verfassung, Dinge geschehen zu lassen oder sich irgendetwas auszudenken.
Mein Verstand bastelte sich keine Ideen zusammen. Ich
war einfach nicht in einem solchen Geisteszustand.«[72]

»Es war nicht annähernd wie eine Halluzination. Ich
habe schon einmal Halluzinationen gehabt, nachdem
man mir im Krankenhaus Kodein gegeben hatte. Aber
das war lange vor dem Unfall, der mich fast umge-
bracht hätte. Und diese Erfahrung war nicht wie die
Halluzinationen von damals, überhaupt nicht.«[73]

Manche schildern es als *realer* als das, was wir in unserem Alltag erleben.

»Wirklicher als das, was wir Wirklichkeit nennen ...«[74]
»Es war so lebendig und real – lebendiger und realer
als jede gewöhnliche Erfahrung.«[75]

Moody merkt an, dass die Erfahrung »unglaublich lebendig und real«[76] ist, und fasst zusammen: »Es muss
betont werden, dass eine Person, die eine derartige
Erfahrung hinter sich hat, keine wie auch immer gearteten Zweifel bezüglich ihrer Realität und Bedeutung
hat.«[77]

Forscher weisen darauf hin, dass ihre Probanden noch
mehr tun, als nur *verbal* auf der Realität ihrer Erfah-

rung zu bestehen; sie nehmen langfristige Veränderungen in ihrem Leben vor, die mit einer solchen Erfahrung im Einklang sind.

Als Gewohnheitstiere leisten wir Widerstand gegen den Wandel. Doch ihre Einstellungen und Handlungsweisen änderten sich auf lange Sicht. Van Lommel hakte bei seinen Patienten mit Nahtoderfahrung nach zwei und acht Jahren noch einmal nach und fand sie grundlegend anders vor als die Probanden aus der Kontrollgruppe, die zwar einen Herzstillstand, aber kein Nahtoderlebnis gehabt hatten.[78]

Ihre Überzeugung, dass sie wirklich auf der anderen Seite gewesen waren, spiegelte sich auch in ihrem Zögern wider, anderen Menschen von ihren Erfahrungen zu erzählen. Es wäre so einfach, dem Arzt zu erzählen: »Wow, hatte ich mal einen lebhaften Traum, während ich geschlafen habe!« Aber das können sie nicht sagen. Sie haben nämlich das ganz starke Gefühl, dass es real war. Natürlich halten sie sich zurück und sagen nicht einfach: »Als ich tot war, war ich in anderen Gefilden sehr lebendig.« Sie sind klug genug zu wissen, dass sich Krankenschwestern und Freunde an den Kopf fassen und von dem unangenehmen Thema ablenken würden: »Na ja, du hast in den letzten paar Tagen ja wirklich viel durchgemacht.«

Die Beweiskraft von »unglaublich lebendig und real«

Ich ging zunächst davon aus, dass dieses »Gefühl von real« keinerlei Beweiskraft hatte, außer vielleicht für die Person, die diese Erfahrung gemacht hatte. »Sie hatten also einen Traum, der ihnen sehr viel realer vorkam als ein normaler Traum«, überlegte ich. »Das beweist gar nichts. Wenn ich einen extrem lebhaften Traum hätte, wäre ich doch objektiv und skeptisch genug, um ihn als das zu beschreiben, was er war: ein extrem lebhafter Traum.«

Doch je mehr ich darüber nachdachte, desto mehr hatte ich das Gefühl, dass mir etwas fehlte.

Zunächst einmal zeigt meine Reaktion, dass ich davon ausgehe, klüger und objektiver zu sein als die Menschen, die Nahtoderlebnisse hatten. Viele Studien zeigen, dass wir (Männer ganz besonders) dazu neigen, uns für klüger zu halten als der Durchschnitt.[79] Tatsache ist, die meisten von uns sind, nun ja, Durchschnitt. Nahtodforscher beschreiben ihre Probanden als intelligent und psychologisch stabil. Ich denke, ich kann daher davon ausgehen, dass die meisten von ihnen ihre erstaunliche Erfahrung auf ganz ähnliche Weise bewerten, wie ich es tue.

Das bringt mich natürlich dazu zu glauben, dass ich, wenn ich den Platz mit den Leuten tauschen würde, die ich befrage, derjenige wäre, der schwören würde, die andere Seite gesehen zu haben. Was immer ich jetzt auch denke, wenn ich eine solche Erfahrung machen würde, würde ich hinterher wahrscheinlich sagen:

»Es war real – so real, wie ich Ihnen jetzt gegenübersitze und mit Ihnen spreche. Nichts könnte mich jemals vom Gegenteil überzeugen.«

Wie unterscheide ich die Wirklichkeit von Träumen?

»Aber *überzeugt* zu sein, dass etwas real ist, heißt nicht unbedingt, dass es auch real ist«, mag der eine oder andere nun einwenden. »Vielleicht hatte diese Person nur einen lebhaften Traum.«

Aber denken Sie etwas intensiver nach. Woher wissen Sie, dass das, was Sie *jetzt* erleben, real ist?

Sie sagen vielleicht: »Wenn ich wach bin, kann ich Dinge auf eine so lebhafte Weise fühlen und sehen, dass ich, wenn ich aus einem Traum erwache, sagen kann: ›Das war ein Traum und dies ist die Realität.‹« Okay, aber haben Sie gehört, was Sie gerade gesagt haben? Es ist die *Lebendigkeit* Ihrer bewussten Erfahrung, die beweist, dass Sie *tatsächlich* dieses Buch lesen, statt nur zu *träumen*, dass Sie dieses Buch lesen.

Aber das ist genau das, was diese Leute über ihre außerkörperliche Erfahrung sagen: dass sie sich qualitativ von einem Traum unterschieden hat. Sie war so real wie ihre normale Erfahrung der Wirklichkeit. In der Tat berichten sie oft, dass die Nahtoderfahrung

»realer« war als ihre normale Erfahrung der Wirklichkeit.[80]

Vielleicht antwortet jetzt jemand: »Zugegeben, wenn ich jemals diese Erfahrung machen würde, würde ich vermutlich auch daran glauben. Aber bis dahin habe ich nicht genug Beweise, um eine Entscheidung zu treffen.« Bitte erlauben Sie mir eine kleine Geschichte als Antwort.[81]

Ein paar Skeptiker untersuchen Nahtoderfahrungen

Stellen wir uns einmal vor, ich wäre ein kompromissloser Materialist (der glaubt, dass immaterielle Dinge wie Gott, Seele und Geist nicht existieren) und würde nichts mehr genießen, als mich einmal im Monat in einem lokalen Grillrestaurant mit neun meiner Materialistenfreunde zu treffen. Wir sind alle gleichermaßen skeptisch, was religiöse Dinge betrifft.

Eines Morgens in aller Frühe ruft mich Mike vom Krankenhaus aus an. Er hatte einen Herzstillstand. Ich treffe ihn dort und stelle fest, dass er zu seinem großen Erstaunen eine Nahtoderfahrung hatte. Dann schaut er mir lange in die Augen und sagt mit voller Überzeugung und sehr emotional:

> »Und es war *real*. Ich habe lange und intensiv über alle möglichen natürlichen Erklärungsmöglichkeiten nachgedacht, aber keine von ihnen kann meine Er-

fahrung wegerklären. Steve, sie war real – genauso real wie ich jetzt hier sitze und mit dir spreche –, sogar *noch realer*. Und ich habe ganz bestimmte Dinge gesehen, die in diesem Operationssaal passiert sind, während ich bewusstlos war, und die Ärzte haben später alles bestätigt. Ich fürchte, ich bin kein Materialist mehr.«

Was würde ich damit anfangen?

Weil ich ein Skeptiker bin, würde ich die Beweise durchgehen und versuchen, Mikes Argumentationskette nachzuvollziehen. Aber natürlich hätte ich diese »Wirklicher-als-wirklich«-Erfahrung nicht selbst gemacht. Es ist durchaus möglich, dass ich sie bei meinem nächsten Treffen mit meinen Kumpels besprechen und zu dem Schluss kommen würde: »Nun, offensichtlich war der gute Pete kein so ausgeprägter Materialist wie wir dachten. Wenn ich eine Nahtoderfahrung gemacht hätte, wäre ich aufgewacht und hätte gesagt: ›Wow, was für eine Erfahrung! Und sie *schien* so real zu sein!‹ Aber ich bin ja Wissenschaftler genug um zu wissen: Nur dass es real zu sein *scheint*, bedeutet nicht, dass es auch real *war*.«

Aber stellen Sie sich vor, dass im Laufe der Jahre noch zwei meiner Kumpels eine Nahtoderfahrung machen, einer bei einem Verkehrsunfall, der andere während einer Operation. Also erzähle ich meinen verbleibenden materialistischen Mitstreitern: »Es ist schwer zu glauben, dass nun auch Mike, Pete und Jed an ein

Leben nach dem Tod glauben! Meint ihr, dass wir, wenn wir eine Nahtoderfahrung hätten, das auch glauben würden?«

»Aber warum sollten wir auf unsere eigene Erfahrung warten?«, sagt Austin. »Sie alle dachten genau wie wir. Sie waren Materialisten. Es ist unwahrscheinlich, dass wir klüger oder besser informiert sind als sie. Genau wie wir haben sie diesen ganzen Geist/Seele/Himmel-Kram nicht geglaubt. Genau wie wir waren sie psychologisch nicht auf eine Nahtoderfahrung vorbereitet. Sie erwarteten die absolute Leere nach dem Tod. Ich denke, wir können sicher davon ausgehen, dass wir, wenn wir ihre Erfahrungen teilen würden, auch an ein Leben nach dem Tod glauben würden. Warum also sollten wir auf unsere eigene Nahtoderfahrung warten? Wir können angesichts der Beweise, die wir bereits haben, vorhersagen, dass wir, wenn wir eine Nahtoderfahrung hätten, höchstwahrscheinlich an ein Jenseits glauben würden genau wie unsere Freunde. Sollten wir also auf der Basis ihrer Zeugnisse nicht einfach glauben, dass sie tatsächlich die andere Seite gesehen haben?«

»Aber dieser Ansatz verletzt so ziemlich alles, wofür wir stehen«, könnte ich einwenden. »Wir glauben Dinge nicht einfach nur, weil andere Leute sie glauben. Wir glauben Sie, weil wir entsprechende Beweise haben.«

»Aber wir glauben es nicht einfach gedankenlos, nur weil sie daran glauben«, entgegnet Austin. »Wir akzeptieren ihre Aussage über eine Erfahrung, die wir vielleicht nie selbst machen werden, weil wir sie für verlässlich halten. Weil ich vermutlich nie zum Mond fliegen werde, verlasse ich mich auf die Erfahrung derer, die dort waren. Offensichtlich wurde vielen klugen, vertrauenswürdigen und skeptischen Menschen vor ihrem endgültigen Tod die Gnade zuteil, einen Vorgeschmack auf die Ewigkeit zu bekommen. Warum sollten wir angesichts der Tatsache, dass wir vermutlich selbst nie eine Nahtoderfahrung machen werden, nicht aufgrund der zahlreichen Aussagen, die wir für vertrauenswürdig halten, daran glauben?«

Zurück nach Shangri-La

Und so schließt sich der Kreis, und wir kehren zum Anfang dieses Buches zurück, wo wir die Existenz von Shangri-La untersucht haben. Wir haben beschlossen, dass wir verlässliche Zeugnisse von Personen brauchen, die dort waren und hoffentlich mit überzeugenden Beweisen in der Hand zurückkehren. Das ist ja genau das, was wir bezüglich des Lebens nach dem Tod herausgefunden haben: eine wachsende Zahl von Zeugen mit zwölf Beweislinien erklären übereinstimmend, dass das Leben den Tod überdauert.

Zusammenfassung der Beweise

Mitte des 20. Jahrhunderts waren Ärzte regelrecht besessen davon, sterbende Menschen am Leben zu halten, und überließen es der Familie, Freunden und Pastoren, sich mit den offensichtlich unwissenschaftlichen Fragen zum Leben nach dem Tod auseinanderzusetzen. Wenn Nahtoderfahrungen auftraten, erzählten Patienten ihren Ärzten selten davon, weil sie Angst hatten, sich lächerlich zu machen oder an einen Psychiater verwiesen zu werden.

Als Raymond Moody im Jahr 1975 seine Interviews und Analysen veröffentlichte, löste er in der Öffentlichkeit eine Welle der Faszination aus, und die Angehörigen der medizinischen Berufe reagierten mit vorsichtiger Ungläubigkeit.[82] Wie konnten ihre Patienten ohne ihr Wissen eine so signifikante Erfahrung machen? Und wenn es wirklich passierte, konnte es doch wohl ganz leicht mit psychologischen oder physiologischen Prozessen erklärt werden, oder?

Aber bis jetzt haben solche Erklärungen versagt.

Jede naturalistische Erklärung – Sauerstoffmangel, Hyperkarbie, Erwartungen, Wunschdenken etc. – griff bedauerlich kurz im Vergleich zu den Daten, die in anschließenden wissenschaftlichen Untersuchungen gesammelt wurden.

Aber das Fehlen einer naturalistischen Erklärung macht es nicht erforderlich, sich auf spirituelle Erklärungen zu verlegen. Vielmehr können wir die Daten untersuchen, die uns nach 35 Jahren wissenschaftlicher

Erforschung zur Verfügung stehen, und beurteilen, welche Hypothese am besten dazu passt.

Eine solche Untersuchung enthüllt ein erstaunliches Phänomen, dessen Merkmale wir mit einer naturalistischen Weltsicht nie hätten vorhersagen können. Das sind keine Merkmale, die man halbherzig zur Kenntnis nehmen kann. Vielmehr erfordern sie tiefe Reflexion über längere Zeit, ähnlich wie die Forscher ihre Daten in Jahren der Untersuchung überdacht haben.

• *Wenn Nahtoderfahrungen von Erwartungen an den Himmel oder Wunschdenken verursacht werden,* warum sind dann sowohl religiöse als auch nicht religiöse Menschen erstaunt, dass die Erfahrungen, die sie gemacht haben, so gar nicht ihren Erwartungen entsprechen? Vor allem in den frühen Studien, bevor Nahtoderfahrungen so populär wurden, erwartete niemand eine Erfahrung, in der der Betreffende seinen Körper verlässt, die Wiederbelebungsversuche beobachtet, verstorbene Verwandte trifft, sein Leben beurteilt und mit jemandem darüber diskutiert, ob er zurückkehren soll oder nicht. Warum unterscheiden sich die Nahtoderfahrungen von Menschen entsprechend ihrer verschiedenen Weltanschauungen und Erwartungen nicht signifikant? Und warum kommen sie auch bei Menschen vor, die gar nicht damit gerechnet haben zu sterben?

• *Wenn sich die Erfahrung vollständig innerhalb des Gehirns abspielt,* wie können wir dann unterstützende Beweise erklären, die zeigen, dass der Geist getrennt vom Körper aktiv war – die Auswertungen detaillierter Beschreibungen von Operationen, Treffen mit verstorbenen Verwandten, von deren Ableben die Betreffenden gar nichts wussten, und so weiter? Wie kann das Gehirn eine lebendige (als klarer als die normale Realität beschriebene) bewusste Erfahrung hervorbringen, wenn es, jedenfalls nach unserem aktuellen wissenschaftlichen Verständnis, oft überhaupt nicht zu rationalen Gedanken und Erinnerungen fähig ist? Und wie kann das, was sich im Gehirn der sterbenden Person abspielt, die gemeinsame Nahtoderfahrung anderer erklären, die sich im selben Raum aufhalten, oder sogar derer, die weiter entfernt und sich des körperlichen Zustands der Person gar nicht bewusst sind?

• *Wenn Menschen, die ein Nahtoderlebnis hatten, Dinge erfinden oder ausschmücken,* was sind dann ihre Motive? Alle Studien zeigen, dass Menschen, die ein Nahtoderlebnis hatten, sehr zurückhaltend sind, wenn es darum geht, über diese Erfahrung zu sprechen, weil sie fürchten, sich lächerlich zu machen. Was hätten sie davon, wenn sie ihren Ärzten eine solche Geschichte erzählen würden? Und warum sind ihre angeblich »erfundenen« Geschichten einander so ähnlich, wo doch die meisten von ihnen überhaupt nichts über Nahtoderfahrungen wussten und es auch keinen Hinweis auf massenhafte Zusammenarbeit oder konspirative Absprachen gibt? Warum stellt sich in Langzeitstudien heraus, dass ihre Geschichten noch Jahre nach dem Ereignis genau gleich klingen, und zwar in allen Details? Und wenn Patienten Nahtoderfahrungen fabrizieren, warum bewirken solche Geschichten dann lebenslange Veränderungen?

• *Wenn Forscher bei der Datenauswertung schummeln, um berühmt zu werden,* wie schaffen sie es dann, damit durchzukommen und Hunderte von Artikeln in angesehenen Fachzeitschriften zu veröffentlichen, wohl wissend, dass ihre Methoden und Ergebnisse Gegenstand genauer Überprüfung durch skeptische Kollegen sind? Jede veröffentlichte Studie läuft Gefahr, dass rivalisierende Forscher sie kopieren, nur um zu zeigen, dass die ursprüngliche Studie Augenwischerei war. Diese höchst erfolgreichen Doktoren und Professoren riskieren ihren Lehrstuhl und ihren Ruf, wenn sie Unsinn veröffentlichen. Und wie schaffen es diese Studien überhaupt durch das Veröffentlichungsprocedere einer Fachzeitschrift, wenn die dort angewandten Methoden fragwürdig sind?

• *Wenn Nahtoderfahrungen Träume oder Halluzinationen sind,* warum sind sie dann bei den Tausenden von Menschen mit einer Nahtoderfahrung, die befragt und untersucht wurden, so auffallend ähnlich? Träume und Halluzinationen sind von Person zu Person extrem unterschiedlich. Wenn Nahtoderfahrungen in diese Kategorie fallen würden, könnten wir eine bunte Aneinanderreihung von fast endlos verschiedenen Berichten erwarten, etwa ein Gespräch mit einem Fisch namens Wanda, der behauptet, Gott zu sein; das Hüten einer Rinderherde, die sich von Meeresmuscheln ernährt, etc. Und warum der durchgängige Handlungsverlauf der Geschichte statt nicht miteinander verbundener Segmente? Und warum hatten die Geschichten ein Ende (»Deine Zeit ist noch nicht gekommen; du musst jetzt wieder zurückgehen.«), als sei schon vorher klar, wann genau der Traum oder die Vision enden musste?

• *Wenn Nahtoderfahrungen rein naturalistisch zu erklären sind,* warum berichten dann Taube, dass sie hören, Farbenblinde, dass sie Farben sehen und Blinde, dass sie sehen konnten, obwohl das doch allem zuwiderläuft, was wir über die Traumzustände und körperlichen Einschränkungen derer wissen, die mit solchen Behinderungen geboren wurden?

Jede dieser Beweisketten hat ihr eigenes Gewicht, aber zusammengenommen wiegen sie sehr schwer. Zwölf Beweisketten, die starke Argumente für ein Leben nach dem Tod und die Existenz höherer geistiger Wesen liefern. Eine nähere Beschäftigung mit Nahtoderfahrungen hat viele Forscher dazu gebracht, dem Naturalismus abzuschwören und sich für die Vorstellung zu öffnen, dass wir mehr sind als unsere physischen Körper und dass der Tod nur ein Übergang in andere Gefilde ist. Wie es scheint, haben wir einen »schwarzen Schwan« gefunden, der das Gebäude des Naturalismus in den Augen vieler zum Einsturz bringt.

Wie der bekannte niederländische Psychiater Frederik van Eeden einmal sagte:

»Alle Wissenschaft ist empirische Wissenschaft, jede Theorie ist der Wahrnehmung untergeordnet. Eine einzige Tatsache kann ein ganzes System stürzen.«

Kapitel 6
Was uns Nahtoderfahrungen lehren

*Du bist kein menschliches Wesen, das eine spirituelle
Erfahrung macht. Du bist ein spirituelles Wesen, das eine
menschliche Erfahrung macht.*

PIERRE TEILHARD DE CHARDIN,
FRANZÖSISCHER PHILOSOPH, GEOLOGE, PALÄONTOLOGE
UND PRIESTER, DER AUCH PHYSIK UND CHEMIE LEHRTE

Nahtoderfahrungen befinden sich nicht im Einklang mit jeder Weltanschauung

Manche gehen vielleicht davon aus, dass Nahtoderfahrungen zwar mit dem Naturalismus unvereinbar zu sein scheinen, dass sie aber darüber hinaus nicht wirklich eine Religion oder Weltanschauung unterstützen. »Da sie im Einklang mit fast jeder Form von Spiritualität sind«, nehmen wir vielleicht an, dass »sie keine besondere Beweiskraft für einen bestimmten religiösen Glauben haben«.

Auch wenn wir uns darüber einig sind, dass die wichtigsten Elemente der Nahtoderfahrungen ein einigermaßen genaues Bild vom Leben auf der anderen Seite zeichnen, scheinen sie doch gewisse Weltanschauungen und religiöse Ansichten infrage zu stellen. Zum Beispiel:

a) *Philosophische Materialisten* glauben, dass alles, was existiert, letztlich durch die Wechselwirkungen rein materieller Dinge erklärt werden kann. Nahtoderfahrungen enthüllen eine Dimension, in der Denken, Kommunikation und Bewegung offensichtlich nicht von materiellen Objekten abhängig sind.

b) *Deterministen,* ob religiös oder weltlich orientiert, glauben, dass es keinen freien Willen gibt. Doch über Nahtoderfahrungen wird berichtet, dass die betreffende Person mit himmlischen Wesen über ihre Zukunft diskutiert hat und dass Pläne geändert wurden, und zwar auf der Basis ihrer Gebete oder ihrer Willensäußerung. Das Lichtwesen ermahnt die Person vielleicht, »zurückzukehren und es diesmal besser zu machen«, was die Fähigkeit voraussetzt, bewusste Entscheidungen für das eigene Leben zu treffen.

c) *Pantheisten und Deisten* glauben tendenziell an einen unpersönlichen Gott, der das physische Universum zwar erschaffen hat (oder immer noch erschafft), sich aber nicht in das Leben der Menschen einmischt. Doch Nahtoderfahrungen offenbaren einen persönlichen Gott, der jeden von uns kennt und sich um jeden von uns kümmert.

Was Nahtoderfahrungen uns *nicht* lehren

Wir haben darauf hingewiesen, dass ein kleiner Teil der Nahtoderfahrungen, von denen berichtet wird, offenbar eine Mischung aus Fantasie und Realität enthält, was angesichts der Tatsache verständlich ist, dass die Betroffenen ein schweres Trauma und eine lange Zeit der Rekonvaleszenz hinter sich haben. Es scheint also nicht klug zu sein, jeden Erfahrungsbericht bis ins kleinste Detail als Vorlage zu nehmen und sich danach ein genaues Bild vom Leben nach dem Tod zu machen. Wenn jemand berichtet, dass er Bibo gesehen hat, gehe ich deswegen nicht davon aus, dass Bibo wirklich existiert und auf der anderen Seite auf mich wartet. (Mir ist klar, dass einige Bibo-Fans jetzt vielleicht enttäuscht sind.)

Aus diesem Grund denke ich, dass es sicherer ist, sich auf die Elemente von Nahtoderfahrungen zu konzentrieren, von denen am häufigsten berichtet wird – die dem zuzuordnen sind, was Forscher eine »bemerkenswerte Konvergenz« nennen, und die tatsächlich Einblick in die andere Seite geben.

Wenn Nahtoderfahrungen alles wären, was wir an Beweisen hätten, würde es zu weit gehen, daraus den endgültigen Schluss zu ziehen, dass nur eine bestimmte Religion die einzig wahre ist. Immerhin haben Nahtoderfahrungen nicht unbedingt bewiesen, dass es nur einen Gott gibt. Vielleicht reisen verschiedene Menschen durch verschiedene Tunnel, um mit unterschiedlichen Lichtern in Berührung zu kommen. Vielleicht ist der Name des Lichtes Jehova; aber sein Name könnte auch Allah sein oder sogar Fred. Oder vielleicht ist das Licht nur ein Weg, um sich mit dem kosmischen Geist zu verbinden, von dem in esoterischen Kreisen die Rede ist.

Es scheint zwar, als begegneten diejenigen, die während eines Nahtoderlebnisses das Lichtwesen treffen, alle demselben Wesen (die Beschreibungen seiner Persönlichkeit, Fähigkeiten und Wirkung sind erstaunlich ähnlich), aber es wäre zu viel gesagt, wenn man behaupten würde, dass Nahtoderfahrungen *absolut beweisen*, dass Gott der Eine ist. Ich würde sagen, sie *legen nahe*, dass es nur einen Gott gibt.

Was Nahtoderfahrungen uns möglicherweise lehren könnten

Obwohl sie mir nicht alles sagen, was ich über Gott und das Jenseits wissen möchte, liefern Nahtoderfahrungen zumindest starke Beweise dafür, dass es mehr im Leben gibt, als die Augen des Materialisten sehen. Und für diejenigen, die glauben, dass sie einen Blick in die Ewigkeit ermöglichen, ergeben sich sogar noch mehr Einblicke.

Viele Nahtodforscher, deren Veröffentlichungen ich gelesen habe, machen zwar keinen besonders christlichen Eindruck, aber ihre wichtigsten Befunde (die ich unten ausführlich darstelle) scheinen in bemerkenswerter Weise mit dem Christentum übereinzustimmen (wenn auch vielleicht nicht ausschließlich). Und da besonders die Aussagen von van Lommels Patienten viele verschiedene Überzeugungen widerspiegelten, kann man wohl kaum sagen, dass die unten aufgeführten Ähnlichkeiten auf ihre christlichen Erwartungen zurückzuführen sind.

Da Jesus Christus behauptete, vom Himmel gekommen zu sein, und seine eigenen Beweise in Form von Wundern mitbrachte, wäre es relevant zu erfahren, ob die biblischen Lehren das, was Menschen über ihre Nahtoderfahrungen berichten, bestätigen oder widerlegen können.

Außerdem könnten diejenigen, die glauben, dass es sich hier um echte Begegnungen mit der Ewigkeit handelt, danach streben, so zu leben, *als ob sie eine Nahtoderfahrung gemacht hätten*, weil diejenigen, bei denen das der Fall war, in der Regel behaupten, ihr Leben sei als Folge dieser Erfahrung voller und reicher geworden. Viele von denen, die Nahtoderfahrungen erforschen, berichten, dass sich ihr eigenes Leben im Zuge ihrer Forschungen verändert hat. Auch ich glaube, dass diese Studie mein eigenes Leben beeinflusst hat.[1]

Hier sind meine Vergleiche. Jeder Punkt beginnt mit der Beobachtung eines Nahtodforschers oder eines Menschen, der selbst eine Nahtoderfahrung hatte, gefolgt von einem entsprechenden Abschnitt aus der Bibel.

Über das Wesen aus Licht

Fragen zur Existenz und zum Wesen Gottes beschäftigen seit Jahrtausenden nicht nur Philosophen und Religionswissenschaftler. Auch ganz gewöhnliche Menschen machen sich Gedanken und Sorgen über die ewigen Dinge. Was erzählen uns Menschen, die eine Nahtoderfahrung gemacht haben, über Gott?

a) *Gott existiert.*

Van Lommel sagt: »Während einer Nahtoderfahrung wird die Begegnung mit dem Licht als der intensivste und wichtigste Teil der Erfahrung empfunden.«[2]

Moody bezeichnet dies als »das unglaublichste unter den häufig auftretenden Elementen« der Erfahrung, »das den tiefsten Eindruck auf das Individuum macht«. Ganz gleich, welchen religiösen (oder nicht religiösen) Hintergrund die Person auch hatte, »nicht eine hat einen wie auch immer gearteten Zweifel daran geäußert, dass es ein Wesen war, ein Wesen aus Licht«.[3]

Obwohl es theoretisch möglich ist, dass jeder Mensch ein *anderes* Wesen aus Licht sieht, scheinen alle die gleiche Persönlichkeit und die gleichen Attribute zu beschreiben, weswegen wir annehmen, dass es *ein* Wesen ist, das da am Ende des Tunnels auf uns wartet, und nicht etwa ein Pantheon der konkurrierenden Götter. Niemand, dessen Bericht ich gelesen habe, behauptet, mehrere Götter getroffen zu haben.

»Im Anfang schuf Gott ...« (1. Mose 1,1, nach der Einheitsübersetzung der Bibel)

b) *Gott ist Liebe.*
»Diese Begegnung [mit dem Licht] geht stets mit einem überwältigenden Gefühl der bedingungslosen Liebe und Akzeptanz einher.«[4]

»... denn Gott ist die Liebe.« (1 Johannes 4,8)

c) *Gott kennt uns ganz genau.*
»Es ist häufig offensichtlich, dass das Wesen das ganze Leben des Individuums sehen kann ...«[5]

»Bei euch aber sind sogar die Haare auf dem Kopf alle gezählt.« (Lukas 12,7)

d) *Gott ist persönlich.*
»... es ist ein persönliches Wesen. Es hat eine sehr ausgeprägte Persönlichkeit.«[6]

»Jahwe ist ein barmherziger und gnädiger Gott, langmütig, reich an Huld und Treue ...« (2 Mose 34,6)

e) *Gott hat etwas Anziehendes.*
»Die Liebe und die Wärme, die von diesem Wesen ausgehen und zu dem sterbenden Menschen strömen, sind gänzlich jenseits aller Worte. Er geht völlig darin auf, fühlt sich in Gegenwart dieses Wesens ganz von ihnen

umgeben, vollkommen entspannt und angenommen. Er spürt eine unwiderstehliche magnetische Anziehung, die von diesem Licht ausgeht. Er wird unausweichlich davon angezogen.« Diese Beschreibung ist »absolut konstant«.[7]

»Was habe ich im Himmel außer dir? Neben dir erfreut mich nichts auf der Erde. Auch wenn mein Leib und mein Herz verschmachten, Gott ist der Fels meines Herzens und mein Anteil auf ewig.« (Psalm 73,25–26)

f) *Gott ist gerecht.*
Es ist aufschlussreich, dass niemand, dessen Bericht ich gelesen habe, ins Leben zurückkehrt und sagt: »Ich war so wütend auf Gott. Er lag so *falsch* in seiner Bewertung der Dinge!« Vielmehr schienen alle überzeugt, dass Seine Wege recht waren.

»Mir war klar, warum ich Krebs hatte. Warum ich ursprünglich überhaupt in diese Welt gekommen war. Welche Rolle jedes einzelne Mitglied meiner Familie in meinem Leben spielte, wo wir alle im großen Plan der Dinge unseren Platz haben und worum es im Leben ganz allgemein geht.«[8]

Das erinnert mich an eine Aussage von C. S. Lewis. Er glaube, sagte er, das Erste, was er sagen würde, wenn er Gott im Himmel träfe, wäre: »Natürlich!« Weil er dann vermutlich die Antworten auf alle Fragen hätte, die er sich auf der Erde jemals gestellt hatte.

»… und seine Wege gerecht.« (Daniel 4,34)

g) *Gott wird mit Licht assoziiert.*

»Das Licht … war von einer Art, wie ich es noch nie zuvor gesehen hatte, anders als jede andere Art von Licht, etwa das der Sonne.«[9]

»Es wird keine Nacht mehr geben und sie brauchen weder das Licht einer Lampe noch das Licht der Sonne. Denn der Herr, ihr Gott, wird über ihnen leuchten.« (Offenbarung 22,5)

Über das, worauf es wirklich ankommt

Der Atheistin Susan Blackmore zufolge gibt es kein letztendliches Ziel im Leben. Und wenn das Leben sinnlos ist, sind auch wir sinnlos; wie Blackmore es ausdrückt, sind wir »überaus entbehrlich«.[10] Doch was, wenn Blackmore falsch liegt? Was, wenn wir hier sind, weil wir eine Bestimmung haben? Würden wir nicht herausfinden wollen, was diese Bestimmung ist?

Ich möchte wissen, was im Leben wichtig ist – was bei der abschließenden Analyse zählt. Was, wenn es wichtiger ist, dass ich freundlich zu meinem jüngeren Bruder bin, als dass ich einen Literaturpreis gewinne? Was, wenn es manchmal wichtiger ist, schwachen Schülern zu helfen als selbst immer nur Einsen zu bekommen? Was, wenn es wichtiger ist, freundlich zu einer Kellnerin zu sein, als sich beeindruckende Bauchmuskeln anzutrainieren? Hier ist, was Menschen, die eine Nahtoderfahrung gemacht haben, über das sagen, was im Leben wirklich wichtig ist.

h) *Unsere Lebensführung ist für Gott von Interesse.*
»… [während des panoramaartigen Lebensrückblicks] verstehen Menschen, wie sie ihr Leben geführt haben und welche Auswirkungen das auf andere hatte. Sie erkennen, dass sich jeder einzelne Gedanke, jedes Wort und jede Tat dauerhaft auf sie selbst und andere auswirkt.«[11]

»Denn wir alle müssen vor dem Richterstuhl Christi offenbar werden, damit jeder seinen Lohn empfängt für das Gute oder Böse, das er im irdischen Leben getan hat« (2 Korinther 5,10)

i) *Materielle Dinge sind vergänglich und nicht wert, dass man sich ihretwegen abquält.*
»… manche Aspekte des Lebens werden wichtig, andere werden vollkommen irrelevant. Nach einer Nahtoderfahrung möchten Menschen ihre Zeit und Energie nur in Dinge von bleibendem Wert investieren. Fast alle vergänglichen und materiellen Dinge, etwa viel Geld, ein großes Haus oder ein teures Auto, werden weniger wichtig.«[12]

»Sammelt euch nicht Schätze hier auf der Erde, wo Motte und Wurm sie zerstören und wo Diebe einbrechen und sie stehlen.« (Matthäus 6,19)

j) *Ein wichtiger und großer Teil unseres Daseinszwecks besteht darin, Menschen zu lieben.*

»Während sie sich die Vorführung [den Lebensrückblick] anschauen, scheint das Wesen die Bedeutung von zwei Dingen im Leben zu betonen: andere Menschen lieben zu lernen und Wissen zu erwerben.«[13]

»… hätte aber die Liebe nicht, wäre ich nichts.« (1 Korinther 13,2)

k) *Es ist wichtig, Gott zu lieben.*
»Liebst du mich?« (Frage aus dem Licht während einer Nahtoderfahrung)[14]

»Du sollst den Herrn, deinen Gott, lieben mit ganzem Herzen, mit ganzer Seele und mit all deinen Gedanken.« (Matthäus 22,37)

l) *Gib denen Priorität, die dir am nächsten sind –*
Familie und Nachbarn.
»… andere Unterschiede [Ergebnisse] betrafen ein größeres Engagement für die Familie.«[15]

Pastor Steve Sjogren *(The Day I Died)* kehrte mit dem starken Gefühl von der anderen Seite zurück, dass er in seinem Amt zwar viel erreicht hatte, aber leider auf Kosten derer, die ihm am nächsten standen: seine Familie, Nachbarn und Freunde. »Dort auf der Intensivstation wurde mir klar, dass ich keinen

Freund und keine Freundin meiner Kinder mit Namen kannte!«[16]

»Ihr Männer, liebt eure Frauen …« (Epheser 5,25)

»Du sollst deinen Nächsten lieben wie dich selbst.« (Matthäus 22,39)

m) *Die Suche nach Weisheit und Erkenntnis ist sehr wichtig.*
»… viele andere haben betont, wie wichtig die Suche nach Weisheit und Erkenntnis ist.«[17]

»Sie [Weisheit/Erkenntnis] übertrifft die Perlen an Wert, keine kostbaren Steine kommen ihr gleich.« (Sprüche 3,15)

n) *Bitten, Wünsche und Gebete scheinen berücksichtigt zu werden.*
Wenn Menschen ein himmlisches Wesen um Erlaubnis bitten, in ein irdisches Leben zurückzukehren, um eine weltliche Aufgabe zu vollenden, kann es sein, dass das Wesen diese Bitte erfüllt, als würden die Wünsche und Bitten der Person berücksichtigt. Zu anderen Zeiten scheinen die Gebete derer, die noch auf der Erde sind, berücksichtigt zu werden. Diese Antwort ist sowohl im Einklang mit dem freien Willen als auch mit der Wirkkraft des Gebets.[18]

»Viel vermag das inständige Gebet eines Gerechten.«
(Jakobus 5,16)

o) *Gier nicht nach Macht.*
»... ihr Interesse an Besitz und Macht hatte nachgelassen.«[19]

»Der Größte von euch soll euer Diener sein. Denn wer sich selbst erhöht, wird erniedrigt, und wer sich selbst erniedrigt, wird erhöht werden.« (Matthäus 23,11–12)

p) *Sei ein anständiger Mensch. Vergib. Sag die Wahrheit. Sei nicht aggressiv. Sei wohltätig.*
Nach einer Nahtoderfahrung werden Menschen »nachsichtiger, toleranter und weniger kritisch anderen gegenüber ... mitfühlender und fürsorglicher«. Es ist »wahrscheinlicher, dass sie für wohltätige Zwecke spenden oder sich sozial engagieren«. Sie haben ein »stärkeres Gerechtigkeitsempfinden« und sind mehr motiviert, »die Wahrheit zu sagen«.[20]

»Sie sollen wohltätig sein, reich werden an guten Werken, freigebig sein und, was sie haben, mit anderen teilen.« (1 Timotheus 6,18)

»Erlasst einander die Schuld, dann wird auch euch die Schuld erlassen werden.« (Lukas 6,37)

»... redet untereinander die Wahrheit ...« (Epheser 4,25)

q) *Lasst euch nicht von sozialen Normen in Beschlag nehmen.*
Bei denjenigen mit Nahtoderfahrungen ist es weniger wahrscheinlich, dass sie auf soziale Normen wie »den Schein wahren« Wert legen.[21]

»Gleicht euch nicht dieser Welt an ...« (Römer 12,2)

r) *Schätzt die einfachen Dinge.*
Acht Jahre nach ihrer Nahtoderfahrung berichten 84 Prozent von van Lommels Probanden, dass sie die einfachen Dinge mehr zu schätzen wissen.[22]

»Seid dankbar!« (Kolosser 3,15)

Über Aspekte des Jenseits
Je länger ich lebe, desto kürzer erscheint mir mein irdisches Leben. Meine jüngsten Kinder gehören jetzt schon zu den Älteren in der Highschool. Dabei kommt es mir vor, als hätten wir die winzigen Zwillinge erst gestern in Rucksäcken herumgetragen. Wahrlich, das Leben ist nur ein Wahn im Vergleich zur Ewigkeit. Obwohl eine Nahtoderfahrung dem *endgültigen* Tod nicht in jeder Hinsicht gleich sein kann, scheint es plausibel, dass uns Nahtoderfahrungen etwas darüber sagen, was uns nach unserem endgültigen Tod erwartet. Immerhin waren die verstorbenen Verwandten und Freunde, die den Betreffenden auf der anderen Seite begegnet sind, oft schon seit Jahren dort.

s) *Der Tod ist nicht das Ende des Lebens.*
»… es stellte sich heraus, dass der Tod gar nicht der Tod war.«[23]

»… und in der kommenden Welt das ewige Leben.« (Markus 10,30)

t) *Zeit ist anders.*
»Und wenn etwas fehlte, dann war es unsere irdische Vorstellung von Zeit!«[24]

»… dass beim Herrn ein Tag wie tausend Jahre und tausend Jahre wie ein Tag sind.« (2 Petrus 3,8)

u) *Wir werden geistige Körper haben, die anders als unsere physischen Körper und ihnen überlegen sind.*
»Um einen Begriff dafür [die neue Form, in der sie sich wiederfinden] zu prägen, der seine Eigenschaften ziemlich gut zusammenfasst … nenne ich ihn von nun an den ›geistigen Körper‹.« *Raymond Moody.*[25]

»Gesät wird ein irdischer Leib, auferweckt ein überirdischer Leib.« (1 Korinther 15,44)

v) *Der Geist kann unabhängig vom Körper existieren.*
In Wahrheit sind wir Geist, und der Geist ist ewig. Der irdische Körper ist nur eine Art Anzug, den wir auf der Erde tragen.

»Mir wurde plötzlich bewusst, dass ich über dem Fuß-ende des Operationstisches schwebte und beobach-tete, was dort unten rund um den Körper eines Men-schen vor sich ging. Bald dämmerte mir, dass dies mein eigener Körper war.«[26]

»Weil wir aber zuversichtlich sind, ziehen wir es vor, aus dem Leib auszuwandern und daheim beim Herrn zu sein.« (2 Korinther 5,8)

w) *Auf der anderen Seite erkennen und verstehen wir alles mit viel größerer Klarheit.*
»Das Wissen und die Botschaften, die durch mich hin-durchgingen, waren so klar und rein.«[27]

»Jetzt schauen wir in einen Spiegel und sehen nur rät-selhafte Umrisse, dann aber schauen wir von Ange-sicht zu Angesicht. Jetzt erkenne ich unvollkommen, dann aber werde ich durch und durch erkennen, so wie ich auch durch und durch erkannt worden bin.« (1 Korinther 13,12)

x) *Es gibt Mittler zwischen Gott und den Menschen.*
Menschen, die ich befragt habe, berichteten davon, mit Engeln oder himmlischen Wesen gesprochen zu haben. Das kommt ziemlich häufig vor. Irgendwie wer-den sie als von verstorbenen Menschen verschieden identifiziert.

»Sind sie nicht alle nur dienende Geister, ausgesandt, um denen zu helfen, die das Heil erben sollen?« (Hebräer 1,14)

y) *Das Jenseits ist nicht für jeden rosig.*
Moody[28], van Lommel[29] und spätere Forscher[30] erwähnen kurz, dass manche Nahtoderfahrungen höllisch oder quälend sind. Vergessen Sie nicht, dies ist die Halbzeit, nicht das Ende des Spiels. Nahtoderfahrungen finden also nicht statt, wenn die Person wirklich auf dem Totenbett liegt. Vielleicht sind sie eine Warnung. Manche halten belastende Nahtoderfahrungen eher für lebhafte Träume als für Realität, weil es bei den höllischen Erfahrungen weniger Übereinstimmungen gibt als bei den positiven. Dennoch scheinen sie ähnlich lebendig und überzeugend zu sein wie andere Nahtoderfahrungen.[31]

»Draußen vor den Toren der Stadt [der heiligen Stadt, des Neuen Jerusalem, das nach dem Jüngsten Gericht errichtet wird] müssen alle Feinde Gottes bleiben …« (Offenbarung 22,15, *Hoffnung für alle*)

z) *Der Himmel ist ein Ort, an dem man gern sein möchte*
Van Lommel beginnt sein Buch mit dem Bericht über einen Herzstillstandpatienten, den er als Assistenzarzt im ersten Jahr seiner Facharztausbildung zum Kardiologen hatte. Ein Alarmsignal ertönte auf der Kardiologie. Der Patient zeigte keine Herztätigkeit mehr. Das

Team macht sich fieberhaft an die Reanimation, mit einem Defibrillator wird ihm ein Schock versetzt, er wird an den Tropf gehängt, bekommt einen zweiten Schock. Als der Patient schließlich wiederbelebt ist, sind alle Anwesenden glücklich und erleichtert ... nur einer nicht: der Patient.

Er war zutiefst enttäuscht, sich in seinem zweitklassigen Körper wiederzufinden, nachdem er gerade die Musik und die Schönheit und die schmerzfreie Existenz auf der anderen Seite erlebt hatte.[32]

Die himmlische Erfahrung ist so wunderbar, dass sie mit Worten gar nicht zu beschreiben ist, und erinnert mich an die himmlische Vision aus der Offenbarung: »Er [Gott] wird alle ihre Tränen von ihren Augen abwischen: Der Tod wird nicht mehr sein, keine Trauer, keine Klage, keine Mühsal. Denn was früher war, ist vergangen.« (Offenbarung 21,4)

Der kleine Colton kam zu folgendem Schluss: Es gibt starke Beweise für den Glauben, dass der Himmel mehr als eine Fantasie ist, denn »den Himmel gibt's echt«.

Fazit aus den vorangegangenen Kapiteln

Dr. van Lommel, Dr. Rawlings, Dr. Moody, Dr. Sabom, und viele andere sahen sich nach einer genauen Untersuchung von Nahtoderfahrungen veranlasst zu glauben, dass der Tod nicht das Ende des Lebens ist. Nach dem heutigen Stand der Forschung würde ich, selbst wenn Nahtoderfahrungen mein einziger Beweis wären, für Theismus statt Atheismus plädieren und für Überleben statt Auslöschung. Dieses faszinierende Forschungsgebiet liefert bemerkenswerte Beweise sowohl für das Leben nach dem Tod als auch für die Existenz eines liebenden, strahlenden Wesens, das uns genau kennt. Für mich stimmen Nahtoderfahrungen in bemerkenswerter Weise mit einer theistischen Weltanschauung überein und so gar nicht mit einer atheistischen. (Eine gründlichere Diskussion einiger der wichtigsten Punkte finden Sie in den Anhängen.)

Falls die künftige Forschung die Ergebnisse der vorliegenden Untersuchung nicht völlig verwirft, haben wir eindrückliche Beweise vorliegen, die sowohl für ein Leben nach dem Tod sprechen als auch für die Existenz eines persönlichen Gottes.[33]

Abgesehen von Nahtoderfahrungen gibt es noch weitere Beweise für das Übernatürliche. 15 weitere

Beweisketten überzeugen mich in ihrer Gesamtheit davon, dass Gott existiert und dass es sich lohnt, Ihm zu dienen. Ich werde diese Beweisketten in einem zukünftigen Buch diskutieren.

Innehalten, um nachzudenken

Der angesehene Pädagoge Howard Hendricks hat einmal gesagt, dass manche Menschen weniger lesen und mehr nachdenken sollten. Oft hinterlässt ein Buch keinen wirklichen Eindruck bei uns, weil wir schon das nächste anfangen, ohne in angemessener Weise über das erste nachgedacht zu haben.

Ich empfehle Ihnen daher, ein paar Augenblicke darüber nachzudenken, woran Sie in Bezug auf Nahtoderfahrungen glauben. Die folgenden Fragen können Ihnen dabei helfen:

1. Glauben Sie, dass Nahtoderfahrungen überzeugende Beweise für ein Leben nach dem Tod liefern?

2. Was sind die stärksten Argumente dafür und dagegen?

3. Wenn Ihnen jemand sagen würde, dass Nahtoderfahrungen hinreichend als rein natürliche Ereignisse erklärt werden können, wie würden Sie reagieren?

4. Was möchten Sie in Zusammenhang mit Nahtoderfahrungen gern noch genauer wissen oder erforschen? (Siehe Anhang 9 – »Anleitung zum Weiterforschen«.)

5. Wenn Sie morgen jemand fragen würde, was Sie von Nahtoderfahrungen halten, was würden Sie ihm in einer spontanen Rede von nicht mehr als zwei Minuten antworten?

6. Wenn Sie selbst eine Nahtoderfahrung machen würden, in welcher Weise könnten sich dadurch Ihre Prioritäten ändern?

7. In welcher Weise könnte sich das Wissen darüber, was andere auf der anderen Seite erlebt haben, auf Ihre Prioritäten auswirken?

Anhang 1
Gibt es Unterschiede zwischen den Nahtoderfahrungen verschiedener Kulturen?

Das Muster

Ich schaue mir die Science-Fiction-Serie »Fringe – Grenzfälle des FBI« mit meinen Kindern an. In der Eröffnungsfolge landet ein Passagier-Jet, dessen Passagiere alle tot sind. Als das FBI den Fall untersucht, stellt sich heraus, dass dies durchaus kein Einzelfall ist. Über ähnliche Fälle wurde von Reportern auf der ganzen Welt berichtet, und andere Ermittler sprachen in diesem Zusammenhang von dem »Muster«. Dieses Muster weist auf eine gemeinsame Ursache hin – vielleicht auf eine natürliche Ursache, aber vermutlich eher eine, hinter der eine bestimmte Absicht steckt.

Zu den faszinierendsten und gänzlich unerwarteten Eigenschaften von Nahtoderfahrungen gehört ihr Muster – die bemerkenswerte Übereinstimmung von Elementen, wie man sie so nicht erwarten würde. Als der junge Raymond Moody an der Universität von Virginia Philosophie studierte, las er Platons Buch *Der Staat*, in dem auch Sokrates' Geschichte des Kriegers Er enthalten ist, der offenbar auf dem Schlachtfeld gestorben war, sich aber ein paar Tage später wieder aufsetzte und von einem bemerkenswerten Besuch in himmlischen Gefilden berichtete.[1]

Später hörte Moody den sehr ähnlichen Bericht des Psychiaters George Ritchie von der anderen Seite, die dieser besucht hatte, nachdem er für tot erklärt worden war. Für Moody war Ritchie ein moderner Er.

»Soweit ich wusste, war George Ritchie die einzige lebende Person, die eine solche Erfahrung gemacht hatte. Ich zog daraus aber nicht den Schluss, dass es noch mehr Menschen wie Ritchie geben musste …«[2]

Aber ein paar Jahre später, als Moody selbst Philosophie lehrte und solche Geschichten sammelte, stellte er fest, dass »allmählich ein Muster zum Vorschein kam …«[3]

Ah, das »Muster«.

Das Muster in der westlichen Welt

Moody fand gemeinsame Elemente – Verlassen des Körpers, Begegnung mit verstorbenen Verwandten, Tunnel, ein Licht, Schönheit, Liebe etc. Warum diese gemeinsamen Elemente, wenn es sich dabei um zufällige Halluzinationen eines sterbenden Gehirns handelte?

Nun muss festgehalten werden, dass »Muster« in diesem Zusammenhang nicht etwa »identische Kopie« bedeutet, selbst wenn wir uns ausschließlich die Nahtoderfahrungen im amerikanischen Kulturkreis anschauen. Jede einzelne Nahtoderfahrung kommt in ihrer ganz individuellen Verpackung daher. Einige Menschen berichten, dass sie nur ganz kurz von ihrem Körper getrennt waren. Manche hatten ein Tunnelerlebnis, andere nicht.

Die Wände des Tunnels können tiefschwarz, strukturiert oder verschiedenfarbig sein. Verstorbene Verwandte können alt, jung oder in ihren besten Jahren sein. Himmlische Wesen können als helle Lichter erscheinen, als bekleidete Körper mit Lichtern statt Gesichtern oder als relativ normale Menschen. Sie sprechen die Sprache desjenigen, der das Erlebnis hat, oder kommunizieren ohne Worte – von Geist zu Geist.

Warum diese Unterschiede, sogar innerhalb derselben Kultur? Sicherlich ist es von Bedeutung, dass die Welt, die von Menschen mit Nahtoderfahrung beschrieben wird, durchgängig nicht physisch ist. Außerhalb ihrer Körper scheinen Menschen aus etwas zu bestehen, das mehr Ähnlichkeit mit Energie hat als mit Zellen. Dies könnte auch erklären, warum die verstorbene Verwandte einer Frau, die während ihrer Nahtoderfahrung ihr Erstaunen darüber äußerte, dass diese Verwandte so alt aussah, erklärte, sie könne erscheinen, wie immer sie wolle, und sofort eine jüngeres Aussehen annahm.[4]

Es gibt also vielleicht gar keinen Tunnel – zumindest nicht als physische Einheit –, sondern nur die *Erscheinung* eines Tunnels, um demjenigen, der die Nahtoderfahrung macht, zu vermitteln, dass er in eine andere

Dimension reist. Ein anderer erlebt vielleicht einen rasanten Aufstieg durch den Weltraum und sieht Sterne, die sich in die Ferne zurückziehen, aber keinen Tunnel. Noch ein anderer erlebt sich vielleicht in einem Aufzug, was bei ihm den visuellen Eindruck einer Reise in eine andere Welt hinterlässt.

Welche Kleidung erwarten wir von Menschen auf der anderen Seite – an einem Ort, wo Kleidung für einen geistigen Körper keinerlei praktischen Zweck erfüllt? (Brauchen wir so etwas wie Wintergarderobe im Himmel?) Vielleicht ist eine visuelle Erfahrung, die Kleidung einschließt, mehr etwas für den Betrachter als für denjenigen, der die Kleidung trägt. Wie würden Sie sich vor diesem Hintergrund die Kleidung vorstellen, in der Socrates' Er die himmlischen Personen gesehen hat? Waren sie a) in klassische griechische Gewänder, b) in reines Licht/Energie, c) in einen südkoreanischen Geschäfts- oder Freizeitanzug des 21. Jahrhunderts oder d) in was immer zu der Zeit im Himmel gerade Mode war gekleidet? Ich würde sagen, was immer eine größere Bedeutung für Er hatte – vermutlich a) oder b).

Wenn ich richtig liege, würde sich das Muster, das wir von Nahtoderfahrungen erwarten, von dem Muster unterscheiden, das wir von Shangri-La erwarten. Wenn diejenigen, die Shangri-La besucht haben, von einer Brücke über eine tiefe Schlucht berichten, die den einzigen Zugang zu Shangri-La darstellt, dann erwarten wir, dass jeder Besucher dieselbe Brücke beschreibt.

Sie ist entweder aus Metall oder aus Holz, eine Bogen-brücke oder eine Hängebrücke, mit einer bestimmten Farbe bemalt oder unbemalt. Aber das Muster, das wir von einem Besuch in einer nicht physischen Welt er-warten würden, enthält wohl durchgängig einen Zu-gangsweg, obwohl dieser auf ganz verschiedene Wei-sen beschrieben werden kann.

Daher empfehle ich, bevor man sich dem Studium nicht westlicher Nahtoderfahrungen zuwendet, die Aus-wertungen vollständiger *westlicher* Nahtoderfahrungen (etwa auf der NDERF-Website) zu lesen und sowohl das Muster selbst als auch die Vielfalt innerhalb des Musters zu erkennen.

Moody war erstaunt, dass Menschen mit einer Nah-toderfahrung durchgängig davon berichteten, ihren Körper verlassen und verstorbene Verwandte getrof-fen zu haben, durch Tunnel gegangen und einem Licht gefolgt zu sein, ihr Leben in der Rückschau gesehen zu haben, ins Leben zurückgeschickt worden zu sein usw. Das Muster wurde durchgehalten, und zwar un-abhängig von Erwartungen, religiösen Überzeugun-gen, vom Alter oder von der Art des medizinischen Problems. Doch alle seine Probanden lebten in Ame-rika. Würde dieses Muster auch in anderen Kulturen zu finden sein?

Van Lommel fand das gleiche Muster in den Nie-derlanden, deren Kultur sich in vielerlei Hinsicht von der amerikanischen unterscheidet, nicht zuletzt, weil die Mehrheit dort nicht an ein Leben nach dem Tod glaubt. Doch auch wenn sich die niederländische Kultur von der amerikanischen unterscheidet, ist sie immer noch eine westliche Kultur, die wesentlich vom Christentum geprägt ist. Würde sich das Muster auch in nicht westlichen Kulturen mit sehr unterschiedlichen Traditionen, Religionen und kulturellen Symbolen, die tief in die Psyche der Menschen eingebettet sind, behaupten?

Das Muster in den nicht westlichen Kulturen

Da viele Aspekte des Musters (Art der Kleidung, Art des Tunnels etc.) variieren, um verschiedenen Menschen in einer Kultur gerecht zu werden, würden wir erwarten, dass sich bestimmte Aspekte auch von Kultur zu Kultur unterscheiden, da Individuen Daten aufgrund ihrer eigenen kulturellen Konditionierung interpretieren. Dies haben einige Forscher in der Tat herausgefunden.

In Kapitel 7 von *The Handbook of Near-Death Experiences* sind Nahtodstudien aus verschiedenen Kulturen großartig zusammengefasst. Hier sind einige Merkmale von Nahtoderfahrungen, über die aus nicht westlichen Kulturen berichtet wurde.[5]

• In einer in Indien durchgeführten Untersuchung von 45 Nahtoderfahrungen berichtete niemand von einem Tunnel. Von Tunneln war auch in Berichten aus Thailand selten, wenn überhaupt, die Rede.

- Wiederum in Indien werden die Lebensrückblicke tendenziell eher von einer Person vorgelesen, denn als visuelle Erfahrung erlebt.
- In Thailand wird oft nur auf ein einziges Ereignis im Leben zurückgeblickt und nicht auf das ganze Leben.
- Derjenige, der die Nahtoderfahrung macht, nennt oft den Namen des höchsten Gottes seiner Kultur, wenn er sich auf das Licht bezieht.
- Das Jenseits kann Merkmale der Gebäude und Landschaften aufweisen, mit denen die Betreffenden vertraut sind.

Studien wie diese, die nur versuchen, die Unterschiede hervorzuheben, statt jede Nahtoderfahrung in ihrer Ganzheit zu sehen, haben bei mir oft den Eindruck hinterlassen, dass sich nicht westliche Nahtoderfahrungen signifikant von amerikanischen Nahtoderfahrungen unterscheiden. Ich wollte vollständige Berichte lesen und vergleichen. Wenn man vollständige westliche und vollständige nicht westliche Nahtoderfahrungsberichte nebeneinanderlegen und vergleichen würde, wäre das Grundmuster dann immer noch erkennbar?

Ich musste der Sache auf den Grund gehen.

(Anmerkung: In den nicht westlichen Kulturen müssen viel mehr Nahtoderfahrungen untersucht werden. Viele der nicht westlichen Studien sind so wenig umfangreich, dass es schwierig ist, Schlüsse daraus zu ziehen. [Auf Guam {größte Insel des Marianen-Archipels; Anm. d. Übers.} wurden beispielsweise nur vier Fälle veröffentlicht.] Hinzu kommt: Wenn der Interviewer bestimmte Fragen nicht stellt, erwähnen die Nahtoderfahrenen ein Element vielleicht gar nicht, weil sie denken, es sei nicht wichtig. Der Gedanke kam mir, als ich Berichte über Nahtoderfahrungen aus aller Welt auf der NDERF-Website las. In seiner ursprünglichen Beschreibung des Ereignisses erwähnt der Betreffende vielleicht keinen Tunnel. Aber wenn er nach einem Tunnel gefragt wird, spricht er vielleicht davon. Diese Tendenz könnte die Ergebnisse früherer Studien verzerrt haben.)

Methode: Ich habe nicht westliche Nahtoderfahrungen von Dr. Longs NDERF-Website untersucht, weil dort Menschen aus vielen Ländern dieselben ausführlichen Fragen beantwortet haben. Aus dieser Studie habe ich alle Nahtoderfahrungen aus Ländern, die stark unter westeuropäischem und amerikanischem Einfluss stehen, ausgeschlossen, speziell aus den stark christlich beeinflussten. Wenn eine Person in einem vorwiegend nicht christlichen Land lebte, habe ich ihren Bericht dennoch ausgeschlossen, wenn es Hinweise darauf gab, dass sie selbst Christ war. Ich suchte nach nicht westlichen, nicht christlichen Berichten über Nahtoderfahrungen. Nachdem ich mehr als 3000 Nahtoderfahrungen durchforstet hatte, blieben 58, die meine Kriterien erfüllten.

Verteilung: Zwölf verschiedene Länder, wobei Indien mit 26 Nahtoderfahrungen auf die bei Weitem höchste Anzahl kommt. Auf Saudi Arabien kommen sechs, auf Ägypten fünf, auf die Türkei drei und auf die restlichen Länder – Iran, Russland, Korea, Tunesien, Libyen, Usbekistan, Irak, Singapur, China – jeweils zwei oder eine.

Ein Vergleich der oben postulierten kulturellen Unterschiede mit meinen Ergebnissen:
Obwohl eine frühere Studie in den indischen Erfahrungsberichten keinen Hinweis auf einen Tunnel gefunden hatte, kamen in elf von 26 (also bei 42 Prozent) der indischen Erfahrungsberichte, die ich gelesen habe, auch Tunnel vor. Das ist interessanterweise ein *höherer* Prozentsatz als die 34 Prozent, die Dr. Long für seine weltweite (westliche und nicht westliche) Stichprobe ermittelt hat.[6] Auch hier ist es denkbar, dass in der früheren Studie nicht eigens gefragt worden war, ob die Probanden einen Tunnel erlebt hatten, und dass die Betreffenden es selbst nicht für wichtig gehalten hatten.

In meiner nicht westlichen Stichprobe sah ich keinen signifikanten Unterschied zu den westlichen Lebensrückblicken. Alle, von denen ich gelesen habe, waren visuell. Einer wurde beschrieben als »Film über mich und mein ganzes Leben«, ein anderer als »panoramaartiger Rückblick auf mein Leben« und noch ein anderer »wie eine PowerPoint-Präsentation«.[7]

Ein Inder berichtete von einem Mann mit Bart, der Bücher durchschaute, um festzustellen, ob der Betreffende bleiben oder zurückgeschickt werden sollte. Dies stimmte mit bestimmten religiösen Traditionen Indiens überein und war daher für den Betreffenden von Bedeutung. So etwas war mir in westlichen Berichten über Nahtoderfahrungen zwar noch nicht untergekommen, aber es stand auch nicht in krassem Gegensatz zu der Vielzahl von Arten, wie Menschen im Westen ins Leben zurückgeschickt werden. Die meisten meiner nicht westlichen Probanden (einschließlich anderer aus Indien) wurden auf die gleiche Weise zurückgeschickt, von der auch die meisten Westler berichten: Ein Verwandter oder ein himmlisches Licht macht ihnen klar, dass ihre Zeit noch nicht gekommen ist – oder ihnen fällt ein, dass ihre Familie auf der Erde sie noch braucht.[8]

Doch selbst wenn künftige Forschungen eher die früheren Studien zu nicht westlichen Nahtoderfahrungen bestätigen sollten als meine, wirken sich die Unterschiede, die sie herausfinden, in meinen Augen nicht störend auf das Muster selbst aus. Unterschiede in der Art des Lebensrückblicks oder des Eingangs zum Jenseits (Tunnel oder kein Tunnel) berühren das Muster selbst nicht, vor allem, wenn wir die offensichtlich nicht materielle Natur der anderen Seite berücksichtigen.

Bricht das Muster zusammen, wenn man kulturübergreifend betrachtet?

Meiner Meinung nach nicht. Wie bei westlichen Nahtoderfahrungen haben manche Personen nur ein paar Elemente erlebt, während andere von einer sehr viel umfassenderen Erfahrung berichten. Aber ich habe alle gängigen westlichen Elemente auch in den nicht westlichen Erfahrungsberichten gefunden: das Verlassen des Körpers, gesteigerte Sinneswahrnehmung, positive Emotionen, die Versicherung, dass das Erlebte definitiv real war, eine Tunnelerfahrung, das Sehen eines Lichts, die Begegnung mit verstorbenen Angehörigen, das Gespräch mit himmlischen Wesen, veränderte Zeit- und Raumwahrnehmung, der Lebensrückblick, wunderschöne himmlische Gefilde, eine spezielle Erkenntnis, das Erreichen einer Grenze, die Rückkehr in den Körper, ein verändertes Leben und die überwältigende Vorrangigkeit der Liebe.

Die Vorrangigkeit der Liebe

Denken wir einmal über das letzte Merkmal des Musters nach – die Begegnung mit der Liebe, die das ganze Leben verändert. Ich war erstaunt zu lesen, dass selbst diejenigen, die nur eine kurze Nahtoderfahrung gemacht hatten, dadurch motiviert waren, ihr Leben zu ändern – vor allem, um zu lieben, zu dienen und Menschen zu helfen.

Doch woher kommt diese Übereinstimmung?

Individuen, Familien und Kulturen haben sehr unterschiedliche Ansichten über die Prioritäten des Lebens. Viele Kinder wachsen mit der täglichen Ermahnung auf, sich in der Schule anzustrengen. Der akademische Erfolg bestimmt ihr Leben, und ihre Zeugnisse geben Auskunft darüber, wie sie sich im Leben schlagen. Manche leben nur dafür, weiterzukommen und etwas (materiell und sozial) aus ihrem Leben zu machen. Anderen wird durch Vorbilder und Worte beigebracht, dass sie ihre Ellbogen einsetzen müssen, um selbst voranzukommen. Schließlich überlebt nur der Stärkere. Oder etwa nicht?

Liebe wird nicht ständig in jeder Familie und jeder Kultur als DIE wichtigste Sache in den Vordergrund gestellt. Wenn Nahtoderfahrungen also lediglich Halluzinationen eines sterbenden Gehirns wären, geprägt von unseren eigenen, sehr unterschiedlichen Werten, warum kommt ein Genussmensch dann nicht zurück und sagt: »Ich habe nicht mehr lange zu leben. Ich muss anfangen, meine Liste der spannenden Dinge abzuarbeiten, die ich gemacht haben will, bevor ich sterbe«? Warum kommt der Leistungsorientierte nicht zurück und sagt: »Ich habe gelernt, dass ich die Schule ernster nehmen und meine Zweien zu Einsen steigern soll«? Sind das nicht die Werte, die viele ihren Kindern einimpfen, sowohl durch ihr Vorbild als auch mit Worten? Wenn wir unsere Kinder vor der Schule absetzen, sagen wir dann nicht eher: »Streng dich mal ein bisschen an, damit das mit der Mathenote noch was wird« statt: »Pass mal ein bisschen auf, dass du andere Kinder nicht verletzt und hab ein bisschen Verständnis für deine überarbeiteten Lehrer; sie brauchen heute vielleicht etwas Ermutigung«?

Wenn Nahtoderfahrungen lediglich nur wieder unsere eigenen Werte propagieren würden, warum deuten dann so viele, die eine solche Erfahrung gemacht haben, an, dass dieses Erleben der Liebe, ihr Leben von Grund auf *verändert* hat? Offensichtlich hatte mitfühlende Aufmerksamkeit für Familie und Freunde vorher keine Priorität in ihrem Leben.

Warum also dieses durchgängige, überwältigende Muster, in dem die Liebe das ist, worauf es wirklich ankommt, egal ob derjenige, der die Nahtoderfahrung macht, ein Kind ist oder ein Erwachsener, ein Fußballer oder eine Mutter von kleinen Kindern, ein Pastor oder ein Marxist, ein Konsument von Partydrogen oder ein akademischer Überflieger?

In meinen Augen passt dieses durchgängige Muster – »mitfühlendes Dienen ist alles, worauf es ankommt« – besser zu der Hypothese, dass Nahtoderfahrungen echte Begegnungen mit der geistigen Realität sind, als zu der naturalistischen Deutung, dass es sich dabei um Schöpfungen des sterbenden Gehirns handelt. Ein indischer Arzt und ehemaliger Agnostiker drückte es so aus: »… ich war skeptisch gegenüber Religion und allem, was nicht als streng wissenschaftlich bezeichnet werden konnte.« Doch er dachte darüber nach und kam zu dem Schluss, dass seine Nahtoderfahrung »nicht in normalen, objektiven Begriffen erklärt werden konnte. Ich durchlief eine positive Persönlichkeitsveränderung. Meine ganze Arroganz löste sich in Luft auf.«[9]

Das Muster der Liebe
Hier lesen Sie, wie Menschen mit einer Nahtoderfahrung aus der ganzen Welt diese Erfahrung in eigene Worte gefasst haben.

Chen aus China
Hintergrund: »Ich glaubte an den Marxismus. Ich bin der Kommunistischen Partei Chinas beigetreten, als ich auf der Universität war, und ich hatte große Ambitionen, als ich einen Job bekam. Ich glaubte fest an den Materialismus und lehnte alles, was auch nur annähernd mit Idealismus zu tun hatte, rigoros ab. Auch an Gott glaubte ich nicht. Aber als ich eine Nahtoderfahrung machte, veränderte mich das vollkommen.«[10]

Auswirkung: »Nach der Nahtoderfahrung ... fing ich an, mir Gedanken um das Leid in der Welt zu machen. Ich kümmere mich nun um andere, die in Not sind ... Ich habe mein Leben mit Liebe erfüllt und bin anderen gern eine Hilfe. Geld und Ruhm sind mir mittlerweile egal.«

Victor aus Russland
Hintergrund: Kein religiöser Hintergrund. Litt früher unter Depressionen, vor allem, weil er Schwierigkeiten hatte, die höhere Schule zu beenden. »Ich sah einfach keinen Sinn mehr in meinem Leben.«

Nahtoderfahrung: »Das Licht war außerordentlich. Darin herrschten Liebe und Frieden. Ich war ganz von Liebe umhüllt und fühlte mich absolut sicher.«

Auswirkung: »Eine unsichtbare Macht hat mir neue Wege eröffnet, die ich gehen muss, etwas, das ich anstreben kann, damit mein Leben nicht umsonst war, und mir gezeigt, dass ich Ziele haben sollte, die sowohl die Bedürfnisse der Menschen um mich herum befriedigen als auch meine eigenen, und dass jeder Tag mit guten und bedeutungsvollen Aktivitäten angefüllt sein sollte.«[11]

Hazeliene aus Singapur
Nahtoderfahrung: »Jemand sprach eine Weile mit mir. Ich hörte zu, und die Stimme kam aus dem Licht. Wissen Sie, was ich fühlte, als ich das Licht sah? Als ich dieses helle Licht sah, spürte ich, dass mich jemand sehr liebte (aber ich habe keine Ahnung, wer). Ich war überwältigt von diesem hellen Licht. Und während ich dort war, spürte ich die Liebe, eine Liebe, wie ich sie noch nie zuvor empfunden hatte. Das Licht nahm

mich sehr herzlich auf und schenkte mir viel Liebe. Bevor ich aufwachte, sagte ich diese Worte zu dem Licht: ›Ich würde gern hierbleiben, aber ich liebe meine zwei Kinder.‹«

»Der Grund, warum ich so überwältigt war? Ich hatte das Gefühl, dass nur das Licht mich jemals geliebt hat und sonst niemand. Allen anderen Leuten fällt nur ein, mich zu schlagen, zu verletzen, zu kritisieren, zu beleidigen und mehr. Niemand hat mir jemals zuvor diese Art von Liebe geschenkt.«

Auswirkung: »Als alleinerziehende Mutter muss ich meine Kinder bedingungslos lieben. Es ist meine Aufgabe, sie gut zu erziehen und armen Menschen zu helfen.«[12]

Suresh aus Indien

Auswirkung: »Ich erkannte, dass Gott Liebe, Licht und Bewegung ist. Und damit ich ihn in mein Herz aufnehmen konnte, musste ich mein Herz und meinen Geist reinigen, indem ich mich bei allen Menschen entschuldigte, mit denen ich in Verbindung stand und mit denen ich Differenzen, Meinungsverschiedenheiten oder Streitereien hatte, oder bei all denen, denen ich wissentlich oder unwissentlich Schmerzen zugefügt hatte. Die Art von Liebe, die ich dort erfahren habe, kann in Worten gar nicht ausgedrückt werden.«

Gülden aus der Türkei
Auswirkung: »Ich begegne Menschen mit mehr Freude. Ich werde kaum noch wütend. Mein Alltag ist voll von Liebe und Frieden. Es macht mir Spaß, Fremden zu helfen.«[13]

Muhammad aus Ägypten
Auswirkung: »Ich spürte, dass Liebe das Einzige ist, was alle Menschen füreinander empfinden müssen. Nur dann können wir glücklich sein.«[14]

Fazit

Es *gibt* ein Muster – ein ausgeprägtes Muster, das Nahtoderfahrungen auf der ganzen Welt durchdringt. Es kommt zwar in einer kulturell bedeutsamen Verpackung daher, aber unabhängig davon, was die früheren religiösen Überzeugungen der Betreffenden waren, welche Prioritäten sie im Leben hatten, welches Bildungsniveau, welche Persönlichkeit oder welchen familiären Hintergrund, sie berichten alle davon, dass sie ihren Körper verlassen haben und in eine andere Dimension gereist sind, wo Zeit und Raum irgendwie verschwunden sind. Wenn sie erst einmal vom Körper getrennt sind, erlebt ihr Geist Bewusstsein auf Steroiden und kommuniziert direkt und mühelos. Ihre Sicht ist unbelastet von den Einschränkungen der Augen, ihr Gehör unbelastet von den Einschränkungen der Ohren. Sie sprechen mit verstorbenen Verwandten, erleben starke Emotionen und kommunizieren mit einem liebevollen Wesen aus Licht. Sie blicken auf ihr Leben zurück und entscheiden, dass Mitgefühl für ihre Begleiter auf der Reise durch das Leben das ist, worauf es wirklich ankommt.

Und sie schwören, dass es kein Traum war. Es war wirklich.

Das Muster bleibt bestehen, und sein Ursprung weist vielleicht auf die Bedeutung des Lebens und den eigentlichen Sinn unserer Existenz hin.

Anhang 2
Zwei neuere Artikel, in denen behauptet wird, die Wissenschaft habe die paranormalen Merkmale von Nahtoderfahrungen erklärt

Kürzlich erschien in der Zeitschrift *Scientific American* ein Artikel, in dessen Untertitel dramatisch angekündigt wurde: »Near-Death Experiences Now Found to Have Scientific Explanations« (»Nahtoderfahrungen können jetzt wissenschaftlich erklärt werden«).[1] Er basiert fast komplett auf einem eher akademisch gehaltenem Artikel aus der Zeitschrift *Trends in Cognitive Sciences* mit dem Titel: »There is nothing paranormal about near-death experiences« (»Nichts ist paranormal an Nahtoderfahrungen«) von Dean Mobbs und Caroline Watt.[2]

In diesen Artikeln wird Folgendes behauptet: Weil einzelne Elemente von Nahtoderfahrungen auch auf andere Weise hervorgebracht werden können als durch den herannahenden Tod, gäbe es keine Notwendigkeit zu behaupten, dass Gott und der Himmel irgendetwas damit zu tun haben. Obwohl ich mich schon in Kapitel 4 mit naturalistischen Argumenten befasst habe, finde ich, dass eine etwas ausführlichere Antwort auf diese Artikel gerechtfertigt ist, weil in den Medien, einschließlich NPR (National Public Radio), BBC, Discovery und Discovery News sowie in bedeutenden internationalen Medien, ausführlich darüber berichtet wurde.[3]

Ich konzentriere mich hier auf den in *Trends in Cognitive Sciences* veröffentlichten Artikel, weil er die Quelle des anderen Artikels ist und die wissenschaftliche Dokumentation enthält.

Beurteilung des Artikels

1. Er impliziert unfairerweise, dass Nahtodforscher die naturalistischen Argumente einfach ignorieren.

»Dieser [Moodys *Life after Life,* dt. *Leben nach dem Tod*] und andere Bestseller haben eine Erörterung der physiologischen Grundlagen für diese Erfahrungen weitgehend unter den Tisch fallen lassen und scheinen paranormalen Erklärungsversuchen Vorrang vor der wissenschaftlichen Aufklärung zu geben.« Das mag für bestimmte populäre Bücher zutreffen, aber alle angesehen Nahtodforscher, die ich gelesen habe, sind sich dieser Argumente sehr wohl bewusst und haben sich eingehend mit ihnen befasst.

Moody beschäftigt sich auf mehreren Seiten von *Life after Life* damit, viele dieser Erklärungen zu prüfen und auszuschließen, die immer wieder veröffentlicht werden, als seien sie neu, einschließlich der pharmakologischen, physiologischen, neurologischen und psychologischen Erklärungsmodelle. Und einige dieser Erklärungsversuche werden auch in diesem Artikel vorgebracht.[4] Alle diese Erklärungen wurden ausführlich getestet und diskutiert und wissenschaftliche Artikel und Literaturbesprechungen wurden zusammen-

gefasst, welche die Ergebnisse jahrzehntelanger Forschung enthalten. Chris Carter untersucht die Erforschung naturalistischer Argumente auf 66 Seiten[5], van
Lommel auf 30 Seiten[6] und Penny Sartori auf 63 Seiten.[7] Greyson, Kelly und Kelly schrieben eine 21 Seiten
lange Literaturbesprechung über diese Erklärungen.[8]
Bezeichnenderweise ergaben sämtliche Bewertungen
dieser Untersuchungen, dass naturalistische Erklärungen unzureichend waren.

2. Er schafft es nicht, relevante Daten aus wissenschaftlich
überprüften Nahtodstudien zu berücksichtigen.
Wenn ein Artikel in einer wissenschaftlichen Fachzeitschrift nicht die eigenen, neuen Forschungsergebnis-
sen darstellt, gehen wir davon aus, dass hier versucht
wird, die relevanten Forschungsergebnisse aus früheren Studien miteinander zu verknüpfen. Doch wenn
Mobbs und Watt für »wissenschaftliche Aufklärung«
stehen möchten, warum haben sie dann den riesigen
Bestand an wissenschaftlichen Forschungsergebnis-
sen, die ihrer These widersprechen, einfach ignoriert?
Warum haben sie die vielen Besprechungen und Artikel, die über den aktuellen Stand der Forschung informieren, überhaupt nicht erwähnt? In einem Interview
erklärt Koautor Watt es so:

»Es gibt eine Kategorie von Artikeln in dieser Zeitschrift,
die sich ›Forum: Science & Society‹ nennt. Diese Arti-

kel sind bewusst so konzipiert, dass sie eine Debatte provozieren. Die ganze Idee hinter dieser Gruppe von Artikeln ... ist nicht zu behaupten, man habe eine umfassende Überprüfung vorgenommen. Es geht beispielsweise nicht darum, einen neuen Beweis für die Überprüfung einer Theorie zu erbringen. Es ist eher so etwas wie eine Stellungnahme, ähnlich wie das Editorial in einer Zeitung, wo Sie ein Argument bringen, das eine Diskussion in Gang setzen oder eine Debatte provozieren soll.«[9]

Leider wird das in dem Artikel selbst nirgendwo erwähnt. Also verstehen ihn Leser auf der ganzen Welt als ernsthaften Versuch, die wissenschaftlichen Forschungen zu diesem Thema zusammenzufassen, und nicht als Stellungnahme, die eine Kontroverse provozieren soll.[10]

3. In ihm wird behauptet, dass es »eine Handvoll wissenschaftlicher Studien zu Nahtoderfahrungen« gibt.
In Wirklichkeit haben in den letzten paar Jahrzehnten mehr als 55 Forscher oder Forschungsteams mehr als 65 Studien zu über 3500 Nahtoderfahrungen veröffentlicht.[11]

4. Er zitiert van Lommels Studie falsch und schreibt ihm einen Fall zu, der darauf hindeutet, dass die Nahtoderfahrung im REM-Schlaf stattgefunden hat.

Van Lommel hat nie ein solches Ereignis beschrieben. In Wirklichkeit weisen van Lommels Forschungsergebnisse nach seinen eigenen Aussagen darauf hin,
dass der REM-Schlaf »nicht für ihre Lebensrückblicke
verantwortlich sein kann«, weil ihre Gehirne nicht
gut genug funktionierten, um Bewusstsein hervorzubringen.[12]

5. Der Untertitel des *Scientific American*-Artikels behauptet
reißerisch, hier würden wichtige neue Informationen zur
Verfügung gestellt:
»Near-Death Experiences Now Found to Have Scientific Explanations« (»Nahtoderfahrungen können jetzt
wissenschaftlich erklärt werden«). Doch er präsentiert
in erster Linie dieselben abgenutzten Hypothesen,
die schon vielfach getestet (und für mangelhaft befunden) wurden. Watts Meinung zu dem ursprünglichen Artikel? »Inhaltlich bietet der Artikel selbst nichts
Neues.«[13]
    (Weil ich in Kapitel 4 auf naturalistische Hypothe-
sen eingegangen bin, verzichte ich hier darauf, auf alle
Erklärungen einzugehen, die von Mobbs und Watt gegeben werden.)[14]

6. In dem Artikel heißt es: »A-priori-Erwartungen, mit denen
Individuen der Situation einen Sinn geben, indem sie davon
ausgehen, dass sie das archetypische Nahtoderfahrungs-

paket erleben werden, könnten auch eine entscheidende Rolle spielen.«

Das ist angeblich ein Zitat aus Blackmores Buch *Dying to Live*, aber es wird nicht angegeben, von welcher Seite. Ich erinnere mich nicht, dass Blackmore jemals so argumentiert hat. In der Tat zitiert sie in *Dying to Live* wohlwollend eine Besprechung der Nahtodliteratur, die zu dem Schluss kommt, dass der »religiöse Hintergrund« einer Person »ihre Chancen, eine Nahtoderfahrung zu machen, nicht beeinflusst«.[15]

In Bezug auf die *Art* von Nahtoderfahrung, die eine Person hat, sagt Blackmore: »Und wieder scheinen demografische Variablen nicht besonders wichtig zu sein … Andere irrelevante Variablen scheinen zu sein: die Kraft der religiösen Überzeugungen, *Vorwissen über Nahtoderfahrungen* [Hervorhebung von mir] …«[16] Abgesehen davon, wie konnten vorherige Erwartungen für die Nahtoderfahrungen verantwortlich sein, die Moody untersucht hatte, bevor praktisch jeder über die üblichen Elemente von Nahtoderfahrungen Bescheid wusste?

7. Er ignoriert die positiven Beweise, die wir in Kapitel 5 vorgebracht haben.

Obwohl der Artikel für sich in Anspruch nimmt zu beweisen, dass »an Nahtoderfahrungen nichts paranormal ist«, schließen die Elemente, die er zur Beweisführung heranzieht, nicht ein, dass Taube hören oder Blinde sehen. Auch wird nicht auf authentische Wahrnehmungen eingegangen. Mobbs und Watt bestätigen diese Angaben nicht einmal. Doch bis diese Aspekte naturwissenschaftlich erklärt werden können, versagt das Argument, wenn es darum geht, paranormale Aktivitäten zu widerlegen.[17]

Wie Dr. Bruce Greyson, Professor für Psychiatrie und Neurologie an der Universität von Virginia, anmerkte:

»Wenn Sie alles, was an Nahtoderfahrungen paranormal ist, einfach ignorieren, ist es leicht, zu dem Schluss zu kommen, dass nichts Paranormales an ihnen zu finden ist.«[18]

Warum dann also der irreführende Titel? Koautor Watt erklärt: »… der Herausgeber hat uns gebeten, den Titel plakativer zu formulieren und ganz bewusst eine Aussage zu machen, die eine Reaktion provoziert. … Ich glaube jedoch, dass es eine Übertreibung ist.«[19]

Und die Übertreibung hat funktioniert. Sie ging offensichtlich um die Welt und hat den Menschen versichert, dass die Wissenschaft Nahtoderfahrungen endlich als ein absolut natürliches Phänomen erklärt hat. Und doch hat sie sich mit den am meisten relevanten Daten nie beschäftigt.

Ich schließe mit einer Betrachtung der reißerischsten Behauptung in diesem Artikel. Hier das Original:

»Dieser und andere Bestseller haben die Diskussion aller physiologischen Grundlagen für diese Erfahrungen weitgehend unter den Tisch fallen lassen und scheinen paranormalen Erklärungsversuchen Vorrang vor der wissenschaftlichen Aufklärung zu geben.«

Nachdem ich mich eine Zeit lang sehr intensiv mit der wissenschaftlichen Literatur zum Thema Nahtoderfahrungen beschäftigt habe, finde ich, dass diese Aussage, etwas umformuliert, meine Gedanken über den Artikel von Mobbs und Watt wiedergeben könnten:

»Dieser Artikel lässt jede ernsthafte Diskussion des riesigen Bestands an wissenschaftlicher Literatur über Nahtoderfahrungen unter den Tisch fallen und scheint höchst spekulativen und oft bereits widerlegten naturalistischen Erklärungen Vorrang vor der wissenschaftlichen Aufklärung zu geben.«

Anhang 3
Befragungen im Freundeskreis, Tipps und Beobachtungen aus meinen ursprünglichen Forschungen

Von den Ergebnissen meiner ursprünglichen Forschungen berichte ich im Hauptteil dieses Buches und in den Fußnoten. Aber das vielleicht Wichtigste, was ich mitgenommen habe, war, dass Skeptiker wie ich den Beweisen oft besser nahekommen, indem sie eigene Interviews machen. Berichte über Nahtoderlebnisse könnten von überall herkommen, aus unserer Nachbarschaft, von Arbeitskollegen, Freunden, Bekannten und Verwandten. Jeder, der das Vertrauen einer signifikanten Gruppe von Menschen hat, sollte in der Lage sein, viele Berichte aus erster Hand zu studieren. Unter Strategie Nr. 1 gebe ich Anregungen für die Durchführung solch persönlicher Interviews.

Strategie Nr. 2 ist nützlich für das Ergänzen von Details, die wir nicht in anderen Forschungsberichten finden. Seit Tausende von Menschen Berichte über ihre Nahtoderfahrungen auf Dr. Longs Website gestellt haben, können wir beispielsweise ermitteln, wie viel Prozent der Menschen mit einer Nahtoderfahrung über Farben in ihren Tunneln berichten.

Strategie Nr. 3 ist für die Erkundung von Sterbebettvisionen und gemeinsamen Nahtod- oder Todeserfahrungen wertvoll, weil Menschen, die in einem Hospiz arbeiten, täglich mit Sterbenden und ihren Familien zu tun haben.

Strategie 1:
Befragungen im Freundeskreis

Wie wir in Anhang 4 noch erörtern werden, unterscheiden sich persönliche Zeugnisse in ihrer Beweiskraft, und zwar in Abhängigkeit von verschiedenen Faktoren, von denen einer unser Maß an Vertrauen ist. Wenn wir noch einmal zu unserer imaginären Untersuchung von Shangri-La zurückkehren, wären wir wohl eher geneigt, den Berichten über dieses ferne Land Glauben zu schenken, wenn sie von vertrauenswürdigen Verwandten und Freunden kommen, als wenn Fremde uns so etwas erzählen würden.

Kein Wunder also, dass Dr. Sabom »Das glaube ich nicht« sagte, als er zum ersten Mal von Moodys Interviews hörte. Immerhin kannte Sabom Moody nicht persönlich. Und auch von den Menschen mit einer Nahtoderfahrung, die Moody interviewt hatte, kannte er keinen. Außerdem hatte ihm keiner seiner eigenen Patienten jemals von einer so erstaunlichen Erfahrung berichtet. Aber als Sabom die Herausforderung annahm und eigene Patienten befragte, stellte er schockiert fest, dass viele von ihnen eine Nahtoderfahrung gemacht hatten. Seine eigenen Patienten über einen gewissen Zeitraum persönlich zu befragen, machte einen Gläubigen aus ihm.

Aber warum sollte ich Sabom vertrauen? Zugegeben, er arbeitete mit einem Team von Fachleuten in renommierten Krankenhäusern, und seine Artikel wurden in wissenschaftlichen Fachzeitschriften veröffentlicht, er verdiente also einen gewissen Vertrauensvorschuss. Ferner konnte ich einigermaßen sicher sein, dass er sich aus den ihm geschilderten Erfahrungen nicht die Rosinen herauspicken würde, die zu Moodys Schilderungen passten. Immerhin bestritt er, dies zu tun, und wenn er es doch tat, konnten seine medizinischen Kollegen immer versuchen, seine Erkenntnisse zu replizieren. Es ist riskant, gefälschte Forschungsergebnisse in wissenschaftlichen Fachzeitschriften zu veröffentlichen, vor allem, wenn man an einer angesehenen Institution wie der Emory Medical School unterrichtet.

Dennoch kenne ich weder Sabom noch seine Patienten persönlich. Die Beweiskraft von Zeugenaussagen nimmt in dem Maße zu, in dem ich demjenigen vertraue, der sie macht. Meiner Ansicht nach kann das Problem der Fremdheit am besten dadurch gelöst werden, dass wir vertrauenswürdige Personen aus unserem eigenen Umfeld befragen, die eine solche Erfahrung gemacht haben. Hier schildere ich, wie ich mich auf die Suche nach ihnen gemacht habe und wie andere dies in ihrem Bekanntenkreis ebenfalls tun können.

Menschen mit einer Nahtoderfahrung finden,
denen Sie vertrauen können

Erstens: Erzählen Sie Ihren Freunden und Verwandten (denen mit gesundem Menschenverstand und vertrauenswürdigem Charakter), dass Sie paranormale Erfahrungen untersuchen und auf der Suche nach vertrauenswürdigen Berichten sind. Fragen Sie, ob sie irgendwelche derartigen Erfahrungen gemacht haben, ob sie Visionen hatten, Gott gehört haben oder wussten, dass ein Freund gestorben war, bevor sie offiziell darüber informiert wurden, oder ob sie in einer medizinischen Extremsituation ihren Körper verlassen haben. Ein großes Netz nach allen möglichen paranormalen Erfahrungen auszuwerfen, bewahrt Sie davor, sich nur die Erfahrungen herauszupicken, die Moodys Elementen entsprechen.

Zweitens: Fragen Sie, ob diese Personen Freunde oder Verwandte kennen (ihr engerer Kreis), die solche Erfahrungen gemacht haben könnten. Die meisten Menschen, die ich befragt habe, hatten entweder selbst eine solche Erfahrung gemacht oder kannten jemanden, der sie gemacht hatte und dem sie vertrauten.

Die Befragungen durchführen

Befragen Sie diese Menschen persönlich und erklären Sie ihnen im Vorfeld, dass Sie ihre Namen nicht veröffentlichen werden. Das macht es wahrscheinlicher, dass sie sich öffnen und über eine Erfahrung sprechen, die sie vielleicht nur ungern teilen. Und diejenigen, die Aufmerksamkeit suchen, hält es davon ab, Dinge zu erfinden, um berühmt zu werden.

Zunächst lassen Sie sie einfach über ihre Erfahrung sprechen, ohne sie zu unterbrechen, denn Sie wollen die Geschichte ja in keiner Weise beeinflussen. Nach dieser ersten Schilderung gibt es wahrscheinlich noch viel mehr, das ans Licht geholt werden will. Wie wir gesehen haben, haben Menschen in der Regel sehr lebhafte Erinnerungen an ihre Nahtoderfahrungen und können interessante Details auch durchaus wiedergeben. Daher sind hier ein paar Fragen, die Sie anschließend stellen können (die Befragten werden hier mit dem vertrauten Du angesprochen; wenn Ihnen das unpassend erscheint, können Sie es entsprechend anpassen; Anm. d. Übers.):

- Waren deine Aufmerksamkeit und deine Bewusstheit etwa wie normal, schlechter als normal oder besser als normal? Kannst du es beschreiben?
- War dein Seh- und Hörvermögen schlechter als normal, besser als normal oder etwa wie normal? Kannst du es beschreiben?
- Beschreibe deine Gefühle während der Erfahrung.

- Hast du einen Tunnel erlebt oder ein Licht?
- Hat sich die Zeit beschleunigt oder verlangsamt?
- Hat das Erlebnis mittendrin aufgehört oder hatte es einen Schluss?
- Ist deine Erinnerung an das Ereignis normal oder besser als deine normale Erinnerung?
- Hat es dein Leben in irgendeiner Weise verändert?
- Hast du schon ähnliche Erlebnisse gehabt?
- Glaubst du, es war wirklich? Oder war es nur ein lebhafter Traum?

Schlussfolgerungen

1. Meine persönlichen Befragungen haben bestätigt, dass die Erfahrungen, über die von Forschern berichtet wurde, dieselben Elemente enthalten wie die Berichte aus meinem näheren Umfeld.

2. Persönliche Interviews können sehr überzeugend sein. Mimik und Tonfall unterstreichen ihre Authentizität. Diejenigen, die ich befragt habe, glaubten wirklich, dass sie auf der anderen Seite waren.

3. Die Erfahrung ist in der Tat sehr weitverbreitet. Die meisten meiner Freunde und Verwandten hatten entweder selbst ein solches Erlebnis oder kannten jemanden, dem sie vertrauten und der eines hatte. Ich bekam ohne Probleme ein Dutzend Berichte über Nahtoderfahrungen und Sterbebettvisionen, indem ich etwa

15 meiner Freunde und Verwandten fragte. Da ich einen großen Kreis von Freunden und Bekannten habe, die mir vertrauen, war dieser Ansatz für mich vielleicht fruchtbarer als er für eine Person wäre, die nur wenige enge Beziehungen hat.

4. Mehr als eine der von mir befragten Personen lieferte Beweise, die später bestätigt wurden.

Beispielsweise erzählte Bucky von einer Nahtoderfahrung, die er mitten in der Nacht machte, und zwar zu genau der Zeit, zu der sein Vater Hunderte von Kilometern entfernt starb. Dieser Bericht erfordert Ihr Vertrauen, liebe Leser, weil Sie meine Verwandten und mich vermutlich nicht persönlich kennen; aber für mich, der ich Bucky und die anderen kenne, die dieses Timing bestätigen können, ist er ein einzigartiger Beweis dafür, dass wir während einer Nahtoderfahrung wirklich mit einer Realität außerhalb unseres Gehirns in Berührung kommen. Dies unterstreicht die Beweiskraft von Befragungen im Kreis vertrauter Menschen.

Strategie 2:
Mit Dr. Longs NDERF-Website arbeiten

Tausende von Menschen mit einer Nahtoderfahrung teilen ihre Erlebnisse auf dieser Website mit. Die Stärken und Schwächen dieses Ansatzes habe ich bereits dargelegt, aber er gibt jedermann freien Zugang zu einer großen Anzahl von vollständigen Berichten, die zu Forschungszwecken verwendet werden können.

Erstens wollte ich Nahtoderfahrungen daraufhin untersuchen, ob sie durchgängig ein richtiges Ende hatten, statt mittendrin abrupt abgebrochen zu werden. Um dies herauszufinden, begann ich mit den jüngsten Berichten und arbeitete mich fortlaufend rückwärts durch 50 Berichte (um zu verhindern, dass ich mir nur die Berichte herauspickte, die meine Hypothese bestätigten). (Fall Nr. 3089 [21.7.12] bis Fall Nr. 3139 [9.9.12]. Einen Bericht warf ich raus, obwohl er nicht im Widerspruch zu meiner Hypothese stand, weil darin der Titel eines Buches erwähnt wurde, das die Frau geschrieben hatte, von der dieser Bericht stammte. Das gab ihr möglicherweise ein Motiv, ihre Geschichte entsprechend auszuschmücken. Ansonsten wäre es, weil in den Berichten keine Namen genannt wurden, nicht besonders befriedigend für die nach Aufmerksamkeit Suchenden gewesen, fiktive Erlebnisse aufzuschreiben und eine lange Liste von Fragen zu beantworten.)

Die Ergebnisse:

• Ich fand keine Berichte über Nahtoderfahrungen, die abrupt endeten.

• 27 hatten ein eindeutiges Ende, das in der Regel auf eine Diskussion über die Notwendigkeit ihrer Rückkehr folgte. Oder die Betreffenden wussten irgendwie, dass sie zurückkehren und nicht über die Grenze gehen sollten.

• 23 kehrten am Ende der Erfahrung einfach zurück. Nichts wurde unterbrochen, aber es gab auch keine Entscheidung zurückzukehren.

Zweitens wollte ich sehen, ob es *ein* Muster sowohl für westliche als auch für nicht westliche Nahtoderfahrungen gab. Dafür schaute ich mir die Zusammenfassungen von mehr als 3000 Berichten über Nahtoderfahrungen an und erstellte eine vollständige Kopie von jedem Bericht, der aus einer nicht westlichen Kultur kam und nicht stark vom Christentum beeinflusst war. Ich fand 56 solcher Berichte aus zwölf verschiedenen Ländern. Ich sammelte sie in einer Datei, untersuchte sie und kam zu dem Schluss, dass das Muster tatsächlich bestätigt wurde, wie ich in Anhang Nr. 1 ausführlich dargelegt habe.

Drittens wollte ich sehen, ob Berichte über mythologische Kreaturen und Menschen, die immer noch auf der Erde leben, wie sie von Keith Augustine zitiert werden, einen signifikanten Prozentsatz ausmachen. Ich fand in den über 100 Fällen (50 weltweit und 56 nicht westliche), die ich untersucht habe, keinen solchen Bericht. Daher schreibe ich solche Berichte folgenden möglichen Verursachern zu: a) Halluzinationen, die bestimmte Merkmale einer Nahtoderfahrung imitieren, b) Halluzinationen, die mit Nahtoderfahrungen verwechselt werden, weil die Betreffenden das Bewusstsein mehrmals verlieren und wiedererlangen, c) Fehlern oder Fälschungen in der Berichterstattung oder d) wahnhaften Individuen.

Strategie 3:
Die Befragung von Betreuern, die schon lange in einem Hospiz arbeiten
Nachdem ich Moodys Buch über gemeinsame Nahtoderfahrungen gelesen und ein solches Erlebnis in meinem eigenen Umfeld ausfindig gemacht hatte, wollte ich sehen, ob ich noch mehr Berichte über gemeinsame Todeserfahrungen finden könnte. Sie liefern nämlich bessere Beweise, weil es mehrere Augenzeugen dafür gibt. Diese Untersuchung ist noch nicht abgeschlossen, aber wenn es so weit ist und ich etwas von Bedeutung gefunden habe, werde ich die entsprechenden Daten veröffentlichen. Kennen Sie jemanden, der als Betreuer in einem Hospiz arbeitet? Vielleicht können Sie diese Person befragen.

Anhang 4
Aber sind die Beweise auch
wissenschaftlicher Natur?

Moodys Nahtodstudien überzeugten ihn, dass Menschen, die ein Nahtoderlebnis haben, ihren Körper verlassen und das Leben in einer anderen Dimension erfahren. Also verwirrt es mich ein wenig, wenn er gelegentlich die wissenschaftliche Natur der Beweise leugnet:

»Es gibt ein Problem mit Berichten über Nahtoderfahrungen. Wie es im Moment aussieht, liefern sie nur anekdotische Beweise. Es war nicht möglich, sie wissenschaftlich zu duplizieren oder auf einer Ebene zu studieren, die ihnen näher ist als das, was wir ›mündliche Überlieferung‹ nennen könnten. Solange das Phänomen Nahtoderfahrung nicht dupliziert werden kann, kann die Wissenschaft diese Geschichten nicht als Beweis für irgendetwas akzeptieren, das Menschen passiert, die beinahe sterben.«[1]

Normalerweise waren die Wissenschaftler, die ursprünglich Nahtodforschungen betrieben, äußerst vorsichtig und bezeichneten ihre Schlussfolgerungen nur als vorläufig. Klug und bedacht versuchten sie, die Diskussion eher auf einem wissenschaftlichen als auf einem hysterischen Niveau zu führen. Statt also in einem professionellen Artikel für eine Fachzeitschrift zu schreiben: »Offensichtlich kann der Geist unabhängig vom Gehirn existieren«, kamen sie zu einem viel bescheidenerem Schluss: »Diese Ergebnisse scheinen Konsequenzen für die Diskussion von Geist-Körper-Themen zu haben.« Moody war in dieser Beziehung besonders bescheiden.[2]

Doch für diejenigen, die Beweise für die Existenz Gottes und des Himmels suchen, ist es wichtig, die Art und Qualität der Beweise zu klären, die Nahtoderfahrungen zur Verfügung stellen. Fragen wie die folgenden werden in der Nahtodforschung nicht oft geklärt:

- In welcher Hinsicht ist der Beweis wissenschaftlich?
- Ist ein wissenschaftlicher Beweis der einzige legitime Beweis?
- Können Berichte von Patienten als Beweis dienen, oder sollten sie als »bloße Anekdoten« abgetan werden?

Teilweise kann die Vernachlässigung dieser grundlegenden Fragen mit der Tatsache erklärt werden, dass viele dieser Untersuchungen von Ärzten betrieben werden. Sie sind darin geschult, Beweise durch die spezielle Linse der medizinischen Wissenschaft zu sehen und neigen dazu, »wissenschaftliche Erkenntnisse« in Bezug auf groß angelegte klinische Doppelblindstudien zu definieren – eine sehr spezifische und begrenzte Anwendung der wissenschaftlichen Methode. Vielleicht ließen sich Wesen und Bedeutung von Nahtoderfahrungen eher klären, wenn man sie aus dem Blickwinkel anderer Wissenschaftszweige und anhand rechtmäßiger Beweise betrachten würde.

1. Müssen Ereignisse wiederholbar sein, damit man sie als wissenschaftlich bezeichnen kann?

In der Medizin kann Wiederholbarkeit sehr wichtig sein. Wenn Mary 1000 mg Vitamin C nimmt und später behauptet, das habe sie von ihrer Erkältung geheilt, werden Wissenschaftler mit Recht darauf bestehen, dass diese Behauptung erst dann allgemeingültig ist, wenn dieser Effekt auch in einer großen Gruppe von Patienten unter kontrollierten Bedingungen zu beobachten ist, wenn er also wiederholbar ist.[3]

Doch Wiederholbarkeit ist in manchen Wissenschaftszweigen überhaupt nicht möglich, etwa in der Kosmologie. Versuchen Sie einmal, den »Urknall« in Ihrem Labor nachzustellen. Abgesehen davon, dass dies extrem schwierig ist, würden die meisten Menschen es auch für ziemlich gefährlich halten. Doch obwohl der Urknall nicht wiederholbar ist, können wir Daten sammeln (etwa indem wir ein sich ausdehnendes Universum beobachten und Strahlung registrieren, die offenbar ursprünglich auf den Urknall zurückgeht) und daraus auf die beste Erklärung schließen (das wird auch

Abduktion genannt). Und ja, Wissenschaftler halten das für wissenschaftlich, auch wenn wir den Urknall nicht wiederholen können.[4]

Erlauben Sie mir, dies zu illustrieren. Ich glaube fest daran, dass meine Frau und ich am 2. Juni 2001 in einer Zeremonie in Illinois getraut wurden. Zugegeben, ich habe keine wissenschaftlichen Beweise dafür, dass dieses Ereignis stattgefunden hat, jedenfalls nicht nach der strengen Definition von »wissenschaftlich«, die Wiederholbarkeit erfordert. Selbst wenn wir die Zeremonie in einem Labor nachstellen würden, wäre mit dieser Wiederholung nicht bewiesen, dass eine ähnliche Veranstaltung im Jahr 2001 stattgefunden hat.

Und doch glaube ich, dass ich geheiratet habe, weil es sehr starke *historische* Beweise dafür gibt. Obwohl Bilder manipuliert werden können und man auch falsche Papiere bekommen kann, wenn man die richtigen Leute besticht, ist es Tatsache, dass ich erstens eine starke Erinnerung an das Ereignis habe, und dass es zweitens von meiner Frau und anderen vertrauenswürdigen Teilnehmern an der Zeremonie bestätigt wird. Außerdem hat diese Erfahrung drittens mein Leben dramatisch verändert, und diese Veränderungen machen sich bis zum heutigen Tag bemerkbar.

Lassen wir jetzt mal meine Hochzeitsbilder und die Heiratsurkunde weg. Die restlichen Beweise dafür, dass ich verheiratet bin, kommen den Beweisen, die wir für eine *gemeinsame* Nahtoderfahrung gefunden haben, sehr nah. Mehrere zuverlässige Leute waren anwesend und können bezeugen, dass sie die Erfahrung (Begleitung der Person durch einen Tunnel etc.) auch gemacht haben. Außerdem berichten diese Menschen, dass die Erfahrung auch ihr Leben im Laufe der Zeit verändert hat. In diesem Fall können die historischen Beweise recht überzeugend sein.

Was will ich damit sagen? Wiederholbarkeit ist keine Voraussetzung für einen ausreichenden Beweis. Während Wiederholbarkeit nicht beweisen kann, dass ich verheiratet bin, kann ich Ihnen versichern, dass ich verheiratet bin. Und wenn Sie mir nicht glauben, fragen Sie meine Frau.

In anderer Hinsicht sind Nahtoderfahrungen durchaus wiederholbar. Im Gegensatz zum Urknall finden sie nämlich unter vorhersehbaren Umständen statt. Somit können Nahtoderfahrungen aus der Vergangenheit mit Patienten repliziert werden, die aktuell eine solche Erfahrung gemacht haben, und die Ergebnisse können mit früheren Studien abgeglichen werden. Es ist zwar nicht praktisch (geschweige denn moralisch korrekt), Herzstillstände herbeizuführen, damit man Nahtoderfahrungen untersuchen kann, aber genügt es nicht, beispielsweise die 20 Prozent der Herzstillstandpatienten, die von einer Nahtoderfahrung berichten, wissenschaftlich zu untersuchen und aus den so gewonnenen Daten auf die beste Erklärung zu schließen? Immerhin liegen viele Probanden prospektiver Nahtodstudien auf einem OP-Tisch, wo sie während ihrer Nahtoderfahrung von medizinischem

Personal sorgfältig überwacht und beobachtet werden können.

Da natürliche Nahtoderfahrungen regelmäßig auftreten, stehen sie für unsere Beobachtungen und Untersuchungen auf prospektiver Basis zur Verfügung. In diesem Sinne sind sie in der Tat wiederholbar.

2. Sind die Beweise rein anekdotisch?

Was ist »anekdotisch«? Eine Definition
Das Wort »anekdotisch« wird zwar auf unterschiedliche Weise verwendet, aber in diesem Kontext bedeutet es in der Regel: »… ein Beweis, der für minderwertig gehalten wird, weil er sich auf persönliche Berichte verlässt, die auf nicht viel mehr als Hörensagen hinauslaufen.«[5]

Manchmal hat man den Eindruck, es sei sozusagen die Natur der Wissenschaft, sich mit Fakten und Forschung zu beschäftigen und eben nicht mit persönlichen Berichten, so als hätten persönliche Berichte bei der Suche nach wissenschaftlichen Beweisen überhaupt nichts verloren. Dass dies stark übertrieben ist, wird deutlich, wenn wir feststellen, dass sich Studien zur Wirkung verschreibungspflichtiger Medikamente (etwa Schmerzmittel) oft sehr stark auf Berichte verlassen, in denen Patienten schildern, was sie nach Einnahme des Medikaments erlebt haben.

Die Wissenschaft und persönliche Berichte

Nahtodforscher untersuchen viele Facetten des Phänomens und bedienen sich dabei wissenschaftlicher Ansätze wie:

• Forschung auf dem gegenwärtigen Stand der wissenschaftlichen Erkenntnisse darüber, was während eines Herzstillstands oder einer Vollnarkose im Gehirn vor sich geht.
• Untersuchung des Patienten zur Abklärung möglicher psychiatrischer Probleme.
• Überwachung des Bewusstseins mittels Blutdruckmessung, EEG etc.
• Überprüfung naturalistischer Hypothesen mit Blutuntersuchungen zur Entdeckung von Hyperkarbie oder Sauerstoffmangel.
• Begutachtung diverser Gruppen von Menschen zur Überprüfung des möglichen Einflusses von Kultur und persönlicher Erwartungen.
• Das Formulieren von Standardfragen, die einer Reihe von Patienten gestellt werden, um zu ermitteln, ob frühere Überzeugungen über das Jenseits, das jeweilige Bildungsniveau etc. das Auftreten oder den Inhalt einer Nahtoderfahrung beeinflussen könnten.

Einige dieser Ansätze beinhalten in der Tat, dass Patienten gebeten werden, ihre Erfahrungen zu beschreiben, aber wenn das nach wissenschaftlichen Standards erfolgt, ist es alles andere als Hörensagen. In der Tat gehören Patientinnen und Patienten zu den wichtigsten Werkzeugen, die Ärzte verwenden, um Krankheiten genau zu diagnostizieren.

Vieles von dem, was viele Menschen für wissenschaftliche Erkenntnisse halten, ist *weniger* zuverlässig als eine Zeugenaussage. Nehmen wir ein konkretes Beispiel aus der forensischen Wissenschaft. Sie untersuchen einen Mord. Sie finden einen Handschuh und ein Haar im Auto des Opfers. Sie machen einen DNA-Test und finden heraus, dass die DNA des Haars mit der des Angeklagten übereinstimmt. Haben Sie damit wissenschaftlich *bewiesen*, wer das Opfer ermordet hat? Nein. Wenn nun zwei respektable Augenzeugen (aufrechte Bürger ohne offensichtliche Hintergedanken) aussagen, dass sie gesehen haben, wie der wahre Mörder das Haar auf den Handschuh gelegt hat, dann kann die Zeugenaussage den Beweis, der mit dem »wissenschaftlicheren« DNA-Test ermittelt wurde, hinfällig machen.

Persönliche Zeugnisse können also starke Beweise liefern, die zur Verurteilung von Verbrechern führen, uns über die Nebenwirkungen von Medikamenten aufklären und Ärzten helfen, bestimmte Krankheiten zu diagnostizieren. Wenn es nun um die Untersuchung von Nahtoderfahrungen geht, sollte das Zeugnis derer, die eine solche Erfahrung gemacht haben, nicht *von vornherein* abgelehnt werden. Vielmehr sollte unterschieden werden zwischen schwachen und starken Zeugnissen und dem, was man über überzeugende Berichte nur vom Hörensagen weiß.

Moodys Studie

In *Leben nach dem Tod* sammelte Moody Berichte von 150 Menschen, die eine Nahtoderfahrung gemacht hatten, und beschrieb verschiedene Elemente, die in Nahtoderlebnissen immer wieder auftauchen (Tunnel, Begegnung mit verstorbenen Angehörigen, das Erreichen einer Grenze oder Schranke etc.). Obwohl seine Studie nach eigenen Aussagen nicht streng wissenschaftlich war, war es ihm dank seines medizinischen und philosophischen Hintergrunds möglich, sich Gedanken über mögliche Erklärungen für das Phänomen zu machen. Durch seine informellen Befragungen und dadurch, dass er häufig vorkommende Elemente herausstellte, leistete er einen wichtigen Beitrag und motivierte andere Wissenschaftler, Nahtoderlebnisse auf strengere und kontrolliertere Weise zu untersuchen.

Skeptiker könnten sich bei der Lektüre von *Leben nach dem Tod* mit Recht folgende Fragen sollten:

• Warum hat er keine vollständigen Interviews präsentiert? Hat er sich die Rosinen herausgepickt, sprich, nur die Teile herausgestellt, die ihn fasziniert haben und die genau zu seinen Merkmalen für Nahtoderfahrungen passten?
• Hat er sich seine Interviewpartner danach ausgesucht, ob sie in etwa das erlebt hatten, was er näher untersuchen wollte, und sich diejenigen, die etwas völlig anderes erlebt hatten, gar nicht angehört?

- Wenn Menschen behaupteten, bestimmte Dinge gesehen zu haben, während sie nicht bei Bewusstsein waren, sind diese Behauptungen dann später bestätigt worden?
- Waren Menschen erst so lange nach dem eigentlichen Erlebnis dazu befragt worden, dass sie es bereits vergessen oder angefangen hatten, es auszuschmücken?

Alles in allem, obwohl Moody uns einen unschätzbaren Dienst erwiesen hat, indem er Millionen von Menschen auf ein faszinierendes Phänomen aufmerksam gemacht hat, führten seine informellen Methoden und seine lockere Art der Darstellung dazu, dass viele sagten: »Nicht sehr wissenschaftlich, größtenteils anekdotisch.«

Saboms Studie

Sabom glaubte Moodys Behauptungen tendenziell nicht und überprüfte sie, indem er seine eigene prospektive Studie durchführte. Die Beweiskraft der Berichte, die er sammelte, wurde auf verschiedene Weise gestärkt.

- Er interviewte die Betreffenden so schnell wie möglich nach dem Ereignis, oft noch im Krankenhaus.
- Er prüfte die Krankenakten und befragte die Patienten persönlich, um psychiatrische Probleme auszuschließen.

• Er verifizierte die Behauptungen über wahrheitsgetreue Wahrnehmung mithilfe einer Kontrollgruppe
(Können Patienten die Einzelheiten ihrer Wiederbelebung möglicherweise erraten?), anhand von Krankenakten, durch Befragung von Familienmitgliedern sowie
anwesenden Ärzten und Krankenschwestern.
• Er zog auch in Betracht, dass die Betreffenden beim
Erzählen über ihre Erfahrung möglicherweise Hintergedanken hatten. Berichten sie ein bisschen zu bereit-
willig davon? Suchen sie Aufmerksamkeit?

Van Lommels Studie

Van Lommel führte seine Interviews ähnlich wie Sabom
durch, aber zusätzlich befragte er seine Probanden nach
zwei und acht Jahren erneut, um festzustellen, ob sich
ihre Berichte geändert hatten (durch Ausschmückung
oder mangelhafte Erinnerungen). Das war nicht der
Fall. Damit konnte festgestellt werden, dass die Erinnerungen an Nahtoderfahrungen unverändert bleiben. Dieser Befund wurde in anderen Studien repliziert.[6]

Ist es wahrscheinlich, dass Menschen mit einer Nahtoderfahrung Dinge erfinden? Viele Forscher weisen
darauf hin, dass Menschen nach einem Nahtoderlebnis entscheidende Veränderungen in ihrem Leben vor-
nehmen, was bei der Kontrollgruppe aus Menschen,
die zwar einen Herzstillstand, aber kein begleitendes
Nahtoderlebnis hatten, nicht der Fall ist.[7] Warum sollte

sich ihr ganzes Leben aufgrund einer Erfahrung ändern, die sie selbst herbeigeführt hatten?

Außerdem erlebten Forscher Personen, die eine Nahtoderfahrung gemacht hatten, als sehr zurückhaltend, wenn es darum ging, ihre Geschichten zu erzählen, weil sie fürchteten, für geisteskrank gehalten zu werden.[8] Es scheint für sie weniger Vorteile als Nachteile zu haben, besonders wenn die Forscher ihnen kein Geld bieten und wenn es auch keine anderen Anreize gibt, etwa die Möglichkeit, auf diese Weise bekannt zu werden.

Jeffrey Longs Studie

Dr. Jeffrey Long führte seine Interviews anonym auf seiner Website durch. Dieser Ansatz schmälert die Beweiskraft der Berichte in gewisser Weise:

• Wenn Menschen mit einer Nahtoderfahrung behaupten, dass sie wahrheitsgetreue Wahrnehmungen hatten und etwa bestimmte Ereignisse in der Klinik gesehen haben, die andere angeblich bestätigen können, müssen wir uns auf ihr Wort verlassen, denn aus meiner Sicht gibt es keine Anzeichen dafür, dass Dr. Long versucht hat, diese Aussagen zu verifizieren.

• Manche erfinden vielleicht ein Nahtoderlebnis, nur so aus Spaß.

Aber anonyme Umfragen haben erwiesenermaßen auch Vorteile.

- Viel größere Gruppen können befragt werden, was zu aussagekräftigeren statistischen Ergebnissen führt.
- Redundante Fragen (ähnlich lautende Fragen mit derselben Bedeutung) zu stellen, kann helfen, falsche Berichte auszusondern.
- Menschen, die nie von Angesicht zu Angesicht über eine Nahtoderfahrung sprechen würden, berichten vielleicht eher anonym auf einer Website darüber. Es ist auf diese Weise einfacher, Menschen aus der ganzen Welt zu befragen und vielfältige Beispiele aus unterschiedlichen Kulturen zu bekommen.
- Weil alle dieselben Fragen beantworten, ist es viel unwahrscheinlicher, dass der Interviewer die Leute (bewusst oder unbewusst) dazu bringt, nur bestimmte Antworten zu geben.
- Jeder kann die Fragen lesen und beurteilen, ob sie klar und fair formuliert sind. Anonym zu sein ist kein Anreiz, um Aufmerksamkeit zu bekommen (etwa der erste Schritt in Richtung eines Interviews für ein Magazin oder eine Talkshow).

Wer mit den früheren Forschungen nicht vertraut ist, mag Dr. Longs Studie für wertlos halten, da seine Statistiken auf weitgehend unbestätigten Berichten basieren. Doch diejenigen, die sich mit früheren prospektiven Studien auskennen, haben gute Gründe, solchen

Berichten zu vertrauen, weil sie eingesehen haben, dass es sich bei Nahtoderlebnissen um legitime Erfahrungen handelt, über die Menschen in der Regel nur ungern sprechen, deren Aussagen sich aber im Laufe der Zeit nicht ändern, weswegen es wenig Anreiz gibt, Lügen darüber zu verbreiten.

Faktoren, die beim Einschätzen der Beweiskraft von persönlichen Zeugnissen eine Rolle spielen

Vor Gericht kann ein persönliches Zeugnis als Hörensagen abgelehnt oder als beweiskräftig genug erachtet werden, um die Geschworenen zu beeinflussen. Was macht den Unterschied aus und wie können diese Faktoren auf die Bewertung von Nahtoderfahrungen angewandt werden? Hierbei sind einige Faktoren zu berücksichtigen:

- Normalerweise sind neuere Erinnerungen glaubwürdiger als ältere.

  Diejenigen, die etwas zu verlieren haben, wenn sie ihre Geschichte erzählen, sind glaubwürdiger als jene, die einen Gewinn daraus ziehen wollen.

- Augenzeugenberichte sind glaubwürdiger als Zeugnisse aus zweiter Hand (Hörensagen).

- Erinnerungen an Ereignisse, die man nicht so leicht vergisst, sind glaubwürdiger als Erinnerungen, die schnell dahinschwinden oder sich im Laufe der Zeit verändern. (Fragen Sie mich nicht, was jemand auf der und der Party anhatte. Ich habe in der Regel keine Ahnung.)

• Berichte aus vertrauenswürdigen Quellen (die als zurechnungsfähig und zuverlässig erachtet werden) sind glaubwürdiger als jene aus fragwürdigen Quellen.

• Mehr Zeugen sind glaubwürdiger als weniger Zeugen.

• Bestätigte Zeugnisse sind glaubwürdiger als unbestätigte.

• Gleichbleibende Befragungsmethoden sind glaubwürdiger als wahllos gestellte Fragen.

• Nachvollziehbare Untersuchungen und Berichterstattungen sind glaubwürdiger als die Erforschung einzelner Vorfälle. (Beispielsweise arbeitete Dr. Sabom mit dem Psychiater Dr. Kreutziger zusammen und führte seine Befragungen in namhaften Kliniken und in Anwesenheit anderer Fachleute durch. Dr. van Lommel hat seine Studie in angesehenen Kliniken mit einem Team durchgeführt. Dr. Penny Sartori forschte unter der Aufsicht von zwei angesehenen Akademikern und assistiert von Ärzten und Krankenschwestern auf einer Intensivstation. Die Ergebnisse dieser Forschungen wurden in wissenschaftlichen Fachzeitschriften veröffentlicht.)

Fazit zum Thema anekdotische Beweise

Persönliche Interviews werden in der Wissenschaft ausgiebig genutzt. Doch wie bei allen Daten müssen wir vorsichtig sein und die wissenschaftlich ausgewerteten Interviews von jenen unterscheiden, die auf kaum mehr als Hörensagen hinauslaufen (anekdotische). Nahtodforscher sollten ihre Interviews von Fall zu Fall auswerten und mitsamt der sie begleitenden Daten auf ihre Beweiskraft hin überprüfen.

Ich glaube, dass die Dominanz medizinischer Fachleute, die Nahtodforschungen betreiben, zu Schwächen bei der Beurteilung der Beweiskraft des Erforschten führen kann. Ich würde sagen, dass Wissenschaftler aus anderen Fachgebieten viel Wertvolles beitragen könnten, indem sie Nahtodforschungen aus der Perspektive ihres Spezialgebiets bewerten. Besonders gern würde ich Input von Experten in Rechtswissenschaften und Philosophie sehen.

3. Ist das Heraufbeschwören spiritueller Realitäten wie Gott und Himmel nicht wieder nur ein Fall eines »Lückenbüßer-Gottes«?

In der Geschichte der Wissenschaft haben Menschen immer wieder Prozesse oder Ereignisse beobachtet, für die es keine wissenschaftliche Erklärung gab, und daraus gefolgert: »Gott muss sie verursacht haben.« Wenn die Wissenschaft den Prozess später zur Beschämung der theoretisierenden Theisten erklären konnte, kam der »Lückenbüßer-Gott« ins Spiel, und zwar basierend auf der Annahme, dass Lücken in unserem wissenschaftlichen Wissen mit Gott gefüllt werden müssen.

Beispiel: Letzten Sommer besuchte ich eine Höhle und sah einen spiralförmigen Stalaktiten, der sich derzeit jeder wissenschaftlichen Erklärung entzieht. Da die Schwerkraft die Wassertropfen konsequent in Richtung Erdmitte zieht, sollten die sich ablagernden Mineralien aus den Tropfen Stalaktiten bilden, die gerade nach unten weisen und eben nicht spiralförmig. Hätte ich der Frau, die uns durch die Höhle führte, gesagt, dass dies von Gott geschaffen sei, hätte sie mich zu Recht dafür rügen können, dass ich den »Lückenbüßer-Gott« ins Spiel gebracht hatte.

Aber bei Nahtoderfahrungen liegt der Fall anders als bei spiralförmigen Stalaktiten. Nahtodforscher berufen sich in der Regel nicht auf die Existenz Gottes als *Ursache* für etwas, das sich der wissenschaftlichen Erklärung entzieht. Tatsächlich herrscht unter Forschern tendenziell Verwirrung darüber, was das Ereignis auslöst. Forschungen haben gezeigt, dass es umso wahrscheinlicher ist, dass ein Patient eine Nahtoderfahrung macht, je näher er dem Tod ist.[9] Doch darüber, ob sie von einem physischen Ereignis (etwa einem Ereignis im Gehirn, das in der Regel in Todesnähe auftritt und vielleicht eine »Tür« zur anderen Seite öffnet) oder etwas (oder jemand) von der anderen Seite ausgelöst wird, können die Forscher im Moment nur vage Vermutungen äußern.

Anstatt sich willkürlich auf die Existenz Gottes als *Ursache* für die Nahtoderfahrung zu berufen, berichten die Betreffenden übereinstimmend von einer Begegnung mit Gott. Dies ist ein Teil der Erfahrung, für den eine Erklärung erst noch gefunden werden muss. Unsere wissenschaftliche Untersuchung von Nahtoderfahrungen führt uns also zwangsläufig zu der Frage, ob die Orte und Wesen, die von Menschen mit einer Nahtoderfahrung beschrieben werden, illusorisch oder real sind.

Berichte über Nahtoderfahrungen bringen uns dazu, alle relevanten, mit wissenschaftlichen Mitteln erhobenen Daten zu berücksichtigen und sie zu verwenden, um daraus auf die beste Erklärung zu schließen. Eine Erklärung ist, dass die Erfahrung vollständig vom Gehirn der Betreffenden hervorgebracht wird. Eine andere ist, dass die Betreffenden während einer Nahtoderfahrung Bewusstsein außerhalb ihres Körpers erfahren. Das ist genau das, was wir in diesem Buch evaluiert haben, und es ist weit davon entfernt, ein »Lückenbüßer-Gott«-Argument zu sein, das aus Unwissenheit ins Spiel gebracht wird.[10]

4. Arbeiten Nahtodforscher nach der wissenschaftlichen Methode?

Hier stelle ich, stark vereinfacht, die typischen Schritte der wissenschaftlichen Methode vor, um die herum Sabom seine erste prospektive Studie organisiert hat.

a) *Stellen Sie eine Frage.* (Beobachten Menschen, die eine Nahtoderfahrung machen, ihre Wiederbelebung manchmal von außerhalb ihres Körpers?)

b) *Betreiben Sie Hintergrundforschung.* (Was hat an Forschung in diesem Bereich bereits stattgefunden?)

c) *Konstruieren Sie eine Hypothese.* (Menschen, die eine Nahtoderfahrung gemacht haben, rekonstruieren ihre Reanimationsgeschichten nach dem, was sie im Fernsehen gesehen oder im Krankenhaus gehört haben.)

d) *Testen Sie Ihre Hypothese anhand eines Experiments.* (Befragen Sie Patienten, die einen Herzstillstand und ein Nahtoderlebnis hatten, in einem klinischen Umfeld und notieren Sie genau, was sie berichten. Vergleichen Sie ihre außerkörperlichen Wahrnehmungen der medizinischen Prozeduren mit den Wahrnehmungen einer Kontrollgruppe aus Herzstillstandpatienten, die nicht von einer Nahtoderfahrung berichtet haben.)

e) *Analysieren Sie Ihre Daten und kommen Sie zu einer Schlussfolgerung.* (Die Patienten, die eine Nahtoderfahrung hatten, beschrieben ihre Reanimation ganz genau und bis ins kleinste Detail. Die Kontrollgruppe hatte durchgängig falsch geraten. Also hatten die Patienten mit der Nahtoderfahrung ihre Reanimation offensichtlich von außerhalb ihres Körpers beobachtet.)

f) *Kommunizieren Sie Ihre Ergebnisse.* (Veröffentlichen Sie Ihre Ergebnisse in wissenschaftlichen Fachzeitschriften, damit sich andere Wissenschaftler frei dazu äußern und versuchen können, die Ergebnisse zu replizieren.)

Der letzte Schritt ist meiner Meinung nach besonders signifikant. Statt ihre Ergebnisse in esoterischen Nischenmagazinen oder reißerischen Boulevardblättern zu veröffentlichen, publizierten die Nahtodforscher sie in den entsprechenden Fachzeitschriften. Wie ich schon im Hauptteil sagte:

Bis zum Jahr 2005 wurden mehr als 900 Artikel über Nahtoderfahrungen in der wissenschaftlichen Literatur veröffentlicht, etwa in Fachzeitschriften wie *Psychiatry, The Lancet, Critical Care Quarterly, The Journal for Near-Death Studies, American Journal of Psychiatry, British Journal of Psychology, Resuscitation* und *Neurology.* In den 30 Jahren nach der Veröffentlichung von Moodys *Leben nach dem Tod* haben 55 Forscher oder Forschungsteams mindestens 65 Studien zu mehr als 3500 Nahtoderfahrungen veröffentlicht.[11]

Die Veröffentlichung in den entsprechenden Fachzeitschriften sorgt mindestens auf zweierlei Weise für wissenschaftliche Seriosität. Erstens haben wissenschaftliche Fachzeitschriften entsprechende Fachredakteure, die Artikel daraufhin prüfen, ob sich die Autoren an die wissenschaftlichen Methoden gehalten haben. Der gute Ruf der Zeitschrift ist in Gefahr, wenn sie wissenschaftlich minderwertige Arbeiten veröffentlichen.

Zweitens können Wissenschaftskollegen, die auf demselben Gebiet arbeiten, die Studie in späteren Ausgaben der Zeitschrift kommentieren oder in späteren Studien darauf verweisen. Sowohl der Autor der Studie als auch die Redakteure setzen ihren Ruf aufs Spiel, wenn die Studie Verzerrungen aufweist oder wenn spätere Studien die Ergebnisse nicht replizieren können.

5. Verweisen die Belege auf etwas, das jenseits unseres endgültigen Todes liegt?

Weil unter »Tod« in der Regel das endgültige, irreversible Erlöschen des Lebens in unserem irdischen Körper verstanden wird, waren diejenigen, die nach ihrem »klinischen Tod« (Versagen von Herztätigkeit und Atmung) wiederbelebt wurden, nie wirklich tot. Daher argumentieren manche, dass uns Nahtoderfahrungen nichts darüber sagen, was nach dem *finalen* Tod einer Person passiert.[12]

Man kann sicher argumentieren (wie ich auch argumentiert habe), dass sie ihr letztes Ziel noch nicht erreicht haben. Aber viele behaupten, dass sie, während sie auf der anderen Seite waren (man könnte vielleicht sagen, im Eingangsbereich des Himmels), Belege dafür gefunden haben, dass nach ihrem finalen Tod noch mehr kommt.

- Viele trafen Freunde und Verwandte, die ihren Tod schon viele Jahre hinter sich hatten. Sie waren vom irdischen Standpunkt aus nach wie vor tot (nicht nur klinisch tot), führten aber anscheinend schon seit Jahren – nach irdischer Zeit – ein jenseitiges Leben.
- Viele erreichten eine Grenze oder Schranke, die sie als Punkt ohne Wiederkehr verstanden. Sie glauben, einen Einblick in die andere Seite bekommen und erste Schritte in eine jenseitige Existenz getan zu haben.
- Einigen wurden ein Blick in den Himmel gewährt, etwa Dr. Richie, der erste Mensch, der Dr. Moody von seiner Nahtoderfahrung erzählte.
- Sterbebettvisionen werden von Menschen berichtet, die unmittelbar vor ihrem finalen Tod stehen. Sie scheinen Nahtoderfahrungen sehr ähnlich zu sein.

Für diejenigen, die eine Nahtoderfahrung gemacht hatten, war das, was sie auf der anderen Seite erlebt haben, überwältigend und Beweis genug dafür, dass das Leben nach dem endgültigen Tod weitergeht. Das erklärt auch, warum so viele von ihnen den Tod nicht mehr fürchteten.

Fazit zum Thema Wissenschaftlichkeit
der Nahtodforschung

Nahtodforscher bedienen sich normalerweise wissenschaftlicher Methoden. Ob sie streng nach diesen Methoden arbeiten oder nicht, sollte von Fall zu Fall entschieden werden, statt das ganze Fachgebiet als eines, das auf anekdotischen Beweisen basiert, abzutun.

Doch wenn ich hier richtigliege, warum sollte dann Moody, gut ausgebildet in der medizinischen Wissenschaft, den wissenschaftlichen Beweis ablehnen? Ich würde sagen, dass Moody eher als Philosoph gesprochen hat denn als Wissenschaftler. Als Verehrer von Sokrates, der dogmatische Ansichten mit einigen bohrenden Fragen demontieren konnte, vermied es Moody, konkrete Aussagen zu machen und blieb lieber in der Rolle des stets alles hinterfragenden Skeptikers. Er selbst sagt:

»Ich habe diese Forschungen mit dem Ziel durchgeführt, ein wahrer Skeptiker im altgriechischen Sinne zu bleiben – einer, der weder glaubt noch nicht glaubt, sondern immer weiter nach der Wahrheit sucht.«[13]

Doch als er 2012 seine Biografie schrieb, gab er zu, er sei nun endlich so »dreist« geworden, seine Überzeugung zu äußern, dass es Gott ebenso gibt wie ein Leben nach dem Tod. Warum dieser Wandel?

»Nachdem ich mich nun mehr als vier Jahrzehnte lang mit den Tod und der Möglichkeit eines Lebens danach beschäftigt habe, bin ich zu der Erkenntnis gelangt, dass meine Meinung von Tausenden von Stunden intensiver Forschung untermauert wird und von zutiefst logischen Gedanken, wie sie sich nur wenige zu diesem wichtigen Thema gemacht haben.«[14]

Anhang 5
Dr. Susan Blackmores Dying-Brain-Theorie

Dr. Blackmore und ihr Buch *Dying to Live*

Blackmore hat eine der umfassendsten naturalistischen Hypothesen zum Thema Nahtoderfahrungen vorgelegt und eine Theorie entwickelt, die besondere Beachtung verdient, wenn es darum geht, die Beweiskraft solcher Erfahrungen zu bewerten. Sie ist mit den entsprechenden Forschungsgebieten bestens vertraut, hat einen akademischen Hintergrund in Psychologie und Physiologie (Oxford University) und einen Dr. phil. in Parapsychologie (Universität Surrey). Sie dokumentiert ihre Quellen und zeigt, dass sie mit der Nahtodforschung weitgehend vertraut ist. Ich schätze auch, dass sie ihre Schlussfolgerungen mit der angemessenen Vorläufigkeit vorbringt, wenn sie mehr auf Vermutungen als auf Tatsachen beruhen. Wenn sie eine Antwort nicht selbst finden kann, geht sie einen kleinen Umweg, indem sie sich mit einem anderen Forscher austauscht oder ihre eigene Umfrage durchführt. Sie schreibt sehr flüssig und klar und präsentiert ihre Gedanken in gut verdaubaren Abschnitten, die logisch aufeinanderfolgen. Daher halte ich, obwohl ich mit vielen ihrer Schlussfolgerungen nicht einverstanden bin, *Dying to Live* für ein gutes Buch, von dessen Lektüre ich profitiert habe. Es ist der beste Versuch, den ich gesehen habe, eine durch und durch naturalistische Position zu verteidigen.

Zwei miteinander konkurrierende Hypothesen
Blackmore definiert ganz klar, dass wir die Wahl zwischen zwei Hypothesen oder Theorien haben:

- Die *Jenseits-Hypothese* »geht davon aus, dass ein Nahtoderlebnis einen Einblick in das Leben nach dem Tod gibt«.
- Ihre *Dying-Brain-Hypothese* hält dagegen, dass »alle Phänomene einer Nahtoderfahrung … Produkte des sterbenden Gehirns sind … die endgültig aufhören, wenn die Aktivität des Gehirns zum Erliegen kommt«.[1]

Punkte, in denen sie mit der Jenseits-Hypothese übereinstimmt
Blackmore stimmt der Jenseits-Hypothese in vielen wichtigen Punkten zu, etwa:

- Menschen haben diese Erlebnisse (sie denken sie sich nicht aus) und sind in der Regel überzeugt, dass es sich dabei um eine Reise auf die andere Seite handelt. Es sind generell zurechnungsfähige, intelligente Menschen, deren Berichte nicht als wahnhaft abgetan werden können.

- Die Erfahrung ist in der Regel von Kultur zu Kultur einheitlich, egal was die Menschen, die eine Nahtoderfahrung machen, vorher über das Jenseits geglaubt haben.[2]
- Viele der üblichen Erklärungen – psychologische Erwartungen, Sauerstoffmangel etc. – können das Phänomen nicht vollständig erklären.[3]
- Nahtoderfahrungen verändern das Leben der Betreffenden auf signifikante Weise.[4]

Blackmores Argumente

Ich fasse Blackmores Argumente, die sie in *Dying to Live* näher ausgeführt hat, wie folgt zusammen:

1. Wenn Nahtoderfahrungen naturalistisch erklärt werden können, gibt es keinen Grund, andere Welten, Geistwesen und Seelen (die Jenseits-Hypothese) zu erfinden, um sie zu erklären.

2. Da jedes Element einer Nahtoderfahrung auch anders hervorgerufen werden kann als durch die Nähe zum Tod (etwa durch Drogen, Träume, Sauerstoffmangel etc.), haben wir Grund anzunehmen, dass es vielleicht auch für die gesamte Nahtoderfahrung (die ja aus diesen Elementen besteht) eine naturalistische Erklärung gibt.

3. Die Dying-Brain-Hypothese schlägt Möglichkeiten vor, wie jedes Element einer Nahtoderfahrung auf

ganz natürliche Weise in Todesnähe hervorgerufen werden kann. Gefühle des Friedens und der Freude können beispielsweise von körpereigenen Opiaten hervorgerufen werden, die bei extremem Stress freigesetzt werden. Der Lebensrückblick könnte von einer »zufälligen Aktivierung und Krämpfen« in dem Teil des Gehirns erzeugt werden, der für die Organisation von Erinnerungen zuständig ist. Zwar ist nichts davon bewiesen, aber dass es so sein könnte, ergibt durchaus Sinn.

4. Aufgrund dieser Hypothese lassen sich bessere Vorhersagen für jedes Element einer Nahtoderfahrung treffen als aufgrund der geistigen Hypothese. Beispielsweise gibt uns die Jenseits-Hypothese keinen Grund, warum sich Menschen eher durch einen Tunnel bewegen sollten als durch eine Tür oder mithilfe eines Aufzugs oder durch eine Reihe von Hecken. Die Dying-Brain-Hypothese sagt voraus, dass es ein Tunnel sein sollte. Hypothesen, die Vorhersagen machen, sind glaubwürdiger als Hypothesen, die keine machen.

5. Wenn man zeigen könnte, dass die physisch Bewusstlosen (etwa diejenigen, deren Gehirn keines Bewusstseins mehr fähig ist) in irgendwelchen anderen Gefilden vollkommen bewusst sind (etwa, wenn sie nachweislich Ereignisse im Operationssaal sehen könnten), würde dies die Dying-Brain-Hypothese kippen und die geistige Hypothese stärken. Doch die Beweise für solche Ereignisse sind nie wirklich schlüssig.[5]

6. Daher ist die beste Hypothese, die wir haben, eine naturalistische, nämlich die Dying-Brain-Hypothese.

Für diese Hypothese spricht, dass sie viele Nahtodstudien und andere relevante wissenschaftliche Studien berücksichtigt. Das Buch ist gut dokumentiert und trifft einige exakte Vorhersagen.

Schwächen der Hypothese
Blackmores Versuch ist zwar bewundernswert, greift meiner Meinung nach aber in vielfacher und signifikanter Weise zu kurz.

1. Die Hypothese basiert größtenteils eher auf »Was wäre« als auf bewiesenen Tatsachen.
Das gibt Blackmore auch zu, wenn sie schreibt:

> »Was passiert mit dem Gehirn einer Person, die dem Tod nahe ist? Eine erste Annäherung an eine Antwort besteht einfach darin zu sagen, dass wir es nicht wissen.«[6]

Dennoch kann sie aufgrund bekannter Tatsachen argumentieren und ein Erklärungsmodell vorstellen, wie das sterbende Gehirn eine Nahtoderfahrung hervorbringen *könnte*, und so spekuliert sie weiter. Um ihre Hypothese zu bestätigen, müssen ihre Spekulationen überprüft werden, aber sie gibt zu, dass viele ihrer Erklärungen zu dem Zeitpunkt, als das Buch geschrieben wurde, noch nicht anhand von Tests überprüft worden waren.[7]

In den letzten 35 Jahren der Nahtodforschung wurden viele ihrer Erklärungen (etwa für den Tunnel und das Licht) wissenschaftlich überprüft und für mangelhaft befunden, sodass 2009 ein Artikel, der die von Fachleuten geprüften Ergebnisse führender Nahtodforscher zusammenfasst, zu folgendem Schluss kommen konnte:

»Theoretiker haben in den letzten 30 Jahren verschiedene Modelle vorgeschlagen, um Nahtoderfahrungen zu erklären. Bei unserer Untersuchung der Merkmale westlicher Nahtoderfahrungen fanden wir nur wenige Beweise, welche die früher vorgeschlagenen biologischen, psychologischen oder soziologischen Erklärungen als einzige(n) Grund (Gründe) für Nahtoderfahrungen unterstützt hätten.«[8]

Siehe dazu auch meine frühere Erörterung naturalistischer Erklärungen.

2. Ihre Vermutung, dass jedes Element einer Nahtoderfahrung mit natürlichen Mitteln reproduziert werden kann, muss noch bewiesen werden.
In der Regel lösen sich die Ähnlichkeiten bei näherer Untersuchung in Luft auf.[9]

3. Manche ihrer Vorhersagen wurden von späteren For-schungen nicht bestätigt. Nach ihrer Hypothese sollte das sterbende Gehirn ständig eine Tunnelerfahrung hervor-rufen.[10]

Doch in Jeffrey Longs Umfrage unter 613 Menschen mit Nahtoderfahrung berichtete nur ein Drittel der Be-fragten, durch einen Tunnel gegangen zu sein.[11] Der elf-jährige Junge, den ich interviewt habe, war durch ein Tor statt durch einen Tunnel gegangen.

Außerdem sind die Tunnel, von denen berichtet wird, oft ganz anders als eine Tunnelblick-Erfahrung. Einer meiner Interviewpartner berichtete von einem Licht, das hinter ihm schien, als er seinen Körper von oben betrachtete. Doch laut Blackmore sollte das Licht im Zentrum der Sichtachse sein. Manche Menschen mit einer Nahtoderfahrung berichten von Tunneln in leuchtenden Farben statt in Schwarz, was wiederum nicht von Blackmores Hypothese vorhergesagt wor-den war.[12]

Ihre Hypothese besagt, dass Menschen, die »in Vogelper-spektive träumen«, eher eine außerkörperliche Erfahrung haben.[13]

Sabom überprüfte diese Vorhersage in seiner Atlanta-Studie. »Kein Unterschied wurde gefunden … zwischen der Art, wie Nahtoderfahrene mit (21 Personen) und ohne eine autoskopische Erfahrung (19 Personen) träum-ten.«[14]

4. Es gelingt ihr nicht, die Nichtexistenz des Ich und der Welt angemessen zu erörtern, obwohl gerade das für ihre Hypothese eine so wichtige Rolle spielt.[15]

In Kapitel 7 stellt Blackmore das Argument infrage, dass es sich bei Nahtoderfahrungen um echte Einblicke ins Jenseits handeln muss, weil sie »realer als real« zu sein scheinen. Ich hatte fest damit gerechnet, sie würde argumentieren, dass etwas, nur weil es real zu sein *scheint*, noch lange nicht real *ist*. Immerhin können uns unsere Gehirne zum Narren halten. Aber sie entschied sich für eine philosophische Wendung, die mich regelrecht schockierte.

Blackmore argumentiert, dass unsere Gehirne Konstrukte aufbauen, um das, was über die Sinnesorgane hereinkommt, zu interpretieren. Aber weil diese Konstrukte oft versagen, können wir nicht darauf vertrauen, dass sie uns ein exaktes Bild dessen liefern, was außerhalb von uns vor sich geht. Und weil es in der Tat keinen Beweis dafür gibt, dass außerhalb von uns überhaupt eine reale Welt existiert, lehnt sie die wahrgenommene Realität als Illusion ab, und zwar einschließlich des »Ich«, das sie angeblich wahrnimmt. Daher spricht sie von der »Illusion, dass es da draußen eine reale Welt gibt ... So gesehen gibt es nichts zu finden und kein Ich, das es finden könnte.«[16]

Welche Konsequenzen hat diese Sichtweise für unser Verständnis von Nahtoderfahrungen?

- Wenn das Leben, wie wir es wahrnehmen, wenn die Felsen und die Bäume und die Menschen nur von unseren Gehirnen konstruierte Illusionen wären, dann wäre offensichtlich auch jede Form von Leben nach dem Tod außerhalb dieser Welt illusorisch.[17]
- Wenn das Gehirn stirbt, kann es das illusorische Konstrukt des Ich nicht mehr aufrechterhalten. Das erklärt, warum Nahtoderfahrene von einem Gefühl der Zeitlosigkeit berichten. »Zeit und Ich sind Teil ein und derselben mentalen Konstruktion.«[18]
- Entscheidungen sind illusorisch. Es gibt nämlich kein Ich, das Entscheidungen treffen könnte. Dinge passieren, weil sie passieren, nicht aufgrund einer Wahl, die wir getroffen haben.[19]
- Das Leben der Menschen, die eine Nahtoderfahrung gemacht haben, ändert sich, weil sie für einen Moment den Zusammenbruch »des Ich-Modells« erlebt haben, »das die Wurzel all unserer Gier, unserer Verwirrung und unseres Leids ist«.[20]

Ich möchte hier nicht ausführlich gegen diese Weltsicht argumentieren, denn die Beweislast scheint bei Blackmore zu liegen, die erklären müsste, dass wir nicht existieren. Immerhin erklären sich unsere Existenz und die Existenz einer äußeren Welt für die meisten von uns selbst. Aber ich werde hier kurz auf zwei scheinbare Ungereimtheiten eingehen, die für die aktuelle Diskussion relevant sind.

a) Es scheint wenig Sinn zu ergeben, in einem Buch, das geschrieben wurde, um »andere« von etwas zu überzeugen, für unsere Nichtexistenz zu plädieren. Wenn es sich bei diesen »anderen« einfach nur um eine Ansammlung nicht existenter Individuen handelt, warum sollte man dann versuchen, »sie« von etwas zu überzeugen?

Der Fairness halber sei gesagt, dass Blackmore eine kluge, gut ausgebildete Frau ist. Ich bin sicher, dass sie all diese auf der Hand liegenden Einwände gegen ihre Ansichten über Existenz bedacht hat, und wenn wir uns zusammensetzen und darüber reden würden, könnte ich ihre Argumentation sicher besser verstehen. Doch da sie ihre Position in ihrem Buch nicht ausführlicher erläutert, werden sich viele Leser sicher über diese offensichtlichen Ungereimtheiten wundern.

b) In den Berichten von Menschen, die ein Nahtoderlebnis hatten, ist, wie es aussieht, in keiner Weise von einer derartigen Auflösung des Ichs die Rede. Im Gegenteil, sie berichten durchgehend von einem starken Ich- oder Selbstgefühl.

- Das *Ich* ist erstaunt, sich losgelöst von seinem Körper wiederzufinden.
- Verstorbene Angehörige grüßen *sie* (die Person, welche die Nahtoderfahrung macht).
- Das *Ich* erlebt, wie der zu ihm gehörige Geist im Hypermodus denkt, kommuniziert, Beobachtungen macht und Erinnerungen aufzeichnet.

• Das *Ich* denkt über die Entscheidungen nach, die es im Leben getroffen hat, und erkennt die Bedeutung von *selbst*süchtigen und mitfühlenden Entscheidungen.

• Das *Ich* ist oft an der Entscheidung beteiligt, ob der Betreffende zurückkehren soll oder nicht.

• Das *Ich* interagiert mit anderen Ichs, ohne das Bewusstsein für sich *selbst* zu verlieren.

• Wieder zurück, zieht das *Ich* aus dem Erlebten nicht etwa den Schluss, dass es nicht existiert, sondern, dass es aus einem bestimmten Grund und zu einem bestimmten Zweck existiert, nämlich um bessere und mehr von Mitgefühl bestimmte Entscheidungen für sein Leben zu treffen.

Viele Untersuchungen weisen darauf hin, dass Berichte über Nahtoderlebnisse eher auf ein starkes als auf ein geschwächtes Ichbewusstsein schließen lassen und dass Veränderungen, die im eigenen Leben vorgenommen wurden, auf einem Gefühl für die Bedeutung und den Sinn des Lebens beruhen. Blackmore behauptet: Wenn Menschen das Bewusstsein wiedererlangen, baut ihr Gehirn die Illusion eines Ichs wieder auf und interpretiert ihre Nahtoderfahrung in diesem Licht. Doch angesichts der Tatsache, dass die wichtigsten Daten, mit denen wir es hier zu tun haben, aus Berichten über Nahtoderfahrungen stammen, müssen wir uns fragen, wie wir irgendeine bedeutsame Hypothese zu diesen Erfahrungen formulieren können, wenn diese Berichte nicht korrekt sind.[21]

Da wir beim Aufstellen von Theorien alle Daten in Betracht ziehen und daraus die plausibelste Erklärung ableiten, scheint die Jenseits-Hypothese sehr viel besser zu den Daten zu passen als eine, welche die Existenz des Ichs und der Welt leugnet.

Welche Hypothese ist die extravagantere?

Wenn Blackmore es für ein wenig extravagant hält, neue Begriffe zu erfinden, um Nahtoderfahrungen zu erklären, sage ich, dass es mindestens ebenso extravagant ist, Nahtoderfahrungen zu erklären, indem man unsere gegenwärtige Welt verleugnet und dabei sogar so weit geht, die eigene Existenz zu leugnen. Denn wenn wir uns selbst und die wahrgenommene Welt verleugnen, worüber machen wir uns dann überhaupt noch Gedanken? Wenn die Konstrukte, die sich mein Gehirn aufgebaut hat, letztlich fehlerhaft sind und ich keine Möglichkeit habe, sie zu verbessern, habe ich dann nicht auch die wissenschaftliche Methode für null und nichtig erklärt, weil sie ja auch ein Konstrukt ist? Wenn die Welt nicht existiert, was bleibt der Wissenschaft dann zum Forschen übrig?[22]

Zugegeben, wenn ihr Argument aufrechterhalten werden kann, dann ist damit auch das Argument hinfällig, dass Nahtoderfahrungen real sind, weil sie einem so real vorkommen. Doch damit wird auch jede Vorstellung hinfällig, dass irgendetwas real ist, die Realität der Wissenschaft ebenso wenig wie unsere eigene und die der gegenwärtigen Welt.[23]

5. Es gelingt ihr nicht, die erhärtenden Beweise hinlänglich wegzuerklären.
Blackmore gibt zu, dass bewiesene wahrheitsgetreue geistige Wahrnehmungen ihre Hypothese widerlegen würden. Bezüglich der Behauptung, dass Menschen während eines Nahtoderlebnisses ihren Körper verlassen, sagt Blackmore: »Wenn diese Behauptungen stimmen, ist die Theorie, die ich hier entwickle, falsch ...«[24]

Ich weiß es zu schätzen, dass sich Blackmore in einem ganzen Kapitel mit angeblichen Beweisen und speziell mit Saboms Forschungen beschäftigt hat. Im Wesentlichen deutet sie an, dass Saboms Patienten, obwohl man sie für bewusstlos hielt, möglicherweise mehr hören und fühlen konnten, als Sabom dachte, und daher in der Lage waren, Bilder von ihrer Wiederbelebung zu konstruieren.

Ich halte dagegen, dass eine genaue Untersuchung von Saboms Arbeit ergeben würde, dass Blackmores Erklärungen unwahrscheinlich sind. Sie behauptet, dass die Überlebenden Nahtoderfahrungen erfinden müssen, wo es doch überzeugendere Beweise dafür gibt, dass die Patienten die Bilder nicht aus Daten aufgebaut haben konnten, die sie mit anderen Sinnen gesammelt hatten. Sie macht ein paar Berichte von Blindgeborenen ausfindig, die während eines Nahtoderlebnisses gesehen hatten, kam aber zu dem Schluss, dass sie alle in eine Sackgasse führten. Doch sechs Jahre nachdem Blackmores Buch erschienen war, veröffentlichten Ring und Cooper ihren Bericht von dem Blindgeborenen, der Dinge wahrgenommen hatte, die wirklich passiert waren. Wenn solche Berichte einer Überprüfung standhalten, bieten sie starke Beweise gegen Blackmores Hypothese.[25]

6. Sie beschuldigt die Jenseits-Hypothese, keine wesentlichen Vorhersagen zu machen, was ihrer Hypothese den Vorzug gibt, weil sie tatsächliche Vorhersagen macht, die überprüft werden können.

Mir scheint es allerdings, als mache die Jenseits-Hypothese wesentliche Vorhersagen, von denen sich in 35 Jahren der Nahtodforschung viele als sehr präzise erwiesen haben. Hier ein paar Beispiele:

Vorhersage 1: Menschen, die taub geboren wurden, können berichten, gehört zu haben, weil eine außerkörperliche Erfahrung nicht von körperlichen Ohren abhängig ist.

Vorhersage 2: Menschen, die blind geboren wurden, können berichten, gesehen zu haben, weil eine außerkörperliche Erfahrung nicht von körperlichen Augen abhängig ist.

Vorhersage 3: Wenn Menschen behaupten, außerhalb ihres Körpers sehr lebendig gewesen zu sein, während sie klinisch tot waren, würden wir erwarten, gelegentlich eine Bestätigung der Ereignisse zu bekommen, die sie beobachtet haben (Details des Operationssaals etc.).

Vorhersage 4: Wenn Gott an diesen Ereignissen beteiligt war, würden wir erwarten, dass die Erfahrung irgendeinen Sinn hat, der sich in einer anschließenden Veränderung des ganzen Lebens zeigen sollte.

Vorhersage 5: Wir würden lebhafte Erlebnisse erwarten, selbst wenn das Gehirn nachweislich nicht in der Lage ist, Bewusstsein hervorzubringen, und obwohl die Erinnerung an diese Erlebnisse vielleicht von bestimmten Variablen abhängig ist, etwa welche Medikamente die Ärzte verabreicht haben.

Vorhersage 6: Wir würden erwarten, dass Elemente des Ereignisses möglicherweise relevante, bedeutungsvolle Themen enthalten (im Gegensatz zu zufälligen Traumfetzen ohne Bedeutung), beispielsweise a) ob man zurückkehren soll oder nicht, b) wie man sein Leben geführt hat, c) ob man in der Lebensmitte einen kleinen Weckruf braucht oder nicht.

Vorhersage 7: Wir werden wohl eher Menschen treffen, die schon gestorben sind, als solche, die gegenwärtig noch leben. Wir sehen vielleicht sogar Leute, von denen wir gar nicht wussten, dass sie gestorben sind.

Vorhersage 8: Die Erfahrung sollte eher als einheitliches Ganzes einen Sinn ergeben statt als etwas, das aus zufälligen Erinnerungen oder zufälligen Halluzinationen besteht. Sie hat wahrscheinlich ein richtiges Ende und hört nicht abrupt mittendrin auf.

Vorhersage 9: Die Erfahrung fühlt sich wahrscheinlich real an, weil sie in der Tat real ist.

Alle diese Vorhersagen können aufgrund der Untersuchungen von Nahtoderfahrungen getroffen werden.

Anhang 6
Dr. Kevin Nelsons Buch *Spiritual Doorway in the Brain*

Dr. Nelson lehrt Neurologie an der Universität Kentucky. In dem Buch geht es zwar nicht nur um Nahtoderfahrungen, sondern auch um andere spirituelle Erfahrungen, aber Nahtoderfahrungen spielen eine zentrale Rolle für Nelsons These und stehen im Vordergrund seiner Diskussion. Was rechtfertigt, dass dieses Buch in einem eigenen Anhang behandelt wird?

• Es ist ein neues Buch (2011), über das in der Boulevardpresse berichtet wurde.
• Es ist einer der wenigen Versuche, Nahtoderfahrungen in Buchlänge naturalistisch zu erklären.
• Der Autor behauptet, neue Erkenntnisse aus seinem Fachgebiet, der Neurowissenschaft, vorzustellen.
• Von Anfang bis Ende schießt Nelson kühn, dreist und gönnerhaft Spitzen auf andere Forscher ab:

»Ich beobachtete halb amüsiert, halb mit professioneller Sorge, wie Kardiologen, Radiologen und Krebsspezialisten wild über Gehirnaktivität während einer Nahtoderfahrung spekulierten. Ich war bestürzt, als ich erkannte, dass ihr Missbrauch der Wissenschaft zu etwas führte, wovon ich wusste, dass es Missverständnisse und Mythen waren: Menschen, die nach einem Hirntod auf wundersame Weise intakt ins Leben zurückkehren, oder Nahtoderfahrungen, die *beweisen*, dass Gott existiert und wir alle in ein Leben nach dem Tod unterwegs sind.«[1]

»Unter dem Deckmantel der Wissenschaftlichkeit haben Forscher behauptet, Nahtod- und außerkörperliche Erfahrungen könnten ›beweisen‹, dass der Geist getrennt vom physischen Gehirn existiert. Ein solcher Anspruch ist der außergewöhnlichste, der in der Wissenschaft jemals erhoben wurde, und übertrifft sogar die dramatische Behauptung, dass in der Milchstraße, unserer Galaxis, anderes intelligentes Leben existiert.«[2]

Stärken

Nelson hat einen klaren und lebendigen Schreibstil und macht uns das relevante neurologische Wissen gut zugänglich. Ich liebe seine Beschreibungen der wunderbaren Funktionsweise des Gehirns.

Ich schätze die Bescheidenheit, mit der er zugibt, dass wir weit davon entfernt sind, die Funktionsweise des Gehirns vollständig zu verstehen.

»Neurologen bevölkern ein Fachgebiet, in dem sie Einblick in die Anatomie, Chemie und Physiologie eines Organs haben, dessen Tiefen so unergründlich sein können wie der leere Raum der Astronomen dort oben.«[3]

• Nelson bringt relevante Forschungen zu spirituellen Erfahrungen ins Spiel, die in der Diskussion über Nahtoderfahrungen in der Regel nicht berücksichtigt werden, etwa die Einsichten des angesehenen Intellektuellen William James, Autor von *The Varieties of Religious Experience*. (dt.: *Die Vielfalt religiöser Erfahrung: Eine Studie über die menschliche Natur*)

• Nelson verteidigt seine eigene ungewöhnliche Hypothese, dass Nahtoderlebnisse auftreten, wenn »sich ein Teil des träumenden Gehirns in ein Gehirn entlädt, das bereits wach ist. Und die Vermischung von REM-Schlaf mit dem Wachbewusstsein bringt Erlebnisse hervor, die realistisch und unvergesslich sind.«[4]

Schwächen

In einem Paradigma gefangen?
Nelson scheint seine naturalistischen Schlüsse schon zu Beginn seiner Studie gezogen zu haben. Als Assistenzarzt in der Neurologie war er bei einem seiner Patienten zum ersten Mal in Kontakt mit einer Nahtoderfahrung gekommen:

> »Ich wusste, dass das Gehirn, das Monets Pinselstriche zur Wahrnehmung einer Seerose verbindet, auch für die hyper-realistischen Bilder verantwortlich war, die Joe gesehen hatte, als er dem Tod nahe war.«[5]

Wie konnte Nelson das so genau *wissen*, bevor er Nahtoderfahrungen überhaupt untersucht hatte? Er scheint nie ernsthaft in Erwägung gezogen zu haben, dass der Patient möglicherweise etwas außerhalb seines Körpers erlebt hatte. Es geht ihm nicht darum, die Beweise für die außerkörperliche Erfahrung objektiv abzuwägen, sondern eher darum, die natürlich im Gehirn ablaufenden Prozesse zu dekonstruieren, die seiner Ansicht nach für die Erfahrung verantwortlich sind.[6]

Forscher wie Moody, Sabom und van Lommel hatten ihre Studien zwar ebenfalls mit einem naturalistischen Vorurteil begonnen, aber ihre direkte Begegnung mit Nahtoderfahrungen hatte zur Folge, dass sie dieses Paradigma hinterfragten. Tenor und Inhalt von Nelsons Buch zeigen jedoch, dass er nie ernsthaft in Erwägung gezogen hat, es könne sich bei den Erfahrungen um echte Begegnungen mit Gott und dem Himmel gehandelt haben.

Nun mag es abenteuerlich klingen, dass ich in Erwägung ziehe, die wissenschaftliche Objektivität eines ausgebildeten Neurologen könnte von seinem eigenen Paradigma beeinflusst werden. Aber Thomas Kuhns einflussreiches Buch *The Structure of Scientific Revolutions* (dt.: *Die Struktur wissenschaftlicher Revolutionen*, Suhrkamp Frankfurt 1996) enthüllt eine starke Tendenz unter Wissenschaftlern, Beweisen für rivalisierende Theorien mit Widerstand zu begegnen. Viele können konkurrierende Theorien nicht objektiv bewerten, auch wenn sich die Beweise bis zu dem Punkt summieren, an dem sie überzeugend sein sollten.

Und was sind meine Beweise für die Annahme, dass Nelson über Gebühr von seinem naturalistischen Paradigma beeinflusst wird? Abgesehen von der Beschreibung seiner ersten Begegnung mit Nahtoderfahrungen und seiner abschätzigen Haltung gegenüber Nahtodforschern, die nicht mit ihm auf einer Linie liegen, sind die folgenden Schwächen in seiner Forschung zu beachten.

1. Seine neue Studie über Nahtoderfahrungen scheint reißerisch aufgemacht und fehlerhaft.
In seinem Vorwort behauptet Nelson, er und sein Team aus Neuropsychologen hätten »die größte Gruppe von Versuchspersonen mit Nahtoderfahrungen zusammengestellt, die jemals gebildet wurde, und ihre Schlaferfahrungen mit denen von anderen Personen verglichen, die von Geschlecht und Alter her passten. Was wir herausfanden, faszinierte die wissenschaftliche Gemeinschaft und erregte internationales Medieninteresse.«[7] Vergleichen Sie diese Beschreibung mit seiner eigentlichen Studie:

• *Er untersuchte 55 Probanden, die er über Dr. Longs NDERF-Website kontaktiert hatte.*[8] Wie kommt er also dazu, seine Studie als so groß darzustellen, vor allem, da es sich doch um eine retrospektive Studie handelt?

245

Zum Vergleich: Dr. Long hat mehr als 3000 Berichte über Nahtoderfahrungen gesammelt und 613 davon umfassend analysiert. Dr. Fenwick hat 300 Nahtoderfahrungen untersucht, Dr. Moody 150 und Dr. Ring 102. Was also ist so bahnbrechend riesig an der Befragung von 55 Menschen, deren Berichte bereits von Dr. Long gesammelt wurden?

• *Bei seiner Befragung versäumt er es, zwischen Erlebnissen vor und nach der eigentlichen Nahtoderfahrung zu unterscheiden.* Untersuchungen haben ergeben, dass viele der Menschen, die ein Nahtoderlebnis hatten, anschließend behaupteten, auch weiterhin paranormale Erfahrungen gemacht zu haben, die sie vor ihrer Nahtoderfahrung nicht gemacht hatten.[9] Somit würden wir erwarten, dass sich noch viele andere Nahtoderfahrene finden lassen, die beispielsweise behaupten, Dinge zu sehen oder zu hören, die andere nicht sehen oder hören können. Um festzustellen, ob bestimmte Menschen besonders empfänglich für Nahtoderfahrungen sind, weil sie eine Tendenz zu »paranormalen« Erfahrungen haben, hätte Nelson fragen müssen, ob sie *vor* ihrer Nahtoderfahrung schon ähnliche Erfahrungen gemacht haben. In seinem Buch findet sich kein Hinweis darauf, dass er diese Unterscheidung gemacht hat. Damit entkräftet er seine eigenen Schlussfolgerungen.[10]

2. Er versäumt es, Gegenbeweise aufzuzeigen.

Beispiel: Nelson erklärt das Tunnelerlebnis während einer Nahtoderfahrung, indem er auf den Tunnelblick verweist, von dem Piloten manchmal berichten.[11] Ist er sich der zahlreichen Kritiken bewusst, die in den letzten 35 Jahren gegen diese Erklärung vorgebracht wurden?[12] Und wenn ja, sollte ein objektiver Wissenschaftler nicht wenigstens erwähnen, warum seriöse Nahtodforscher diese Erklärung in der Regel als nicht ausreichend ablehnen?[13]

3. Seine Art, über Forschung zu berichten, ist manchmal reißerisch.

Beispiel: Nelson sieht die »enormen« Konsequenzen einer Studie von Dr. Thomas Lempert, in der die Symptome einer Ohnmacht mit den Elementen von Nahtoderfahrungen verglichen werden. Das faszinierte mich, weil es eine neue Beweiskette zu repräsentieren schien.

Nelson berichtet:

> »Lemperts Teamkollegen verglichen die Erfahrungen ihrer Probanden mit Moodys Beschreibungen von Nahtoderfahrungen. Erstaunlicherweise fanden sie *keinen wirklichen Unterschied* [seine Hervorhebung] zwischen den beiden Arten von Erfahrung.«[14]

Das ist eine kühne Behauptung. Nelsons Beschreibung zufolge hat Lempert praktisch Nahtoderfahrungen reproduziert, indem er Ohnmachten induzierte.

Bei der Lektüre von Lemperts Studie zeigen sich jedoch signifikante Unterschiede in fast jeder Hinsicht. Sie brauchen sich nur Moodys Elemente anzuschauen und sie mit denen aus Lemperts Studie zu vergleichen. Keiner von Lemperts Probanden berichtet von so häufig vorkommenden Elementen einer Nahtoderfahrung wie einem Lebensrückblick, der Begegnung mit einem Wesen aus Licht, Gesprächen mit verstorbenen Verwandten, dem Eindruck, das Erlebnis sei »realer als real«, Verzerrungen in der Wahrnehmung von Raum und Zeit, davon, sich an einer Grenze befunden zu haben, von einer Entscheidung zurückzukehren, davon, dass die Erfahrung mit Worten nicht zu beschreiben ist, anschließenden Veränderungen im Leben usw.

Selbst die Merkmale, die für ähnlich gehalten wurden, erwiesen sich bei genauerer Untersuchung als sehr unterschiedlich:

• Lempert wies darauf hin, dass 17 Prozent seiner Probanden, die eine Ohnmacht erlebt hatten, von »Lichterscheinungen« berichteten, im Vergleich zu 14 Prozent der Nahtoderfahrenen. Das klingt ziemlich ähnlich, bis klar wird, dass die »Lichterscheinungen« bei den Probanden, die eine Ohnmacht erlebten, darin bestanden, dass sie »Grauschleier, farbige Flecken oder helle Lichter« sahen. Das steht in krassem Gegensatz zu dem

248

überirdischen, außerordentlich hellen Lichtpunkt, von dem sich Menschen mit einer Nahtoderfahrung angezogen fühlen, den sie ohne zu blinzeln anschauen können und von dem sie überzeugt sind, dass er eine persönliche Wesenheit ist.

• 60 Prozent derer, die eine Ohnmacht erlebten, nahmen »hörbare Geräusche oder Stimmen« wahr, die »von rauschenden und brausenden Geräuschen bis zu Schreien oder sprechenden menschlichen Stimmen reichten, aber nie verständliche Sprache enthielten«.[15] Das Hören von unverständlichem Gerede ist Welten entfernt von der klaren, mühelosen und leicht abrufbaren Kommunikation mit verstorbenen Verwandten und himmlischen Wesen, über die Personen, die eine Nahtoderfahrung gemacht haben, berichten.

• Menschen, die eine Ohnmacht erlebt haben, berichten über »visuelle Wahrnehmungen«, die ähnlich wie Träume erscheinen. Doch in Qualität und Inhalt unterscheiden sich diese Wahrnehmungen offensichtlich radikal von Nahtoderfahrungen.

Wie war es möglich, aus dieser Studie den Schluss zu ziehen, dass »sie *keinen wirklichen Unterschied* zwischen den beiden Arten von Erfahrung gefunden hatten«? Diese Behauptung ist vergleichbar mit einer wie: »Ich werfe in der Küche manchmal mit Besteck, und professionelle Quarterbacks werfen auf dem Spielfeld mit

Bällen. Die beiden Erfahrungen sind sich auffallend ähnlich – eigentlich gibt es zwischen ihnen keinen wirklichen Unterschied.«

In Lemperts Studie finden sich auch einige Personen, die nach einer Ohnmacht berichten, sie hätten sich außerhalb ihres Körpers befunden und ein Tunnelerlebnis gehabt, aber er beschreibt nichts davon im Detail. Oft ist es mit Studien dieser Art so, dass wir, sobald wir mehr Details kennen, mehr Unterschiede als Ähnlichkeiten finden. Das Gefühl, sich außerhalb des eigenen Körpers zu befinden, kann sich auf alles Mögliche beziehen, von einer vagen Empfindung, nicht mehr verbunden zu sein, bis zu einem Traum, in dem man alles aus der Vogelperspektive sieht. Aber beides unterscheidet sich stark von der außerkörperlichen Erfahrung jener Menschen, die ein Nahtoderlebnis haben.[16]

4. Wenn er gelegentlich gegensätzliche Forschungen erwähnt, stellt er sie oft falsch dar.

Er tadelt van Lommel schwer dafür, dass er behauptet, seine Patienten mit Herzstillstand seien »klinisch tot« gewesen, und stellt selbst die folgende Behauptung auf: »Das Gehirn ist während einer Nahtoderfahrung bei Weitem nicht physisch tot. Es ist *lebendig und bewusst*.«[17] Dann erklärt er, dass der Hirntod eintritt, wenn Zellen platzen und »nichts mehr wieder zusammengesetzt werden kann«.

Doch hier verwischt Nelson die gängigen Unterscheidungen zwischen »Hirntod« und »klinischem Tod«. Der »klinische Tod« wird üblicherweise (zum Beispiel im maßgeblichen *Oxford Dictionary of English*) als das komplette Versagen von Herzschlag und Atmung (Kreislaufstillstand) definiert, und genauso hat van Lommel den Begriff auch verwendet.

Als Nächstes nimmt Nelson den Fall Pam Reynolds auseinander. Erstens hat er »keinen Zweifel« daran, dass Pam »während der Operation aufgewacht ist«, obwohl er zugibt, dass dies nur bei 0,18 Prozent (knapp zwei von 1000) Patienten vorkommt.[18] Doch er versäumt zu erwähnen, dass ihr Bewusstseinszustand permanent über EEG und Hirnstammreflexe überwacht wurde. Es wurden sogar sehr viel größere Sicherheitsvorkehrungen getroffen als bei einer üblichen Operation.

Zweitens behauptet er, sie habe Gespräche belauscht, während alle dachten, sie sei bewusstlos. Doch wie hätte sie mit dem lauten Klicken in ihren Ohren überhaupt etwas hören können? Auch das erwähnt er überhaupt nicht. Angesichts seiner Erklärung fragt man sich, ob er den ursprünglichen Bericht, wie er von Sabom geschildert wurde, überhaupt jemals gelesen hat.[19]

5. Er versäumt es, sich ernsthaft mit den positiven Beweisen auseinanderzusetzen.

Nachdem ich das Buch gelesen hatte, hatte ich ein Déjà-vu, als ich mir die letzte Episode der Fernsehserie LOST anschaute. Es gab zu viele offene Fragen. Wenn es wirklich naturalistische Erklärungen für Nahtoderfahrungen gibt, wie etwa spezielle Traumzustände, bleiben dennoch folgende Fragen offen:

- Warum unterscheiden sie sich in so dramatischer Weise von Träumen?
- Warum haben sie durchweg ein Ende?
- Warum berichten Menschen, die taub geboren wurden, dass sie gehört haben, und diejenigen, die blind geboren wurden, dass sie gesehen haben?
- Warum gibt es durchgängige Elemente in den Handlungsabläufen von Nahtoderfahrungen, die für denjenigen, der die Erfahrung jeweils macht, so viel Sinn ergeben und eine solche Bedeutung haben?
- Wie lassen sich die über 100 bewiesenen Fälle von außerkörperlicher Erfahrung erklären, von denen in professionellen Studien berichtet wird?
- Wie können gemeinsame Erlebnisse erklärt werden, bei denen Menschen, die weder unter Sauerstoffmangel leiden noch Angst vor ihrem eigenen Tod haben, gleichzeitig die gleiche Nahtoderfahrung machen wie der Patient?

Nelson ignoriert diese relevanten Daten geflissentlich. Diese Versäumnisse sind ganz erstaunlich, vor allem angesichts seiner despektierlichen Haltung gegenüber anderen Forschern.

Wie es scheint, nimmt Nelson an, er habe damit, dass er naturalistische Erklärungen für bestimmte Elemente der Erfahrung gegeben hat, auch alle übernatürlichen Elemente wegerklärt. Wenn dem so ist, läuft seine Argumentation auf etwa das Folgende hinaus:

Da wir wissen, dass natürliche Prozesse, von Träumen über Ohnmacht bis zur Einnahme von LSD ähnliche Elemente hervorrufen können, wie sie auch in Nahtoderlebnissen vorkommen, braucht die Erfahrung keine Erklärung, die über das Gehirn hinausgeht.

Doch das Vorbringen einer naturalistischen Hypothese widerlegt die positiven Beweise in keiner Weise. Erlauben Sie mir, dies an einem Beispiel zu illustrieren.

Stellen Sie sich vor, dass mir Dr. Nelson kürzlich einen Tumor aus dem Gehirn entfernt hat und er mich ein paar Tage später in meinem Krankenzimmer besucht. Ich erzähle ihm: »Mir geht es schon sehr viel besser! Heute Morgen bin ich sogar aus dem Krankenhaus ausgebrochen und habe im Starbucks nebenan einen Latte getrunken.«

Dr. Nelson antwortet: »Herr Miller, Sie müssen verstehen, dass Menschen nach einer Operation wie dieser oft immer wieder schnell hintereinander in einen REM-Schlaf fallen, und zwar in einer Weise, dass sie lebhafte Halluzinationen haben. Da wir wissen, dass das Gehirn Träume dieser Art produzieren kann, gibt es für mich keinen Grund zu glauben, dass Sie im Schlafanzug zu Starbucks geschlurft sind.«

»Aber Dr. Nelson«, protestiere ich, »hier ist mein Starbucks-Becher und hier meine Quittung mit Datum und Uhrzeit: 8.30 Uhr. Warum rufen Sie nicht bei Starbucks an und fragen die Angestellten, ob sie heute Morgen einen Patienten im Schlafanzug bedient haben?«

Darin liegt für mich die zentrale Schwäche des Buches. Nelson nimmt an, er brauche nur nachzuweisen, dass das Gehirn ein Erlebnis ähnlich einer Nahtoderfahrung produzieren kann, und damit wäre bewiesen, dass Menschen, die eine Nahtoderfahrung machen, ihren Körper nicht verlassen. Er muss noch ein Stück weiter gehen und sich ernsthaft mit den positiven Belegen beschäftigen, die Forscher vorbringen, um ihre Berichte zu bestätigen.

Ein Beispiel: Nelson erzählt von seinem Freund Jake, der plötzlich um 3.00 Uhr morgens aufgewacht ist, »einen Atemhauch auf seinem Gesicht gespürt, seine Mutter gerochen und ihre Präsenz ganz intensiv wahrgenommen hat. In diesem Moment war sie offenbar auf einem anderen Kontinent gestorben.«[20]

Nelson erklärt diese Erfahrung in zweierlei Hinsicht naturalistisch. Erstens wissen wir, dass das Stimulieren einer bestimmten Gehirnregion bewirken kann, dass die betreffende Person eine Präsenz spürt, obwohl niemand da ist. Jake hatte also vielleicht von seiner Mutter geträumt, war plötzlich aus dem REM-Schlaf erwacht und hatte ihre Anwesenheit erlebt, weil seine »Temporoparietalregion unmittelbar nach der REM-Phase noch immer ausgeschaltet war«.[21] Halten wir ihm also zugute, dass das Gehirn ein Gefühl von jemandes Präsenz erzeugen kann.

Aber was ist mit dem bemerkenswerten Timing? Nelson deutet an, dass das Ereignis vielleicht nur *in etwa* zum Zeitpunkt ihres Todes stattgefunden hat und nicht genau zu dieser Zeit.[22]

An diesem Punkt bekommt man den Eindruck, dass Nelson einen beklagenswerten Mangel an wissenschaftlicher Neugier an den Tag legt. Als er den Vorfall zum ersten Mal erwähnt, sagt er, dass Jake »scheinbar in dem Moment« aufgewacht ist, in dem seine Mutter starb. Nun, Dr. Nelson, Sie haben Jake als Ihren Freund bezeichnet. Warum stellen Sie ihm nicht einfach ein paar relevante Fragen, um der Sache auf den Grund zu gehen? Hat er auf die Uhr geschaut, als er aufwachte, oder woher wusste er, dass es 3.00 Uhr war? Gibt es eine Bestätigung (Totenschein, Bericht aus der Familie oder aus dem Krankenhaus) dafür, dass seine Mutter um genau 3.00 Uhr verstorben ist? Ist er schon öfter aufgewacht und hat die Anwesenheit seiner Mutter gespürt? Dadurch würden sich die Chancen erhöhen, dass dies auch am Morgen ihres Todes geschah.

Wenn Jake noch nie zuvor abrupt aufgewacht ist und die Anwesenheit seiner Mutter gespürt hat, warum ist er dann in der Woche, in der sie krank war, von 56 möglichen Stunden, in denen er schlief, ausgerechnet in der Stunde (oder sogar ganz genau in der Minute, wenn sich das bestätigen lässt), in der sie gestorben ist, aufgewacht und hat ihre Anwesenheit ganz dramatisch gespürt?

Und wie passt das zu den vielen anderen Berichten von Menschen, die den Tod eines Freundes oder Verwandten gespürt haben? Ich habe meinen Cousin Bucky erwähnt, der mitten in der Nacht aufgewacht ist, weil er eine gemeinsame Todeserfahrung hatte, und zwar genau zur Todeszeit seines Vaters. Das wusste er so genau, weil er unmittelbar danach den Anruf erhalten hatte, dass sein Vater gestorben sei. Bucky hatte sich noch nicht einmal Sorgen über die Gesundheit seines Vaters gemacht. Sein Herzinfarkt war plötzlich und unerwartet gekommen. Er war nicht krank gewesen.

Zugegebenermaßen kann das Gehirn sehr vielgestaltige Erlebnisse produzieren. Aber das bemerkenswerte Timing lässt mich vermuten, dass etwas außerhalb von Jakes und Buckys Gehirn ihre Erlebnisse hervorgerufen hat.[23]

Duellierende Neurologen

Weil Nelson immer wieder betont, dass studierte Neurologen einzigartig qualifiziert sind, die Natur von Nahtoderlebnissen zu verstehen, sollten diejenigen, die Nelson lesen, auch Dr. Eben Alexanders Buch *Proof of Heaven* (dt.: *Blick in die Ewigkeit*, Ansata, München 2013) lesen. Alexander ist akademischer Neurochirurg. Er lehrt seit 15 Jahren an der Harvard Medical School und hat über 150 Artikel in medizinischen Fachzeitschriften sowie Kapitel in medizinischen Sammelwerken veröffentlicht. Nachdem er selbst ein profundes Nahtoderlebnis hatte, untersuchte er seine Erfahrungen im Lichte der neurologischen Wissenschaft. Alexander kommt zu dem Schluss, dass er das Leben in einer anderen Dimension wirklich erfahren hat und Gott begegnet ist, und zwar außerhalb seines Körpers.[24]

Anhang 7
Überlegungen zu Nahtoderfahrungen
und christlichen Lehren

Nahtodforscher decken das ganze religiöse Spektrum ab, von Anhängern der traditionellen Religionen über Vertreter des New Age und Fundamentalisten bis zu Atheisten. Christen wollen oft wissen, was Nahtoderfahrungen mit christlichen Lehren zu tun haben. In diesem Zusammenhang ist interessant, dass Dr. Ritchie, der Psychiater von der Universität von Virginia, der Moody zutiefst beeinflusst hat, berichtet, das Wesen, dem er begegnet war, sei »der Sohn Gottes« gewesen.[1] Als Moody Dr. Ritchie fragte, ob er ihm sein Buch *Life after Life* widmen könne, antwortete Richie: »Ich weiß das zu schätzen, aber ich würde es lieber sehen, wenn Sie es Jesus Christus widmeten, weil er derjenige ist, dem ich diese Erfahrung verdanke.«

Aber Moody wollte »in Fragen der Religion neutral bleiben«, also widmete er es »Dr. med. George Ritchie und durch ihn Dem, den er vorgeschlagen hat«.[2] Interessant ist: Als Ritchie vor größeren Gruppen über seine Erfahrungen sprach, begannen die Menschen ihre Erfahrungen mit ihm zu teilen und ihm Briefe zu schreiben. Weil sie nicht die Zeit hatte, all diese Briefe zu beantworten, warf seine Frau sie weg. Hätte er sie in einem Buch veröffentlicht, hätte der Beginn der

Nahtodforschung vielleicht einen sehr viel deutlicheren christlichen Akzent gehabt.

Es ist jedoch fraglich, ob die wissenschaftliche Gemeinschaft überhaupt darauf reagiert hätte, weil man es für ein »religiöses« Buch gehalten hätte. Vielleicht war es vorausschauend, dass Moody der Welt Nahtoderfahrungen in einem nicht religiösen Kontext präsentierte und auch keine Aussagen über religiöse Implikationen machte. Auf diese Weise fühlten sich Ärzte und andere Wissenschaftler wohl dabei, sie objektiv zu untersuchen, und zwar eher von einem wissenschaftlichen als von einem religiösen Standpunkt aus.

Hier sind ein paar Gedanken, die Christen in Betracht ziehen sollten.

1. Die dominante Erfahrung scheint im Einklang mit biblischen Lehren zu sein.
Ich habe einige dieser Übereinstimmungen in Kapitel 6 näher ausgeführt.

2. Elemente, die selten vorkommen – die also nicht als Teil der zentralen Erfahrung angesehen werden –, sollten eher mit Skepsis betrachtet werden.
Immerhin könnte es vorkommen, dass eine Person in einer medizinischen Krisensituation sowohl ein legitimes Nahtoderlebnis als auch eine lebendige Halluzination hat und beide nicht voneinander unterscheiden kann. Vor allem Berichte über Prophezeiungen,

Erinnerungen an frühere Leben etc., sollten eher skeptisch betrachtet werden, da sie nicht zu den typischen Erfahrungen gehören.[3]

3. Jesus, Engel und andere speziell biblische Wesen und Bilder kommen in den Berichten über Nahtoderfahrungen häufig vor.

Allerdings ist oft schwer zu sagen, ob diejenigen, welche die Erfahrung machten, lediglich *vermuteten*, das Wesen, das sie gesehen hatten, sei ein Engel (oder Jesus) gewesen, oder ob sich das Wesen tatsächlich selbst in irgendeiner Weise zu erkennen gegeben hatte. Mit anderen Worten, ein himmlischer Bote mag von einem Christen als Engel bezeichnet werden (die Bezeichnung »Engel« kommt von einem griechischen Wort, das »Bote« bedeutet), während ihn ein Hindu Yamaduta nennen würde (ebenfalls ein Bote). Vielleicht haben beide dasselbe Wesen gesehen, einen himmlischen Boten, den sie aber entsprechend ihrer Tradition benannt haben. (Es ist interessant, dass Dr. Ritchie das Wesen, dem er während seiner Nahtoderfahrung begegnet ist, nicht für den Sohn Gottes *gehalten* hat. Es wurde ihm während der Nahtoderfahrung als Sohn Gottes *vorgestellt*.)

4. Unterscheiden Sie zwischen der Erfahrung selbst (die legitim sein kann) und der Interpretation (die vielleicht von der Weltanschauung der betreffenden Person beeinflusst ist).

Eine Person beharrt vielleicht darauf, ihre Erfahrung beweise, dass wir keine Individuen, sondern Teil eines universellen Bewusstseins sind. Aber hat sie diese Schlussfolgerung allein aus der Erfahrung selbst gezogen oder hat sie diese im Licht ihrer Weltanschauung interpretiert?

5. Bewahren Sie sich eine gewisse Skepsis.
Salomo warnt uns: »Der Unerfahrene traut jedem Wort, der Kluge achtet auf seinen Schritt.« (Sprüche 14,15) Seien Sie also nicht naiv. Wenn eine Frau behauptet, Gott habe sie während einer Nahtoderfahrung aufgefordert, eine neue Kirche zu gründen, der Sie jetzt beitreten sollen, sollten Sie ihr glauben?

»Traut nicht jedem Geist, sondern prüft die Geister, ob sie aus Gott sind; denn viele falsche Propheten sind in die Welt hinausgezogen«, warnt uns der Apostel Johannes (1 Johannes 4,1) In alttestamentarischen Zeiten sagten die falschen Propheten: »Spruch des Herrn – obwohl der Herr sie nicht gesandt hat« (Hesekiel 13,6), und daher sollten auch die selbst ernannten Propheten von heute getestet werden. Die alten Hebräer prüften Propheten auf verschiedene Weise. Hatten sich 100 Prozent ihrer früheren Prophezeiungen bewahrheitet? (5 Mose 18,21,22) Waren ihre Prophezeiungen in Einklang mit dem, was Gott zuvor offenbart hatte? (5 Mose 13,1–3) Und heute? Haben sie potenzielle Hintergedanken, wenn sie ihre Geschichten anderen mitteilen (z. B. Vortragshonorare, Verkauf von Büchern etc.)?

Christen haben unterschiedliche Ansichten zum Thema Nahtoderfahrungen. Der christliche Apologet Gary Habermas argumentiert, dass die wahrheitsgetreue Wahrnehmung während einer außerkörperlichen Erfahrung zwar ein gutes Argument für die Trennung von Geist und Körper liefert, dass es aber keine Beweise gibt, anhand derer man überprüfen könnte, ob die Erfahrung, die Menschen mit Gott und anderen himmlischen Wesen machen, echt ist. Wir haben nämlich nichts, womit wir diesen Teil der Erfahrung untermauern könnten. Er hält fest, dass Nahtoderfahrungen zwar starke Hinweise auf ein Leben nach dem Tod liefern, aber keine Beweise für den alleinigen Wahrheitsanspruch einer Religion.[4]

6. Seien Sie vorsichtig mit dem Anstreben solcher Erfahrungen.

Weil Nahtoderfahrungen das ganze Leben verändern können, ist es vielleicht verlockend anzunehmen, man solle einzelne Elemente einer solchen Erfahrung regelrecht anstreben, etwa indem man sich in Astralprojektion übt oder mit verstorbenen Verwandten zu kommunizieren versucht. In den Schriften ist zwar die Rede von Menschen, die Visionen haben oder bei Gelegenheit sogar mit den Toten kommunizieren (Matthäus 17,1–3), aber wir werden nie ermutigt, solche Erfahrungen anzustreben.

Die Heilige Schrift lehrt: So wie es auf der Erde gute und böse Menschen gibt, gibt es auch in der geistigen Dimension gute und böse Wesen. Von bösartigen Wesen ist oft in Berichten über quälende Nahtoderfahrungen die Rede. Wenn sich Satan »als Engel des Lichts tarnt« (2 Korinther 11,14), wie können wir da sicher sein, dass alles, was wir (und andere) auf der anderen Seite erleben, uns wohl gesonnen ist und die Wahrheit verkörpert?

Daher ist es in der Heiligen Schrift ausdrücklich verboten, Medien (»Geisterbeschwörer«) zu konsultieren. »Wendet euch nicht an die Totenbeschwörer und sucht nicht die Wahrsager auf …« (3 Mose 19,31). Und selbst wenn Medien wirklich Kontakt mit Wesen in einer spirituellen Dimension aufnehmen, wie können wir wissen, ob diese uns wohlgesonnen sind und die Wahrheit sagen?[5]

7. Bestimmen Sie die primäre Quelle Ihres spirituellen Wissens.

Christen glauben in der Regel, dass die Heilige Schrift in Fragen der Lehre maßgebend ist. Daher sollten sie sich vor allen Erfahrungen in Acht nehmen, die etwas Gegenteiliges lehren, als in der Heiligen Schrift steht, oder den Anspruch erheben, eine neue Offenbarung zu verkünden, auch wenn dies anscheinend von einem Engel aus dem Himmel gesagt wird (Galater 1,8,9; 5 Mose 4,2,12,32; Offenbarung 22,18,19).

In diesem Zusammenhang scheint es ratsam, Nahtoderfahrungen eher als natürliche Offenbarungen zu betrachten (z. B. Gott über seine Schöpfung zu begreifen), denn als spezielle Offenbarung (Lernen über Gott aus der Heiligen Schrift und Seine Handlungen in der Geschichte).

Aus der Beobachtung der geschaffenen Welt folgern viele Philosophen und Theologen, dass es einen weisen und mächtigen Gott gibt. Aber indem wir Atome und Galaxien durch Vergrößerungsgläser beobachten, erfahren wir wenig darüber, wie wir uns den Himmel nach dem Tod sichern können. Diejenigen, die hoffen, dies in Nahtoderlebnissen zu erfahren, erwarten möglicherweise zu viel.

8. Die Tatsache, dass es die himmlischen Wesen an der »Verkündigung des Evangeliums« ermangeln lassen, kann manche Menschen verwirren.

Wenn wir durch Jesus erlöst werden, sollten Menschen mit einer Nahtoderfahrung dann nicht typischerweise berichten, dass Jesus sie aufgefordert hat, ihn als ihren Retter annehmen? Doch scheint dies die allgemeine Ausrichtung der Schrift zu verletzen, nämlich dass Gott die Verkündigung des Evangeliums den Gläubigen überlässt.

Es gibt keine Vision in der Bibel, die eine Verkündigung des Evangeliums enthält. Als Saulus seine Vision hatte, wies ihm Jesus den Weg in die nahegelegene Stadt, wo Ananias zu ihm sprach. (Apostelgeschichte 9,1–18)

9. Warum ist in einigen Studien die Rede davon, dass sich Menschen nach einer Nahtoderfahrung vom traditionellen Christentum abgewandt haben (etwa aus der Kirche ausgetreten sind), um sich einer weniger traditionellen Form der Spiritualität (etwa der Esoterik) zuzuwenden?

Van Lommel berichtet von einer Tendenz unter Personen mit einer Nahtoderfahrung, der etablierten Kirche den Rücken zu kehren, weist aber auch darauf hin, dass dies möglicherweise mehr mit einer allgemeinen Tendenz zum Kirchenaustritt in Holland zu tun hat, als mit der Erfahrung selbst.[6] Sabom erforschte dieses Problem in seiner zweiten Studie über Nahtoderfahrungen und kam zu dem Ergebnis, dass sich Menschen nach einem Nahtoderlebnis ihrer örtlichen Gemeinde eher *mehr* verpflichtet fühlten und nicht weniger.[7] Daraus folgerte er: »Der Glaube an Reinkarnation und an östliche, universalistische Religionen ist *keine* unmittelbare Nachwirkung des Nahtoderlebnisses.«[8] In Sartoris Studie »berichteten alle Patienten über eine erhöhte Neigung zu beten, in die Kirche gehen und die Bibel zu lesen«.[9] Natürlich lechzen Menschen nach einer Nahtoderfahrung normalerweise nach mehr Informationen über ihre Erfahrungen. Und wenn zufriedenstellende Erklärung von einer bestimmten Religion angeboten werden, fühlen sie sich vermutlich zu dieser Religion hingezogen.

10. Verwechseln Sie Nahtoderfahrungen nicht mit dem endgültigen Tod oder dem neuen Jerusalem der Offenbarung. Christen stellen sich das Leben nach dem Tod oft als identisch mit dem »neuen Himmel und der neuen Erde« aus Offenbarung 21 vor, komplett mit einem »neuen Jerusalem« und Straßen aus Gold. Aber der Heiligen Schrift zufolge wird all das *nach* dem Jüngsten Gericht errichtet und *nachdem* die Erde, wie wir sie kennen, »vergangen ist«. Vielleicht ist die Nahtoderfahrung dem näher, was der Apostel Paulus erlebte, als er davon sprach, er sei »entrückt bis in den dritten Himmel« gewesen und »entrückt in das Paradies« und habe »unaussprechliche Worte« gehört (2 Korinther 12,1–7). »Unaussprechlich« – dieses Wort haben wir mit Sicherheit auch schon von vielen Menschen gehört, die versucht haben, ihre Nahtoderfahrung zu beschreiben!

Wenn schon die Bibel nie behauptet, uns alles über das Jenseits zu sagen, sollten wir da als Christen nicht voller Demut offen bleiben in Bezug darauf, wie Kreaturen oder »geografische« Bereiche des Jenseits in Erscheinung treten sollten? Vielleicht hat das Leben im Jenseits schier endlose visuelle Feste zu bieten, eine außerordentliche Vielfalt atemberaubender Pflanzen und Tiere und herrliche Ausblicke. Vielleicht können seine Bewohner ohne Ende durch verschiedene Länder und Kulturen reisen. Angesichts dieser Möglichkeiten sollten Sie aufpassen, Gott und den Himmel nicht in eine ordentliche, aber unnötig einschränkende Schublade zu stecken.

Fazit

Nahtoderfahrungen scheinen insgesamt mit einem biblischen Weltbild vereinbar zu sein und haben Christen viel zu bieten. Während historische und philosophische Argumente, die für religiöse Behauptungen sprechen, auf manche großen Eindruck machen, finden viele andere solche Argumente trocken und langweilig. Doch Nahtoderfahrungen scheinen von Natur aus faszinierend und unwiderstehlich zu sein.

Und nicht nur das Leben derjenigen, die eine Nahtoderfahrung *machen*, verändert sich anschließend, auch das Leben der Menschen, die solche Erfahrungen untersuchen, wird entsprechend beeinflusst. In einer Umfrage unter Studenten, die sich an der Universität mit Nahtoderfahrungen beschäftigten, berichteten die Befragten von gesteigertem Mitgefühl, einem höheren Selbstwertgefühl, einem stärkeren Glauben an das Leben nach dem Tod, gestärkten Ansichten über Gott, einer deutlich spirituelleren Orientierung und einer stärkeren Überzeugung davon, dass das Leben einen Sinn und ein Ziel hat.[10]

Ich schlage vor, es sollten sich mehr Theologen, Philosophen und Pastoren mit diesem und verwandten Themen beschäftigen. Sartori konstatierte einen verwirrenden Mangel an Literatur von Theologen, die Nahtoderfahrungen untersucht haben.[11] Menschen, die selbst eine Nahtoderfahrung gemacht haben, brauchen einige Zeit, um dieses Erlebnis zu verstehen. New-Age-Autoren waren sehr gut darin, die Erfahrung im

Kontext ihres Weltbilds zu beschreiben. Bedauerlicherweise ist die Literatur, die von christlicher Seite kommt, bisher sehr spärlich. Eine Erfahrung, die für denjenigen, der sie macht, von solcher Bedeutung und für das allgemeine Publikum von derartigem Interesse ist, verdient eine gründlichere Untersuchung von Theologen im Besonderen und von christlichen Denkern im Allgemeinen.

Anhang 8
Bestätigte Nahtoderfahrungen

(Die folgende Tabelle wurde ursprünglich von Janice Miner Holden zusammengestellt und mit Genehmigung der ABC-CLIO, LLC neu veröffentlicht. Ursprünglich handelte es sich um Tabelle 9.1, Seite 194, in *The Handbook of Near-Death Experiences*, herausgegeben von Janice Miner Holden et al., 2009, Genehmigung erteilt durch das Copyright Clearance Center, Inc.)

Quellen für Anekdoten mit offensichtlich nicht körperlicher, wahrheitsgetreuer Wahrnehmung

Quelle (ausführlich dokumentiert in den Anmerkungen ab Seite 305)	Anzahl der Fälle	Seitenzahlen
Atwater, P. M. H. 1999[1]	1	96–102
Bonenfant, R. J., 2001[2]	1	89
Brumblay, R. J., 2003[3]	1	214
Clark, K., 1984[4]	1	243
Cobbe, F. P., 1882[5]	1	297
Cook, E. K., Greyson, B. und Stevenson, I., 1998[6]	10	384, 385, 387–88, 389–90, 391–92, 393–94, 395–98, 398, 399

Quelle (ausführlich dokumentiert in den Anmerkungen ab Seite 305)	Anzahl der Fälle	Seitenzahlen
Crookall, R., 1972[7]	1	386
Ellwood, G. F., 2001[8]	1	25
Fenwick, P. und Fenwick, E., 1995[9]	7	31, 32, 32–33, 33 (2), 35, 193
Green, C., 1968[10]	1	121
Grey, M., 1985[11]	3	37, 37–38, 80–81
Hampe, J. C., 1979[12]	1	260–61
Hyslop, J. H., 1918[13]	1	620
Jung, C. G., 1969[14]	1	92
Kelly, E. W., Greyson, B. und I. Stevenson, 1999–2000[15]	1	516
Kübler-Ross, E., 1983[16]	1	210
Lawrence, M., 1997[17]	1	117
Lindley, J. H., Bryan, S. und Conley, B., 1981[18]	2	109, 110
Manley, L. K., 1996[19]	1	311
Moody, R., 1975[20]	4	93, 94 (2), 95–102
Moody, R. und Perry, P., 1988[21]	4	170–71, 171, 172, 173
Morris, L. L. und Knafl, K., 2003[22]	2	155, 156
Morse, M. L., 1994[23]	4	62, 67, 67–68, 68
Morse, M. L. und Perry, P., 1990[24]	3	6, 25–26, 152–53
Myers, F. W. H., 1892[25]	2	180–194, 194–200
»Near-Death Experiences: The Proof«, 2. Februar 2006 aus Ogston, A., 1920[26]	1	383

Quelle (ausführlich dokumentiert in den Anmerkungen ab Seite 305)	Anzahl der Fälle	Seitenzahlen
Rawlings, M., 1978[27]	7	5, 56–57, 57–58, 75, 77–78, 79–80, 99
Ring, K., 1980[28]	2	50, 51
Ring, K., 1984[29]	1	44
Ring, K. und Cooper, S., 1999[30]	9	4, 6–7, 7, 51, 61, 83, 101–2, 108–9, 109–20
Ring, K. und Lawrence, M., 1993[31]	3	226–27, 227, 227–28
Ring, K. und Valarino, E. E., 1998[32]	11	59, 60–61 (2), 62, 62–63, 63, 64, 224–25, 226 (3)
Rommer, B., 2000[33]	2	5–7, 7
Sabom, M., 1982[34]	10	64-69, 69–72, 73–74, 87–91, 94, 99, 104, 105–11, 111–13, 116–18
Tutka, M. A., 2001[35]	1	64
Tyrrell, G. N. M., 1946[36]	1	197–99
van Lommel, P., van Wees, R., Meyers, V. und Elfferich, I., 2001[37]	1	2041
Wilson, 1987[38]	1	163–64
	Gesamt 106	

Anhang 9
Anleitung zum Weiterforschen

Hier liste ich Bibliografien, Websites, Zeitschriften und Bücher zum Weiterforschen auf. Diese Liste ist besonders für diejenigen gedacht, die akademische Forschungen betreiben. Daher schlage ich vor allem Berichte über die Untersuchung mehrerer Nahtoderfahrungen vor und nur wenige inspirierende Bücher, in denen eine Person ihre eigenen Erfahrungen beschreibt.

Dies ist ein spannendes Forschungsthema und würde sich ideal für eine Masterarbeit oder eine Dissertation eignen. Rechnen Sie mit etwa einem Jahr intensiver Forschung, um einen guten Überblick über das Gebiet zu bekommen. Aber ich empfehle Ihnen, die Studie nicht zu schnell durchzuführen. Viele Aspekte von Nahtoderfahrungen verlangen, dass man nicht nur möglichst viel darüber liest, sondern auch über das Gelesene nachdenkt. Lesen Sie ein paar Kapitel einer umfangreichen Studie und nehmen Sie sich dann Zeit, um über die Daten nachzudenken. Lassen Sie Ihren Geist einfach schweifen, auch außerhalb Ihrer intellektuellen Komfortzone. Fragen Sie im Kreis Ihrer vertrauten Freunde und Bekannten nach, ob jemand Menschen kennt, die selbst eine Nahtoderfahrung gemacht haben. Befragen Sie diese Menschen. Reflektieren Sie über die von ihnen gemachten Erfahrungen und stellen Sie den Betreffenden entsprechende Folgefragen. So gewinnen Sie vielleicht Einsichten, die noch genauer erforscht werden müssen. Es ist wirklich ein faszinierendes Forschungsgebiet!

Video

The Day I Died: The Mind, the Brain, and Near-Death Experiences, 2002, koproduziert von den Fernsehgesellschaften BBC und TLC. Dieses Video kann nicht nur als eine persönliche Einführung in das Thema Nahtoderfahrungen dienen, sondern auch als Lehrvideo, um Krankenschwestern, Berater, Ärzte und Studenten mit Nahtoderfahrungen vertraut zu machen. Es ist sehr gut gemacht und enthält persönliche Interviews mit Menschen, die eine Nahtoderfahrung gemacht haben, wie Pam Reynolds und einer blind geborenen Frau. Sie lernen Forscher wie van Lommel, Greyson, Parnia, Fenwick, Blackmore und Sabom kennen. Ich habe es ursprünglich auf YouTube gefunden, aber die schlechte Qualität der YouTube-Kopie hat ihm einiges von seiner Wirkung genommen. Sie können das Original hier bestellen http://ffh.films.com/id/11685 oder es mit 40 Prozent Rabatt bekommen, wenn Sie der International Association for Near-Death Studies beitreten:
http://iands.org/resources/educational-materials/30-the -ultimate-nde-%video.html

Interviews

Auf der Website http://www.skeptiko.com interviewt Alex Tsakiris führende Autoren zu allen Aspekten der Geist/Körper-, Natürlich/Übernatürlich-Debatte. Tsakiris stellt hervorragende Fragen, scheut die Auseinandersetzung nicht und bietet seine Interviews sowohl als Audioversionen als auch zum Ausdrucken an – kostenlos. Zu Nahtoderfahrungen hat er Autoren wie Nancy Evans Bush (sie speziell zu quälenden Nahtoderfahrungen), Raymond Moody, Melvin Morse, Jan Holden, Eben Alexander, Chris Carter, Pim van Lommel, Jeffrey Long, Sam Parnia, Susan Blackmore, G. M. Woerlee, Penny Sartori, Peter Fenwick und andere befragt.

Bücher

(Ich liste die Bücher in der Reihenfolge auf, in der ich sie Forschern zu lesen empfehle, obwohl das natürlich auch davon abhängig ist, welchen Zweck Sie mit Ihrer Studie verfolgen.)

Life After Life von Raymond Moody, MD, 1975 (dt.: *Leben nach dem Tod*, 1977) – Dieses Buch war das erste, das Nahtoderfahrungen bekannt machte. Es ist und bleibt ein guter Einstieg, eine Einführung, die jedem Leser die Augen öffnen kann. Hier können Studenten Ausschnitte aus einer großen Anzahl von Berichten über Nahtoderfahrungen lesen und ein Gefühl für die typischen Elemente solcher Erfahrungen bekommen und auch dafür, was es mit »bemerkenswerter Übereinstimmung« auf sich hat.

Als junger Student glaubte Moody nicht an ein Leben nach dem Tod. Doch dann hörte er den Vortrag eines ortsansässigen Psychiaters, der behauptete, gestorben und wieder ins Leben zurückgekehrt zu sein, und der überzeugt war, dass er das Leben auf der anderen Seite erlebt hatte. Als Philosoph (mit abgeschlossenem Philosophiestudium) und Assistenzarzt (der später seinen Facharzt in Psychiatrie machte) befragte Moody über 150 Menschen zu ihren Erfahrungen in Todesnähe und prägte den Begriff *near-death experience* (»Nahtoderfahrung« oder »Nahtoderlebnis«).

Da Moody in der jüngeren Geschichte einer der ersten war, der Nahtoderfahrungen untersuchte, können die Erfahrungen seiner Probanden wohl kaum damit wegerklärt werden, sie seien allein von der Erwartung einer derartigen Erfahrung in Todesnähe verursacht worden.

Zwei Schwächen des Buches: Erstens, Moodys Probanden gehörten vor ihrem Nahtoderlebnis zwar diversen Glaubensrichtungen an, aber sie waren alle aus Amerika. Spätere Forscher zogen auch Nahtoderfahrungen aus anderen Kulturen zum Vergleich heran. Zweitens gibt er selbst zu, dass seine Studie weitgehend anekdotisch war. Er befragte Menschen, die behaupteten, eine solche Erfahrung gemacht zu haben, aber es gibt keine Hinweise darauf, dass er versucht hat, ihre Behauptungen anhand von medizinischen

Aufzeichnungen, bestätigenden Beweisen etc. zu überprüfen.

*The Handbook of Near-Death Experiences: Thirty Years of
Investigation*, herausgegeben von Janice Miner Holden,
Ed. D, Bruce Greyson, MD und Debbie James, MSN, RN,
2009 – Wenn Sie ernsthafte Forschungen betreiben
wollen und eine hohe Toleranz für wissenschaftliche
Details haben, sollten Sie sich sehr viel Zeit nehmen
und sich das Standardnachschlagewerk auf diesem Gebiet besorgen. Hier lernen Sie die führenden Forscher
kennen, finden die wichtigsten Studien und lesen Zusammenfassungen der neuesten Forschungsergebnisse
(Stand: 2005).

Einige hoch angesehene Nahtodforscher haben Kapitel beigetragen und fassen darin ihre Forschungen zu
angenehmen Nahtoderfahrungen, belastenden Nahtoderfahrungen, den Nahtoderfahrungen von Kindern,
nicht westlichen Nahtoderfahrungen und überzeugenden Beweisen (z. B. wahrheitsgemäße Wahrnehmungen)
zusammen, zeigen Erklärungsmodelle auf und geben
praktische Empfehlungen für Ärzte, Krankenschwestern, Psychologen, Hospizangestellte und andere, die
Nahtoderfahrene behandeln und beraten. Die umfassende Dokumentation verleiht dem Buch nicht nur
Autorität, sondern hilft Forschern auch, den Kurs für
weitere Forschungen abzustecken.

(Anmerkung: Wenn der Preis für dieses Buch Ihr
Forschungsbudget übersteigt, bitten Sie Ihre Bibliothek,

ein Exemplar davon anzuschaffen. Ich habe es mir zunächst über Fernleihe besorgt.)

Diejenigen, die sich speziell für die Beweiskraft von Nahtoderfahrungen interessieren, sollten vor allem die Kapitel 5 (»Die Nahtoderfahrungen westlicher Kinder und Jugendlicher«), 7 (»Erfassung nicht westlicher Nahtoderfahrungen bis 2005«), 9 (»Wahrheitsgetreue Wahrnehmungen während einer Nahtoderfahrung«) und 10 (»Erklärungsmodelle für Nahtoderfahrungen«) lesen.

Consciousness Beyond Life, Pim van Lommel, MD, 2007 (dt.: *Endloses Bewusstsein*, 2009) – Seriöse Studenten werden sich auch mit einigen prospektiven klinischen Nahtodstudien vertraut machen wollen. Van Lommel stellt uns eine der jüngsten Studien vor, und sein Buch ist nicht nur gut geschrieben, sondern er zieht auch frühere Studien heran, um seine Schlüsse daraus zu ziehen.

Dieser angesehene Kardiologe begann seine Tätigkeit mit streng naturalistischer Ausrichtung, gelangte aber zu der Überzeugung, dass seine wiederbelebten Patienten außerhalb ihres Körpers sehr lebendig waren, während ihre Gehirne eigentlich kein Bewusstsein hervorbringen konnten. Während Moody Menschen zu ihren Erfahrungen aus der Vergangenheit befragte (eine *retrospektive* Studie), führte van Lommel seine Interviews in einer klinischen Umgebung durch und befragte sowohl seine Patienten, die von einer Nahtod-

erfahrung berichtet hatten, als auch eine Kontrollgruppe von Patienten, die ähnlich diagnostiziert worden
waren, aber nach eigenen Angaben kein Nahtoderlebnis hinter sich hatten. Damit war es eine *prospektive*
Studie.

Außerdem befragte van Lommel beide Gruppen im
Laufe der Jahre erneut, um zu vergleichen, was sich in
ihrem Leben langfristig verändert hatte (eine Langzeitstudie). Diese Aspekte machen van Lommels Studie
viel wissenschaftlicher im strengen Sinne als Moodys
Studie. Van Lommel dokumentiert seine Quellen sehr
gut und beherrscht die einschlägige Literatur über das
Gebiet in außergewöhnlicher Weise.

Leser, die nicht genug Geduld und Motivation auf-
bringen, schaffen es vielleicht nicht, das gesamte Buch
durchzuarbeiten. Während Moody für ein breiteres
Publikum schreibt, *versucht* van Lommel zwar, für den
durchschnittlichen Leser zu schreiben, hat aber offensichtlich andere Ärzte im Sinn, wenn er immer wieder
Fachbegriffe wie *Myokardinfarkt* fallen lässt.

Recollections of Death: A Medical Investigation von Michael
B. Sabom, MD (dt.: *Erinnerung an den Tod. Eine medizinische Untersuchung*, 1988) – Wenn Sie Forschungen
über Nahtoderfahrungen in chronologischer Reihenfolge studieren möchten, sollten Sie Dr. Saboms Studie unmittelbar nach *Life After Life* lesen. Sabom, ein
Kardiologe, begann mit seinen Interviews 1976, ein Jahr
nach dem Erscheinen von Moodys Buch.

Alles begann damit, dass Sabom an einem Seminar über *Life After Life* teilnahm, das von einer psychiatrischen Sozialarbeiterin namens Sarah Kreutziger geleitet wurde. Weil er der einzige anwesende Arzt war, wurde er um seine Meinung gebeten. Er sagte nur: »Ich glaube es nicht.«[1] Aber Kreutziger forderte ihn auf, seine Herzstillstandpatienten zu ihren Erfahrungen zu befragen, und er war schockiert, als der dritte Patient, den er fragte, von einer Nahtoderfahrung berichtete.[2]

Weil er erkannt hatte, dass Moodys Interviews ziemlich zwanglos und unsystematisch waren, beschloss Sabom, eine prospektive Studie zu machen (er führte zwar auch retrospektive Interviews durch, wertete sie aber separat aus), und zwar unter seinen Patienten im klinischen Umfeld. Er ging davon aus, dass er, entgegen Moodys Bericht, eine Vielzahl von sehr unterschiedlichen Erfahrungen finden würde, und dass er die vermeintlichen visuellen Erinnerungen der Betreffenden an ihre Operationen (die sie angeblich von außerhalb ihres Körpers beobachtet hatten) widerlegen konnte, weil er die komplizierten Details kannte.[3] Alles in allem erklärte Sabom: »Ich nehme an, wenn mich jemand gefragt hätte, was ich über den Tod denke, hätte ich gesagt, dass man mit dem Tod tot ist, und das war es dann.«[4]

Nachdem er seine Interviews ein Jahr lang geführt hatte, änderte er seine Meinung allmählich.[5] Am Ende seiner Studie (die insgesamt fünf Jahre dauerte), nachdem er Gespräche mit 32 Patienten geführt hatte, die ihre eigene Reanimation bis ins kleinste Detail beschrieben, war er davon überzeugt, dass sie tatsächlich ihren Körper verlassen hatten.

Ein großer Vorteil von Saboms Studie ist, dass er sie nicht nur als Arzt durchführt, sondern auch als skeptischer Forscher. Er hat die Geschichten seiner Patienten konsequent anhand ihrer Krankenakten überprüft und die behandelnden Ärzte und Krankenschwestern gefragt, ob sie die Berichte bestätigen konnten.[6] Patienten mit psychiatrischen Erkrankungen oder erheblichen psychischen Beeinträchtigungen waren von der Befragung ausgeschlossen.[7] Er stellte sehr detaillierte Fragen zu den medizinischen Verfahren, von denen sie behaupteten, sie von außerhalb ihres Körpers gesehen zu haben, und stellte fest, dass bei verschiedenen Patienten unterschiedliche Verfahren eingesetzt worden waren.

Außerdem stellte er eine Kontrollgruppe von Patienten zusammen, die kein Nahtoderlebnis gehabt hatten, und bat sie zu beschreiben, wie sie sich eine Reanimation vorstellten. Auf diese Weise konnte er die Genauigkeit der Berichte aus beiden Gruppen vergleichen und beurteilen, wie wahrscheinlich es war, dass die Patienten die richtigen Details erraten hatten.

Im Einklang mit seinem Ansatz umfasst Saboms Kapitel über natürliche Erklärungen nicht nur eine Erläuterung physiologischer Erklärungen wie Anoxie und Hypoxie, sondern zeigt auch, warum es unwahrscheinlich ist, dass die Patienten ihre Geschichten, bewusst oder unbewusst, erfunden haben.[8]

Manche vermuten, dass Nahtodforscher Dinge erfinden oder ihre Daten frisieren, um Aufmerksamkeit zu bekommen, und weil sie einen Bestseller veröffentlichen wollen. Doch das scheint bei Sabom höchst unwahrscheinlich zu sein. Zum Zeitpunkt der Veröffentlichung seines Buches lehrte er Kardiologie an der renommierten medizinischen Fakultät der Emory University. Ein Buch zu veröffentlichen, das auf gefälschten Daten basiert, wäre ein sicherer Weg gewesen, sein Gesicht zu verlieren und seine Karriere an diesem Institut aufs Spiel zu setzen. Sabom hat auch viele Artikel über Nahtoderfahrungen in wissenschaftlichen Fachzeitschriften veröffentlicht, sodass seine Arbeit stets offen für Kritik und Wiederholung unter seinesgleichen war.

Insgesamt ist das Buch gut geschrieben, gut begründet und gut strukturiert.

Science and the Near-Death Experience von Chris Carter, 2010 – Das Vorwort von Neal Grossman, langjähriger Professor der Philosophie an der Universität Illinois, hat die verbale Feuerkraft eines Maschinengewehrs. Er ist fuchsteufelswild, dass so viele seiner Kollegen hartnäckig an ihren naturalistischen Paradigmen festhalten und sich weigern, die Beweise für paranormale Aktivitäten auch nur in Augenschein zu nehmen. Laut Grossman wurde die Nahtodforschung nicht etwa ge-

prüft und für unzureichend befunden, sondern vielmehr als unangenehm empfunden und blieb daher
ungeprüft.

Im Anschluss an dieses Vorwort schaltet Autor Chris
Carter auf kleinere Flamme und wägt dokumentierte
Beweise für und gegen die Gültigkeit von Nahtoderfahrungen nüchtern gegeneinander ab. Er leistet
fantastische Arbeit, indem er einen Großteil der vor
2010 betriebenen Forschung zusammenführt. Seine
Studienabschlüsse aus Oxford haben ihn auch gut
darauf vorbereitet, ernsthafte Forschungen zu betreiben. Es ist ein großartiges Buch, wenn man etwas
über den Umgang mit naturalistischen Einwänden
gegen die Gültigkeit von Nahtoderfahrungen lernen
möchte.

Dying to Live: Near-Death Experiences, Susan Blackmore,
1993 – Blackmore war nach dem Studium der Psychologie, Physiologie und Parapsychologie außerordentliche Professorin für Psychologie an der University
of the West of England. Sie ist erklärte Atheistin und
die führende Autorität für natürliche Erklärungen von
Nahtoderfahrungen. In *Dying to Live* stellt Blackmore
ihre naturalistische »Hypothese des sterbenden Gehirns« vor.

In ihrem zweiseitigen Vorwort schlägt sie schrille
und rechthaberische Töne an (z. B. »Die Wissenschaft
sagt uns, dass der Tod das Ende ist …«) und steht damit
in einem faszinierenden Kontrast zum ebenso laut-

starken Professor Grossman im Vorwort für Carters Buch (»… die Wissenschaft hat in der Tat bereits festgestellt, dass Bewusstsein unabhängig vom Gehirn existieren kann …«).

Glücklicherweise schaltet Blackmore schnell in den Forschungsmodus um und beginnt mit ihrer Analyse der Daten und liefert einige sehr hilfreiche Diskussionsbeiträge. Eine ausführlichere Diskussion von *Dying to Live* finden Sie in Anhang 5.

Light & Death von Michael Sabom, MD, 1998 – Während Blackmore Nahtoderfahrungen aus der Perspektive des Atheismus untersucht hat, werden sie in *Light & Death* aus der Perspektive des Christentums betrachtet. In Saboms erster Studie verlagerte sich sein Weltbild allmählich von »Wenn wir sterben, sterben wir« zu »Es gibt ein Leben nach dem Tod«, während er es seinen Lesern überließ, sich ihre eigenen Gedanken über die religiösen Implikationen zu machen. In dieser zweiten Studie begegnen wir einem Sabom, der eine dezidiert christliche Weltsicht vertritt[9] und Fragen von religiöser Bedeutung anspricht, etwa:

• Berichten Nahtoderfahrene von einem Zusammenhang zwischen Gebet und ihren Nahtoderfahrungen?
• Stehen Wunderheilungen mit Nahtoderfahrungen in Verbindung?
• Bewirken Nahtoderfahrungen, dass sich die Betreffenden eher esoterischen Glaubensrichtungen zuwen-

den und weg von den institutionalisierten Religionen, wie manche Forscher herausgefunden haben?

• Was lehrt die Bibel über Fragen, die in Zusammenhang mit Nahtoderfahrungen stehen?

• Ist es möglich, dass es sich bei manchen Wesen, die während einer Nahtoderfahrung wohlwollend erscheinen, in Wirklichkeit um böswillige Wesen handelt, die sich als Engel des Lichts tarnen?

Um Antworten auf diese und andere Fragen zu bekommen, befragte er 160 Patienten, vor allem aus seiner eigenen Praxis. 47 von ihnen hatten Nahtoderfahrungen, die anderen bildeten eine Kontrollgruppe.[10]

Aus beweiserheblicher Sicht sind die Höhepunkte des Buches unter anderen die erste vollständige Beschreibung des Falls Pam Reynolds[11] und seine Prüfung der These, dass sich Menschen nach einer Nahtoderfahrung von den traditionellen Religionen abwenden (er kommt zu dem Schluss, dass dem nicht so ist).[12]

Proof of Heaven von Eben Alexander, MD, 2012 (dt.: *Blick in die Ewigkeit. Die faszinierende Nahtoderfahrung eines Neurochirurgen*, 2013) – In den oben genannten Büchern werden jeweils mehrere Nahtoderfahrungen untersucht. Aber es hat auch etwas für sich, Berichte über einzelne, sehr tief gehende Erfahrungen zu lesen, die von den Betreffenden selbst geschrieben wurden. Eine Nahtoderfahrung wird stets im Kontext des Lebens des Betreffenden gemacht, der aber bei der Untersuchung mehrerer Nahtoderfahrungen in der Regel keine Rolle spielt. Doch warum sollte man mit Alexander beginnen?

Stellen Sie sich vor, Wissenschaftler würden beschließen, jemanden mit makellosen Referenzen auf die andere Seite zu schicken, damit er anschließend berichten kann, was er erlebt hat. Alexander wäre ihr Mann. Er war 15 Jahre lang Professor für Neurologie in Harvard. Er hat mehr als 150 Artikel und Beiträge für die medizinische Fachliteratur geschrieben. Und obwohl er sich nicht mit der einschlägigen Literatur über Nahtoderfahrungen beschäftigt hatte, war er fest davon überzeugt, dass Nahtoderfahrungen ausschließlich vom Gehirn produziert werden und nichts mit Gott oder dem Himmel zu tun haben. Als er ins Koma fiel, war er zu Hause und hatte keine Ahnung, dass er in Lebensgefahr schwebte (also kein Einfluss von Erwartungen). Er hatte auch schon Halluzinationen gehabt, sodass er durchaus in der Lage war, sich Gedanken über die Unterschiede zwischen den beiden Erfahrungen zu machen.

Alexander schrieb sein Buch nicht, um jeden Skeptiker zufriedenzustellen, indem er alle Pro- und Kontra-Argumente detailliert untersuchte. Stattdessen schrieb er eine ganz persönliche Geschichte über seine eigene Erfahrung und wie sie sein naturalistisches Paradigma demontiert hat. Ich erlebe immer häufiger, dass vernunftbegabte Menschen, wenn es um Weltanschauungen geht, die gleichen Daten sehen und manchmal diametral entgegengesetzte Schlussfolgerungen daraus ziehen. Daher muss dringend untersucht werden, wie Menschen einen Paradigmenwechsel vollziehen. Alexanders Fall ist in dieser Hinsicht faszinierend. Darüber hinaus gibt es eine Reihe von Bestätigungen für seine Erfahrung (beispielsweise hat er eine verstorbene Verwandte gesehen, die er nie persönlich kennengelernt und von der er auch noch nie ein Bild gesehen hatte; doch als er sie später auf einem Bild sah, erkannte er sie sofort wieder).

Return from Tomorrow von George G. Ritchie, MD, 1978 (dt.: *Rückkehr von morgen*, 2010) – Zusätzlich zu einem Neurologen würden die Wissenschaftler auch noch einen Psychiater als Begleitung auf die andere Seite schicken wollen, um sicherzustellen, dass alle Aktivitäten des Geistes/Gehirns durch entsprechende Spezialisten abgedeckt sind. George Ritchie war ein angesehener Psychiater, und seine Geschichte ist von historischer Bedeutung, weil er derjenige war, der Moody ursprünglich mit Nahtoderfahrungen in Berührung gebracht hat. Ritchie war gerade dabei, sich von einer Lungenentzündung zu erholen, als seine Körperfunktionen aussetzten und er für tot erklärt wurde. (Später zeigte er Studenten von der Universität Virginia seinen Totenschein.) Ähnlich wie Alexander hatte er nicht mit seinem Tod gerechnet und demnach auch kein Nahtoderlebnis erwartet. Bestätigt wurde seine außerkörperliche Reise in eine Stadt, die er nie besucht hatte, als er später dorthin reiste und sie wiedererkannte.

Beyond Death's Door von Maurice Rawlings, MD, 1978 (dt.: *Jenseits der Todeslinie. Neue klare Hinweise auf die Existenz von Himmel und Hölle*, 1987) – Dr. Rawlings ist ein angesehener Kardiologe, der glaubte, dass der Tod das Ende des Lebens ist, bis er wiederholt einen Patienten wiederbelebte, der ganz panisch behauptete, er komme jedes Mal, wenn er sterbe, in die Hölle. Aufgrund dieser erschütternden Erfahrung sah sich Dr. Rawlings gezwungen, die Grundlage seiner naturalistischen Annahmen zu überdenken, und er ermutigte seine Patienten, über ihre Nahtoderfahrungen zu sprechen. Aus diesen Berichten folgerte er, dass es sich bei Nahtoderfahrungen tatsächlich um Besuche im Jenseits handelte und dass von Höllenerlebnissen deutlich weniger berichtet wurde, weil die Patienten unangenehme Erinnerungen eher verdrängten. Seriöse Forscher zögerten lange, beängstigende Nahtoderfahrungen anzuerkennen, aber schließlich begannen auch sie, sie zu studieren. Rawlings interpretiert diese Erfahrungen vor dem Hintergrund einer konservativ christlichen Weltsicht.

Evidence of the Afterlife: The Science of Near-Death Experiences von Jeffrey Long, MD, und Paul Perry, 2010 (dt.: *Beweise für ein Leben nach dem Tod. Die umfassende*

Dokumentation von Nahtoderfahrungen aus der ganzen Welt, 2010) – Dr. Long, ein Strahlenonkologe, hat auf seiner Website: http://www.nderf.org mehr als 3000 (Tendenz steigend) Nahtoderfahrungsberichte aus erster Hand gesammelt.

Während er Tausende solcher Erfahrungen untersuchte, hat er auch eine umfangreiche Befragung unter mehr als 600 seiner frühesten Teilnehmer durchgeführt, sodass er in der Lage ist, mehr Daten zu liefern als die meisten anderen Forscher. Beispielsweise kann er berichten, dass 76,2 Prozent »unglaublichen Frieden oder Freundlichkeit« empfunden haben.

Weitere Vorteile seines Web-basierten Ansatzes sind:

• Man bekommt Berichte von Leuten, die nur ungern in einem Interview von Angesicht zu Angesicht über ihre Erfahrung sprechen möchten.
• Man hat eine globale Stichprobe. Ein Assistent fand mehr als 250 Freiwillige, die bereit waren, die Berichte zu übersetzen, die in einer Vielzahl von Sprachen geschrieben waren.[13]
• Man hat Gelegenheit, die Fragen selbst zu prüfen und sicherzustellen, dass sie nicht so formuliert sind, dass sie ein bestimmtes Ergebnis hervorbringen, da die Umfrage für alle Teilnehmer standardisiert ist.
• Man umgeht das Problem, dass der Interviewer bewusst oder unbewusst zur Ausschmückung der jeweiligen Geschichte ermutigt, weil die Probanden nicht persönlich befragt werden.[14]

Obwohl Long im journalistischen Stil für ein breites Publikum schreibt, dokumentiert er seine Quellen häufig sehr gut und zeigt, dass er mit der wissenschaftlichen Literatur über Nahtoderfahrungen vertraut ist. Er berücksichtigt sowohl die Beweise, die für eine geistige Erklärung sprechen, als auch die für naturalistische Erklärungen, steht aber klar auf der Seite des Glaubens an ein Leben nach dem Tod.

Jede Studie hat ihre Stärken und Schwächen. Eine Schwäche der anonymen Befragungen ist, dass es sehr schwer ist, die Berichte der Betreffenden zu untermauern. Sie müssen sich den Vorwurf gefallen lassen, »nur anekdotisch« zu sein. Doch das ist die Natur jeder großen Umfrage, auch der Gallup-Studie.

Um falsche Behauptungen zu minimieren, bedient sich Long der üblichen Technik, dieselbe Frage auf verschiedene Weise zu formulieren (Redundanz), um Ungereimtheiten auf die Spur zu kommen. Auch stellte er fest, dass es nur wenige Anreize gibt, sich eine Geschichte auszudenken. Nahtoderfahrene bekommen kein Geld, und ihre vollständigen Namen werden nicht genannt, sodass sie sich keine Hoffnung machen können, durch eine Einladung in eine Talkshow berühmt zu werden. Die Umfrage ist ziemlich umfangreich, sodass jemand ziemlich viel Zeit investieren muss, um einen falschen Bericht vorzulegen. Trotz dieser Vorsichtsmaßnahmen können wir nicht 100 Prozent sicher sein, dass nicht vielleicht doch ein paar betrügerische Geschichten durchgerutscht sind. Bei Umfragen dieser Art gehen die Forscher davon aus, dass die hohe Zahl derer, die insgesamt daran teilnehmen, die Ergebnisse vor signifikanten Verzerrungen schützt.

Schon zu Beginn des Buches erzählt Long seinem Publikum, dass Berichte über Nahtoderfahrungen ihn davon überzeugt haben, dass es ein Leben nach dem Tod gibt. Seine ungezügelte Begeisterung mag manchen wie Befangenheit oder Mangel an gebotener Skepsis vorkommen. Beispielsweise nimmt er so ziemlich jeden Bericht für bare Münze, und wenn jemand behauptet, dass er etwas Bestimmtes gesehen hat, während er außerhalb seines Körpers war, ist das für ihn ein gültiger Beweis. Ich denke, sein Buch hätte gewonnen, wenn er bei seiner Auswertung solcher Zeugnisse etwas mehr Zurückhaltung an den Tag gelegt und zum Beispiel geschrieben hätte:

»Wenn diese Person die Wahrheit sagt, ist das ein wunderbarer Beweis für ein Leben nach dem Tod. Weil dieser Bericht denen ähnlich ist, die prospektive Forscher wie Sabom durch Patientenakten und Augenzeugenberichte ihrer Kollegen bestätigt haben, habe ich ganz allgemein Vertrauen in solche Berichte.«

The Near-Death Experiences of Hospitalized Intensive Care Patients: A Five-Year Clinical Study von Dr. Penny Sartori, 2008 – Als Sartori ihren ersten Bericht über eine Nahtoderfahrung von einem Patienten hörte, tat sie diesen als Wunschdenken ab.[15] Erst nachdem sie seriöse

Literatur zu dem Thema gefunden hatte, wurde sie neugierig.

Dr. Sartori präsentiert die Ergebnisse ihrer Studie mit Patienten auf einer Intensivstation, die von Nahtoderfahrungen berichteten. Diese Studie ist also breiter angelegt als Studien, die nur mit Herzpatienten durchgeführt werden. Sartori hat unter der Leitung von zwei britischen Experten für Nahtoderfahrungen – Professor Paul Badham und Dr. Peter Fenwick – geforscht. Es ist die erste, in Großbritannien durchgeführte prospektive Langzeitstudie (mit überwiegend walisischen Patienten). Sie ist umfassend – 564 Seiten und akribisch dokumentiert – und beschäftigt sich nicht nur mit ihrer eigenen prospektiven Studie, sondern enthält zusätzlich die Geschichte der Nahtoderfahrungen (48 Seiten), eine Diskussion der physiologischen und psychologischen Erklärungen (60 Seiten) und viele Überlegungen zu den Implikationen der Studie.

Eines ihrer Ziele war es, »mögliche physiologische oder psychologische Faktoren, welche die Ursache des Phänomens sein könnten«, zu untersuchen.[16] Bei ihrer Datenanalyse achtete sie unter anderem darauf, die Behandlung der Patienten sowie ihre arteriellen Blutgaswerte, den Herzrhythmus, die Medikamenteneinnahme usw. sorgfältig zu dokumentieren. 0,8 Prozent aller von ihr befragten Patienten berichteten von Nahtod- beziehungsweise außerkörperlichen Erfahrungen, 18 Prozent davon waren Patienten mit einem Herzstillstand.[17]

Bei Sartori wird deutlich, dass sie mit der Literatur über Nahtoderfahrungen bestens vertraut ist. Ihre Bibliografie mit fast 500 Publikationen bis etwa 2006 ist eine wunderbare Quelle für weitere Untersuchungen.

Vom beweiserheblichen Standpunkt aus ist es hilfreich, dass sie vollständige Interviews in ihre Anhänge aufgenommen hat, in denen es nicht nur um Nahtoderfahrungen geht, sondern auch um Halluzinationen. Aus den Beschreibungen von Halluzinationen, welche die Patienten in ihrer Studie gegeben haben[18], wird deren zufällige und bizarre Natur deutlich, die in krassem Gegensatz zu Nahtoderfahrungen steht. Sie weist darauf hin: »Die Patienten, die eine Nahtoderfahrung zusätzlich zu Halluzinationen hatten oder die in der Vergangenheit irgendwann halluziniert haben, konnten zwischen den beiden Erfahrungen unterscheiden.«[19] »Die Befragung einer gesamte Stichprobe reduzierte auch die Gefahr der Parteilichkeit und stellte sicher, dass keine Erfahrung übersehen wurde.«[20] Dies hielt wiederum den »Schubladeneffekt« in Grenzen, der bewirkt, dass Forscher dazu neigen, Erfahrungen, die nicht zu ihren Hypothesen passen, unberücksichtigt zu lassen und nur über die berichten, die in ihr Weltbild passen.

Sie achtete sehr darauf, alle Möglichkeiten auszuloten, die der Patient hatte, um mit natürlichen Mitteln an angeblich wahrheitsgetreue Wahrnehmungen zu kommen. Dies machte die Erfahrungen, die sie für überzeugend hielt, umso eindrücklicher.

Anmerkung: Wenn der Preis für dieses Buch Ihr Budget sprengt, bitten Sie Ihre Bibliothek, ein Exemplar anzuschaffen, oder besorgen Sie es sich über Fernleihe.

Irreducible Mind: Toward a Psychology for the 21st Century von Edward F. Kelley et al., 2009 – Eben Alexander empfiehlt dieses Buch »denjenigen, die immer noch in der Falle des wissenschaftliche Skeptizismus sitzen« und lobt seine »schlüssige wissenschaftliche Analyse«. Mit 800 Seiten ist es wahrlich umfassend. Ich empfehle es, weil die Daten, die den Naturalismus infrage stellen, über Nahtoderfahrungen hinausgehen. Dieses Buch, geschrieben von wissenschaftlichen Schwergewichten auf dem Gebiet der Psychologie und Psychiatrie, deckt Nahtoderfahrungen ebenso ab wie verwandte Phänomene, etwa mystische Bewusstseinszustände, extreme psychophysische Einflüsse, die empirische Untersuchung des Geist-Körper-Problems und das Gedächtnis.

The Light Beyond: New Explorations by the Author of Life after Life von Raymond A. Moody, 1988 (dt.: *Das Licht von drüben. Neue Fragen und Antworten*, 1989) – Nachdem er seine Recherchen für *Life after Life* abgeschlossen hatte, sammelte Moody über tausend weitere Fallgeschichten von Menschen mit Nahtoderfahrungen. Hier gibt er Ausschnitte aus diesen Geschichten wieder und stellt seine neuesten Überlegungen vor. Er bringt uns auf den neuesten Stand (von 1988) anderer wissenschaftlicher Forschungen und stellt uns die wichtigsten Akteure vor. Letzteres war besonders interessant und wertvoll für mich. Es ist faszinierend und aufschlussreich zu sehen, was Ärzte und Forscher zu diesem Gebiet hingezogen hat.

Paranormal: My Life in Pursuit of the Afterlife von Raymond A. Moody, 2012 – Moody widmete sein ganzes Leben dem Studium von Nahtoderfahrungen. In diesem Buch gibt er seine reifen Überlegungen vor dem Hintergrund seiner Biografie wieder. Das finde ich faszinierend und aufschlussreich. Moody wuchs in einem nicht religiösen Elternhaus auf. Sein Vater (ein Chirurg) war ein überzeugter Anhänger des philosophischen Naturalismus und kannte keine Nachsicht, wenn das Gespräch auf das Paranormale kam. Moodys philosophische Studien (insbesondere Sokrates) weckten sein Interesse am Leben nach dem Tod und brachten ihn dazu, seine Schlussfolgerungen sehr vorsichtig zu formulieren, denn er rechnete immer damit, dass sie später durch weitere Forschungen und Überlegungen zunichte gemacht werden könnten.

Glimpses of Eternity: Sharing a Loved One's Passage from This Life to the Next von Raymond Moody mit Paul Perry, 2010 (dt.: *Zusammen im Licht. Was Angehörige mit Sterbenden erleben*, 2011) – Nicht alle Nahtoderfahrungen sind privat. Oft teilen ganze Familien die Erfahrung, einschließlich Teile des Lebensrückblicks, mit einem sterbenden Angehörigen. Diese Erfahrung kann demnach aus mehreren unabhängigen Quellen bestätigt werden, was beweiserheblich ein riesiger Sprung nach vorn ist, wenn man bedenkt, dass man vorher dem Zeugnis einer einzelnen Person bezüglich eines ganz privaten Ereignisses vertrauen musste. Darüber hinaus berichten einige, dass sie verstorbene Verwandte gesehen haben, von denen keiner der Anwesenden wusste, dass sie zu dem Zeitpunkt bereits gestorben waren.

Moody hat im Laufe der Jahre viele solcher Fälle gesammelt und fasst seine Überlegungen dazu abschließend in diesem Buch zusammen. Er gibt viele Geschichten weiter und sagt bei manchen dazu, dass er sie sich unabhängig voneinander von allen Beteiligten bestätigen ließ. Der Skeptiker in mir würde lieber lesen, dass er uns in jedem Fall sagt, wie diese Überprüfung der Geschichten vonstattenging. Wenn er die Rolle des Detektivs ein bisschen mehr ausgebaut hätte, wie Sabom das in seinen Studien getan hat, hätte er meiner Ansicht nach seine Position stärken können.

Doch seit die Forschung gezeigt hat, dass Lügen und Ausschmückungen auf diesem Gebiet nicht das Problem sind, fällt es manchen sehr viel leichter, diese Geschichten für bare Münze zu nehmen.

Andere Forscher

Viele andere Forscher haben Nahtoderfahrungen untersucht und ausführlich darüber geschrieben. In meinen Fußnoten finden Sie weitere gute Bücher und Zeitschriftenartikel. Ein paar andere Autoren, die besondere Erwähnung verdienen, sind der Neuropsychiater Peter Fenwick, Großbritanniens führende klinische Autorität auf dem Gebiet der Nahtoderfahrungen; der Kinderarzt Melvin Morse, der Nahtoderfahrungen in der Kindheit untersucht hat; Kenneth Ring, emeritierter Professor für Psychologie an der Universität Connecticut; Bruce Greyson, Professor für Psychiatrie an der Universität Virginia und die Psychiaterin Elisabeth Kübler-Ross.

Eine Sammlung empfehlenswerter Bücher

Die *International Association for Near-Death Studies* bietet eine Bibliografie mit 56 Titeln an. Sie ist zwar nicht umfassend, aber besonders wertvoll, weil sie die meisten der älteren Grundlagenwerke enthält. Ein guter Ausgangspunkt!

Zeitschriften

Die Nahtoderfahrung ist in der Fachliteratur keine Unbekannte. Das *Journal of Near-Death Studies* (ursprünglich *Anabiosis*) ist eine wissenschaftliche Fachzeitschrift, die sich ganz dem Studium von Nahtoderfahrungen verschrieben hat.

Die Redaktion verpflichtet sich zu »einer unvorein-
genommenen Auseinandersetzung mit diesen Fragen
und begrüßt insbesondere eine Vielzahl von theoretischen Perspektiven und Interpretationen, die in der
empirischen Beobachtung oder Forschung verwurzelt
sind«. Ich empfehle jedem ernsthaften Forscher, keine
Ausgabe zu verpassen.

Andere Zeitschriften, in denen einschlägige Forschungsergebnisse veröffentlicht werden, sind *Resuscitation, Lancet, Journal of Nervous and Mental Disease,
General Hospital Psychiatry, Journal of the American Medical Association, Journal of Scientific Exploration, Omega,
Neurology, Brain, Death Studies* und das *Journal of Hu-
manistic Psychology*.

Wenn Sie gründliche Studien betreiben wollen, sollten Sie darüber nachdenken, der International Association for Near-Death Studies beizutreten (gegenwärtig
beträgt der Mitgliedsbeitrag 30 US-Dollar für das erste
Jahr). Dann bekommen Sie ein kostenloses Verzeich-
nis der Zeitschriftenveröffentlichungen über Nahtoderfahrungen von 1877 bis 2005. Dieser Datenbestand
von fast 900 wissenschaftlichen und populären Artikeln mit entsprechenden Kurzfassungen ist anhand von
135 Stichworten durchsuchbar.

Jeder Fachartikel verweist in der Regel auf zahlreiche andere Artikel, die es wert sind, gelesen zu werden. Schauen Sie vor allem nach Übersichtsarbeiten,
in denen die aktuelle wissenschaftliche Forschung zu
einem Thema kurz zusammengefasst wird.

Hilfreiche Websites

http://iands.org/home.html – Die International Association for Near-Death Studies bietet Links zu wissenschaftlichen Artikeln, eine Sammlung von kostenlo-
sen Artikeln und einen Newsletter. Sie empfiehlt über
60 Bücher und gibt das *Journal of Near-Death Studies*
heraus. Ein guter Ausgangspunkt für diejenigen, die
ernsthafte Forschungen betreiben möchten. Hier finden Sie kostenlose Artikel, die beide Seiten der Debatte
wiedergeben. Die Website enthält auch mehr als 200
Berichte über Nahtoderfahrungen, die Menschen dort
eingestellt haben.

http://www.nderf.org – Eine von dem Strahlenonkolo-
gen Jeffrey Long betriebene Website über Nahtoderfahrungen. Eine hilfreiche Quelle zum Überfliegen von
mehr als 3000 Berichten über Nahtoderfahrungen,
die Menschen aus der ganzen Welt dort eingestellt
haben.

http://www.near-death.com/evidence.html – Scientific
Evidence for Survival. Hilfreiche Einführung zum Ken-
nenlernen verschiedener Persönlichkeiten, Bücher und
Artikel über Nahtoderfahrungen und verwandte Themen.

http://www.skepdic.com/nde.html – Kritische Abhand-
lungen über Nahtoderfahrungen aus naturalistischer
Sicht.

http://www.infidels.org/library/modern/keith_augustine/HNDEs.html – Noch eine kritische Abhandlung aus naturalistischer Perspektive. Da der Autor seine Quellen nennt, ist dies ein guter Ort, um Artikel und Textpassagen zu finden, die herangezogen werden können, um naturalistische Erklärungen zu untermauern.

http://nhneneardeath.ning.com – Das Near-Death Experience Network ist sowohl eine wichtige Quelle als auch ein soziales Netzwerk für diejenigen, die Nahtoderfahrungen gemacht haben. In der rechten Spalte der Homepage finden Sie eine hilfreiche Liste wichtiger Ressourcen.

Dank

Ich möchte mich ganz besonders bei den wissenschaftlichen Forschern und einfühlsamen Zuhörern bedanken, die wesentliche Teile ihres Lebens damit verbracht haben, ein Phänomen zu erforschen, zu überdenken und öffentlich zu machen, das noch vor 50 Jahren in der Regel ignoriert oder einer Geisteskrankheit zugeschrieben wurde.

Mein Dank gilt all denen, die ihre Nahtoderfahrungen mit mir geteilt haben. Ich habe die meisten ihrer Namen für mich behalten, um ihre Privatsphäre zu schützen.

Ich danke den kompetenten und geduldigen Bibliothekaren der Kennesaw State University und des Georgia Tech sowie in der Cobb-County-Bücherei für ihre Hilfe bei der Suche nach und der Reservierung von Zeitschriften und Büchern, die nicht in den Regalen standen und auch über die Datenbanken der Universitäten nicht zu bekommen waren.

Carole Maugé-Lewis danke ich für ihre professionelle Gestaltung des Buches und Tracy Hefner für ihr scharfsinniges Lektorat.

Besonderer Dank gebührt denen, die meine früheren Ideen und Manuskripte mit ihrem freimütigen Input bereichert haben: Dr. Ken Walker, Dr. Peter Schaefer, Dr. Roger Rochat, Dr. Jeffrey Long, Dr. Robert McGinnis, Eddie Bishop, Jeff Ciaccio, Allen Massey, Lisa Russell, Alberta Sequeira, Boomy Tokan und Katherine Wilson.

David Blackburn danke ich für seine Tipps zu den Besonderheiten rechtsgültiger Beweise.

Danke auch an meine Familienmitglieder, die wertvolle Beiträge geleistet haben: Cherie, Ann, Andrew, Benji, Mark, Paul, David, Richard und Angela.

Anmerkungen

Zum Geleit

1   Michael Sabom, *Light & Death* (Grand Rapids, Michigan: Zondervan Publishing House, 1998), 37–47; 184–190 (Deutsche Ausgabe: *Erinnerung an den Tod. Eine medizinische Untersuchung*, Goldmann, München 1989; vergriffen).

Kapitel 1

1   Todd Burpo: *Den Himmel gibt's echt. Die erstaunlichen Erlebnisse eines Jungen zwischen Leben und Tod*, SCM Hänssler, Holzgerlingen 2011.

Kapitel 2

1   Raymond A. Moody: *Leben nach dem Tod*, Rowohlt, Reinbek 1977.

2   Raymond A. Moody: *Paranormal* (New York: HarperCollins, 2012), Seite 33.

3   Ibd., 62.

4   Ibd., 56 ff. Dr. George Ritchies Erfahrung war ziemlich umfangreich, dramatisch und ist definitiv lesenswert. Sie hat sein Leben entscheidend beeinflusst. Sein 1978 erschienenes Buch über seine Nahtoderfahrung, *Return from Tomorrow* (Waco, Texas: Chosen Books), ist gut geschrieben,

kurz (124 Seiten) und fesselnd. (Deutsche Ausgabe: *Rückkehr von morgen*, Francke, Marburg [39] 2010).

5   Ibd., 64.

6   Ibd., 68 ff.

7   Obwohl Moody Nahtoderfahrungen populär gemacht hat, war er keineswegs der Erste, der sie untersuchte. Vor der Veröffentlichung von *Life After Life* (dt.: *Leben nach dem Tod*) hatten bereits über 25 Autoren mehr als 30 Artikel über Nahtoderfahrungen in wissenschaftlichen Fachzeitschriften veröffentlicht. J. M. Holden, J. M. und R. Christian veröffentlichten 2005: »The field of near-death studies through 2001: An analysis of the periodical literature«, *Journal of Near-Death Studies* 24: 21–34. Erwähnungen und Verweise in J. M. Holden, B. Greyson, D. James, 2009: *The Handbook of Near-death Experiences: Thirty Years of Investigation* (Santa Barbara, California: ABC-CLIO, LLC).

8   Pim van Lommel: *Consciousness Beyond Life* (New York: HarperCollins, 2010), viii. Siehe auch Seite 310 (des Originals): »Dass der Tod das Ende ist, habe ich auch selbst geglaubt.« (Deutsche Ausgabe: *Endloses Bewusstsein. Neue medizinische Fakten zur Nahtoderfahrung,* Knaur TB, München 2013).

9   Ibd., xiii.

10   Pim van Lommel, Ruud van Wees, Vincent Meyers, Ingrid Elfferich: »Near-death experience in survivors of cardiac arrest: a prospective study in the Netherlands«, *Lancet* 358: 2039–2045 (2001).

11   *Consciousness Beyond Life*, xii.

12   Ibd., 284.

13   Im *Index to NDE Periodical Literature* sind diese Artikel katalogisiert (bis 2005) und anhand von 135 Such-

begriffen, die mit Nahtoderfahrungen zu tun haben, auffindbar gemacht. Eine unbezahlbare Quelle für diejenigen, die umfangreiche Studien betreiben wollen. Sie finden sie hier: http://iands.org/research/index-to-nde-literature-1877-2005.html

14   *The Handbook of Near-Death Studies*, 7.

Kapitel 3

1   Pim van Lommel: *Consciousness Beyond Life* (New York: HarperCollins, 2010), 9 (Deutsche Ausgabe: *Endloses Bewusstsein. Neue medizinische Fakten zur Nahtoderfahrung,* Knaur TB, München 2013). Eine australische Telefonumfrage ergab, dass von 673 befragten Personen neun Prozent angaben, Nahtoderfahrungen gemacht zu haben. M. Perera, et al.: »Prevalence of Near-Death Experiences in Australia«, *Journal of Near-Death Studies*, 24 (2) (2005), 109–115.

2   Laut Sartoris Studie hätten außer zwei Patienten alle, die ein Nahtoderlebnis hatten, »ihre Erfahrungen nicht offengelegt, wenn man sie nicht danach gefragt hätte«. Penny Sartori: *The Near-Death Experiences of Hospitalized Intensive Care Patients* (Lewiston, Queenston, Lampeter, The Edwin Mellen Press, 2008), 245. Sabom merkte an, dass die meisten seiner Patienten sehr zurückhaltend waren, wenn es darum ging, von ihren Nahtoderfahrungen zu erzählen, weil sie fürchteten, für verrückt gehalten zu werden. »Viele waren noch nicht einmal in der Lage gewesen, mit ihren engsten Freunden und Verwandten darüber zu sprechen, weil sie Angst hatten, sich lächerlich zu machen.« (Michael B. Sabom: *Recollections of Death*, New York: Harper & Row, 1982, 11, 25).

3 Ich habe hier Berichte zusammengestellt, die ich Moodys *Life After Life*, van Lommels *Consciousness Beyond Life* sowie meinen eigenen Interviews zu Nahtoderfahrungen entnommen habe.

4 *Consciousness Beyond Life*, 63 ff., 173; Jeffrey Long: *Evidence of the Afterlife* (New York: HarperOne, 2010), 8, 35, 6 f.

5 *Consciousness Beyond Life*, 150–153.

Kapitel 4

1 Raymond A. Moody: *Life After Life* (New York: Bantam Books, 1975), 153–157.

2 Michael B. Sabom: *Recollections of Death* (New York: Harper & Row, 1982), 151–178.

3 Pim van Lommel: *Consciousness Beyond Life* (New York: HarperCollins, 2010), 105–135.

4 Penny Sartori: *The Near-Death Experiences of Hospitalized Intensive Care Patients* (Lewiston, Queenston, Lampeter: The Edwin Mellen Press, 2008), 59–120.

5 Chris Carter: *Science and the Near-Death Experience* (Rochester: Inner Traditions, 2010), 5–102. Carter behauptet, dies sei der wichtigste Einwand und diskutiert ihn auf fast 100 Seiten. Die Atheistin Susan Blackmore betrachtet die Gegebenheiten betont wertneutral und zeigt sich ganz von ihrer naturalistischen Seite, indem sie feststellt: »Natürlich steht dieser beruhigende Gedanke [die Aussicht auf ein ewiges Leben] im Konflikt mit der Naturwissenschaft. Die nämlich sagt uns, dass der Tod das Ende ist.« *Dying to Live* (London: Prometheus Books, 1993), xi.

6 Dies wird ausführlich diskutiert in *Science and the Near-death Experience*, 6–102; *Consciousness Beyond Life*, 179–263.

7 Einige Naturalisten neigen dazu, derartige Behauptungen allesamt über einen Kamm zu scheren und alle paranormalen Behauptungen als etwas abzutun, das mit dem Glauben an Feen und Elfen gleichzusetzen ist. Vielen Naturalisten kommt die Rede von einem unabhängig existierenden Geist und anderen Welten so absurd vor, dass sie sich weigern, die Nahtodforschung ernst zu nehmen. Achten Sie auf den Unterton dieser Aussage des Neurologen Kevin Nelson: »Unter dem Deckmantel der Wissenschaftlichkeit haben Forscher behauptet, Nahtod- und außerkörperliche Erfahrungen könnten ›beweisen‹, dass der Geist getrennt vom physischen Gehirn existiert. Ein solcher Anspruch ist der außergewöhnlichste, der in der Wissenschaft jemals erhoben wurde, und übertrifft sogar die dramatische Behauptung, dass in der Milchstraße, unserer Galaxis, anderes intelligentes Leben existiert.« *The Spiritual Doorway in the Brain* (New York: Dutton, 2011), 260. Doch zeigt dieser Kritiker der Nahtodforschung größere Hingabe an die objektive Wissenschaft? In meinen Augen nicht. Siehe meine Kritik an Nelsons Buch in Anhang 6.

8 *Consciousness Beyond Life*, 273.

9 Carter, 72, zitiert in Koestler: *The Roots of Coincidence* (New York: Vintage Books, 1973), 77.

10 Carter, 59, zitiert in *The Roots of Coincidence*, 51. Mehr über unser gegenwärtiges Verständnis der Elektronen können Sie den Zitaten von Einstein und anderen in *Consciousness Beyond Life*, 221, entnehmen. Siehe auch http://

education.jlab.org/qa/history_03.html – über unsere Unfähigkeit, Elektronen zu sehen; http://mwolff.tripod.com/see.html – eine hilfreiche Veranschaulichung der Wellenstruktur eines Elektrons; http://discovermagazine.com/2005/jun/cover – darüber, wie Elektronen an mehr als einem Ort gleichzeitig sein können (Nicht-Lokalität). »Während sich die Photonen auf dem Film ansammeln, erscheint nach und nach das immer gleiche Interferenzmuster aus abwechselnd hellen und dunklen Streifen und trotzt dem gesunden Menschenverstand. In diesem Fall gibt es nur eines, womit jedes Photon interagieren kann: mit sich selbst. Die einzige Möglichkeit, wie sich dieses Muster bilden kann, besteht darin, dass jedes Photon gleichzeitig durch beide Schlitze geht und sich dann in die Angelegenheiten seines anderen Ich einmischt. Es ist, als komme ein Kinobesucher aus dem Kino, nur um festzustellen, dass seine Position auf dem Bürgersteig von einer anderen Version seiner selbst festgelegt ist, die das Kino durch einen anderen Ausgang verlassen und ihn auf dem Weg nach draußen weggeschubst hat.« – »Die Quantentheorie hat noch nie versagt, wenn es darum ging, das Ergebnis irgendeines Experiments vorherzusagen.«

http://wiki.answers.com/Q/Can_you_see_an_electron Kann man ein Elektron sehen? »Nein. Es ist viel zu klein, um in irgendeiner Weise so ›gesehen‹ zu werden wie andere Dinge, die wir uns ›anschauen‹. Licht, das Medium, das wir im Normalfall brauchen, um Dinge zu sehen, ist für die winzigen Elektronen viel zu ›groß‹. Wir sehen Dinge, weil die Dinge, die wir uns anschauen, das Licht reflektieren. Es ist das reflektierte Licht, mit dem wir Bilder formen. Elektronen sind zu winzig, um Licht zu reflektieren.«

http://www.preservearticles.com/201012302042/can-we
-see-electron.html »Wir sehen die Elektronen nicht direkt,
aber wir sehen ihren ›Fußabdruck‹: Lichtausbrüche auf
einem fluoreszierenden Bildschirm, Effekte auf einem fo-
tografischen Film usw. Diese Fußabdrücke bestätigen ihre
Existenz.«

http://www.physicsforums.com/showthread.php?t=145501
&page=3 »Das Elektron *ist* keine Welle, das Elektron *ist*
kein Teilchen. Das Elektron entspricht nicht dem aktuellen Modell der Welle-Teilchen-Dualität, das wir heute haben.
Diese Modelle repräsentieren nur einen eingeschränkten Aspekt unserer Wahrnehmung von Elektronen im Hinblick
auf die Messgeräte, die wir benutzen. Wir haben keinen
Zugang zu dem Wissen darüber, was ein Elektron wirklich
ist.« – »Das Elektron wird also nicht in irgendeiner offen-
kundigen Form wahrgenommen.«

http://de.wikipedia.org/wiki/Welle-Teilchen-Dualismus Ein
hilfreicher Artikel über Welle-Teilchen-Dualismus.
Mehr Informationen finden Sie hier: http://wiki.answers.com/
Q/Can_you_see_an_electron#ixzz1vDv8At8v

11 James Jeans: *The Mysterious Universe*, Erstveröffentlichung: 1930 bei Cambridge University Press, Nachdruck:
2007 Kessinger Publishing, 137.

12 Hier finden Sie eine großartige Sammlung naturalistischer Argumente, die Nahtoderfahrungen betreffen, oft
entsprechend dokumentiert: http://www.infidels.org/library/
modern/keith_augustine/HNDEs.html

13 Maurice Rawlings: *Beyond Death's Door* (Nashville: Thomas Nelson, 1978), xi, 21.

14 Dies scheint eine wichtige Unterscheidung zu sein,
die oft außer Acht gelassen wird. Nahtoderfahrungen wer-

den in Todes*nähe* gemacht, nicht wenn der Tod *endgültig* eingetreten ist. Daher haben wir keinen Grund anzunehmen, dass alle Menschen, die einen klinischen Tod erleben, eine solche Erfahrung machen. Und ebenso wenig haben wir Grund anzunehmen, dass ein solches Erlebnis auf den endgültigen Aufenthaltsort einer Person nach dem Tod schließen lässt.

15   http://www.infidels.org/library/modern/keith_augustine/ HNDEs.html#imagery

16   Raymond A. Moody, *The Light Beyond, 22* (New York: Bantam Books, 1988), (dt. *Das Licht von drüben: Neue Fragen und Antworten*. Rowohlt, Reinbek 2004; siehe auch Carter, 210, der anmerkt, dass die Angehörigen, die gesehen werden, fast immer verstorben sind.

17   Eine andere Form dieses Arguments wäre der Einwand: »Das ist nur ein Beispiel für einen Lückenbüßergott!« Damit sagt man, dass die Wissenschaft das Phänomen eines Tages erklären wird, genau wie sie irgendwann erklärt hat, wie Stürme auf hoher See von bestimmten Wettermustern verursacht werden und nicht von Meeresgöttern. Aber wenn es darum geht, Nahtoderfahrungen zu erklären, scheint dies eher eine Aussage des Glaubens als der Wissenschaft zu sein, weil sich wirklich objektive Wissenschaftler an die Theorien halten sollten, die am besten zu unseren aktuellen Beobachtungen passen. Wie ich erläutert habe, hält sich der überwältigende Teil der wissenschaftlichen Gemeinde an die Theorie vom Urknall. Warum? Weil es die beste Theorie zur Erklärung von einigen im letzten Jahrhundert gemachten wichtigen Beobachtungen ist. Natürlich könnte ein Wissenschaftler sagen: »Ich glaube nicht an den Urknall. Ich glaube, dass künftige

Beobachtungen zu einer besseren Theorie führen.« Aber solange es keinen Beweis dafür gibt, ist es eher eine Aussage des Glaubens als eine der Wissenschaft, ein sehr gutes Beispiel für eine Bemerkung, die Einstein einmal über Wissenschaftlerkollegen machte: Sie sind in der Regel schlechte Philosophen.

Sicher, der Beweis für ein Leben nach dem Tod, der durch Nahtoderfahrungen erbracht wird, könnte von späteren Studien zunichte gemacht werden, aber gegenwärtig sprechen die Beweise dafür. »Aber der überwältigende Fortschritt der Wissenschaft sagt mir, dass ich auf eine naturalistische Erklärung warten soll!«, wenden manche ein. Das heißt doch nichts anderes als: »Die Wissenschaft hat für viele Dinge eine naturalistische Erklärung gefunden. Wenn sich die Wissenschaft also kontinuierlich weiterentwickelt, wird es eines Tages für alles eine naturalistische Erklärung geben.« Doch das ist in Sachen Logik und Beweisführung ein ziemlich gewagter Sprung. Und ist es nicht genau die Einstellung, die den wissenschaftlichen Fortschritt im Laufe der Jahrhunderte behindert hat? Statt die Beobachtungen ernst zu nehmen, die ein Problem mit dem alten Paradigma aufzeigen, gehen wir davon aus, dass spätere Experimente das alte Paradigma als wahr bestätigen werden. Dies hat Thomas Kuhn in *The Structure of Scientific Revolutions* (Chicago: University of Chicago Press, 1996) sehr gut dargelegt. Statt immer wieder zu versuchen, nicht einzuordnende Teile (Anomalien) in unsere bequemen Paradigmen einzupassen, sollten wir gelegentlich einen Schritt zurücktreten und schauen, ob diese Teile in einem neuen Paradigma nicht viel mehr Sinn ergeben würden.

18   Keith Augustine sagt: »In der Tat werden die meisten Berichte über Nahtoderfahrungen den Forschern erst Jahre nach dem eigentlichen Erlebnis zur Verfügung gestellt. Letztendlich handelt es sich bei allem, womit wir weitermachen können, um nachträgliche Berichte über private Erlebnisse. Weil die Erinnerungen permanent rekonstruiert werden, ist es schwer zu sagen, was Nahtoderfahrene wirklich erlebt haben.« http://www.infidels.org/library/modern/keith_augustine/HNDEs.html

19   Rawlings hatte seine erste Begegnung mit einer Nahtoderfahrung bei einem Patienten mit Herzstillstand, dessen Herz nach jeder Reanimation immer wieder stehen blieb. Der Patient erzählte Rawlings jedes Mal, wenn er das Bewusstsein wiedererlangte, was er erlebt hatte. (Rawlings, 17–22) Für prospektive Studien wurden die Patienten in der Regel interviewt, solange sie noch im Krankenhaus waren. In Sartoris Studie berichteten manche Patienten unmittelbar nachdem sie das Bewusstsein wiedererlangt hatten, von ihren Nahtoderfahrungen. (Sartori, 260–264) Sabom interviewte die Probanden seiner prospektiven Studie »so schnell nach dem Ereignis wie möglich«. (*Recollections of Death*, 11).

20   Bruce Greyson überprüfte die Theorie über Ausschmückungen, indem er 72 Menschen mit einer Nahtoderfahrung 20 Jahre nach den ersten Interviews noch einmal befragte. »Entgegen allen Erwartungen … waren Berichte über Nahtoderfahrungen im Laufe von fast zwei Dekaden nicht ausgeschmückt worden. Diese Daten untermauern die Verlässlichkeit von Berichten über Nahtoderfahrungen.« B. Greyson: »Consistency of near-death experience accounts over two decades: Are reports embellished over

time?« *Resuscitation* 73: 407–411 (2007). M. L. Morse kommt zu dem Schluss: »Anders als gewöhnliche Erinnerungen oder Träume scheinen Nahtoderfahrungen im Laufe der Zeit nicht neu arrangiert oder verändert zu werden.« – »Near-death experiences of children«, *Journal of Pediatric Oncology Nursing* 11: 139 (1994).

21 Laut Keith Augustine »widmen sich tendenziell eben jene Forscher dem Studium von Nahtoderfahrungen, die von vornherein glauben, dass diese Beweise für ein Über-leben des Todes bieten. Nahtoderfahrungen scheinen einen natürlichen Reiz für Überlebensgläubige zu haben, weil sie zumindest in Aussicht stellen, den Glauben der Forscher an ein Überleben des Todes zu bestätigen und ihnen Hin-weise darauf zu geben, was genau mit ihnen passieren wird, wenn *sie selbst* sterben. Demnach ist es wohl kaum eine Überraschung, dass viele der Forscher, die das Phäno-men untersuchen, fest davon überzeugt sind, dass Nah-toderfahrungen auf das reale Überleben des körperlichen Todes hinweisen.« http://www.infidels.org/library/modern/keith_augustine/HNDEs.html   Ich habe bei den Nahtodfor-schern, mit denen ich mich beschäftigt habe, keine Belege für diese Aussage gefunden. In der Tat fand ich so ziemlich genau das Gegenteil.

22 *Consciousness Beyond Life*, 310.

23 *Beyond Death's Door*, 17, Klappentext hinten.

24 *Recollections of Death*, 157.

25 Ibd., 156.

26 *The Near-Death Experiences of Hospitalized Intensive Care Patients*, 6.

27 Bruce Greyson: »Commentary on ›Psychophysical and Cultural Correlates Undermining a Survivalist Interpreta-

tion of Near-Death Experiences‹‹, 140, zitiert in *Science and the Near-Death Experience*, 200.

28 Laut Keith Augustine »spielt auch Hintergrundwissen sicherlich eine Rolle. Persönliche Erfahrungen und Mediendarstellungen machen es leicht, sich vorzustellen, wie eine solche Krankenhausszene aussehen sollte (Rodabough 109). Selbst spezifische Details über Menschen sind in einer Krankenhausumgebung ziemlich vorhersehbar.« http://www.infidels.org/library/modern/keith_augustine/HNDEs.html

29 *Science and the Near-Death Experience*, 219 f.

30 *Recollections of Death*, 83 ff.

31 »*A-priori*-Erwartungen (der Einzelne konstruiert einen Sinn aus einer Situation, indem er damit rechnet, das archetypische Nahtoderfahrungspaket zu erleben) könnten auch eine entscheidende Rolle spielen.« Dean Mobbs und Caroline Watt: »There is Nothing Paranormal about Near-Death Experiences«, *Trends in Cognitive Sciences*, Vol. 15, Issue 10, 447 ff. (2011).

32 *Consciousness Beyond Life*, 149. »Dies wird in Greysons Studie ausgeführt, wo die subjektiven Daten der reanimierten Patienten zeigen, dass den meisten von ihnen nicht einmal klar war, dass sie einen Herzstillstand gehabt hatten. Die Situation ist einer Ohnmacht vergleichbar. Wenn Menschen das Bewusstsein wiedererlangen, nachdem sie in Ohnmacht gefallen sind, haben sie keine Ahnung, was passiert ist.«

33 Elisabeth Kübler-Ross fand heraus, dass das erste Stadium, wenn Menschen mit einer terminalen Diagnose konfrontiert werden, in der Regel Verleugnung beinhaltet. *On Death and Dying* (New York, Simon & Schuster, 1969), 51 ff.

(dt. *Über den Tod und das Leben danach*. Silberschnur, Güllesheim 2012)

34 Ein anderes Beispiel für das Unerwartete ist, dass in einem Drittel der Fälle, in denen Menschen Verstorbenen begegnet sind, »die verstorbene Person entweder jemand war, zu dem der Betreffende nur eine distanzierte oder flüchtige Beziehung hatte, oder sogar jemand, den er oder sie noch nie getroffen hatte«. Greyson, Kelly und Kelly: *The Handbook of Near-Death Experiences* (Westport, Connecticut: Praeger Publishers, 2009), 231.

35 Greyson, Kelly und Kelly: *The Handbook of Near-Death Experiences* (Westport, Connecticut: Praeger Publishers, 2009), 215.

36 In Beweis 3 gehe ich noch näher darauf ein, wie sich Nahtoderfahrungen in der Regel von unseren kulturellen Erwartungen unterscheiden. In Anhang 1 werden die gemeinsamen Elemente diskutiert, die sich kulturübergreifend durch alle Nahtoderfahrungen ziehen. Moodys Beobachtungen bestätigen dies. *Life After Life*, 59.

37 *The Handbook of Near-Death Experiences*, 115–120. Janice Miner Holden, Ed. D., Jeffrey Long, MD, und B. Jason MacLurg, MD, durchforsten die Literatur nach diesen potenziellen Variablen und kommen zu dem Schluss, dass sie keinen statistisch signifikanten Unterschied machen. Ihr Fazit: »Einstweilen lautet die beste Antwort auf die Frage ›Wer hat Nahtoderfahrungen, wie oft, von welcher Art und mit welchen Folgen?‹ vermutlich, dass Nahtoderfahrungen größtenteils transpersonale Erfahrungen zu sein scheinen, auf die jeder die gleichen Chancen hat.« – »Die Forschung hat bisher noch kein Merkmal entdeckt, welches das Vorkommen, die Häufigkeit des Auftretens, das Wesen

oder die Auswirkungen einer Nahtoderfahrung entweder garantiert oder verbietet. Vielleicht ist der Schluss, den die Forschung bisher gezogen hat – dass jeder von uns ein potenzieller Kandidat für eine Nahtoderfahrung ist –, ohnehin die rätselhafteste, provokativste und wichtigste Botschaft, die Leser mitnehmen können.« *The Handbook of Near-Death Experiences*, 133.

38 *Science and the Near-Death Experience*, 172–176; *Consciousness Beyond Life*, 116.

39 Oft wurden grandiose Behauptungen aufgestellt, es gebe eine »auffallende Ähnlichkeit« (Juan Saavedra-Aguilar und Juan Gomez-Jeria: »A Neurobiological Model for Near-Death Experiences.« *Journal of Near-Death Studies* 7: 205–222 [1989], 209, 217) und eine »riesige Menge an klinischer und chirurgischer Literatur« (Michael Persinger: »Modern Neuroscience and Near-Death Experiences: Expectancies and Implications«. Kommentare zu »A Neurobiological Model for Near-Death Experiences« in *Journal of Near-Death Studies* 7: 233–239 [1989], 234), in der demonstriert wird, wie viel Ähnlichkeit Nahtoderfahrungen mit den Erfahrungen von Menschen haben, die beispielsweise unter Temporallappenepilepsie leiden oder bei denen eine elektrische Stimulation des Schläfenlappens und eine transkranielle Magnetstimulation vorgenommen wird. Doch Persinger (1989) nennt nur einen Beleg für seine Behauptung, nämlich einen Aufsatz von Janice Stevens (»Sleep is for Seizures: A New Interpretation of the Role of Phasic Events in Sleep and Wakefulness« in M. B. Sternman, M. N. Shouse und P. Passount [Hrsg.]: *Sleep and Epilepsy* [New York: Academic Press, 1982], 249–264, 1982), in dem sich kein Hinweis auf die angeblich so riesige Menge an Litera-

tur und auch kein entsprechender Verweis findet. Obwohl er behauptet, er habe »alle wichtigen Komponenten der Nahtoderfahrung« (Persinger 1989, 234) mit transkranieller Magnetstimulation repliziert, waren die tatsächlichen Erfahrungen, die einer Nahtoderfahrung nahe kamen, sehr vage, so als ob ›ich Gedanken aus der Kindheit erlebte‹«. (Michael Persinger: »Near-Death Experiences and Ecstasy: A Product of the Organization of the Human Brain?« in S. Della Sala [Hrsg.]: *Mind Myths: Exploring Popular Assumptions about the Mind and Brain*, Chichester, England: John Wiley, 1999, 85–99.) Andere Forscher, die Persingers Experimente mit ihrer eigenen Ausrüstung zu wiederholen versuchten und damit scheiterten, kamen zu dem Schluss: »Beeinflussbarkeit könnte für die Effekte verantwortlich sein, von denen früher berichtet wurde.« (P. Granqvist et al.: »Sensed Presence and Mystical Experiences are Predicted by Suggestibility, Not by the Application of Transcranial Weak Complex Magnetic Fields.« *Neuroscience Letters*, 379: 1–6 [2005], 1; siehe auch M. Larsson et al.: »Reply to M. A. Persinger and S. A. Koren's Response to Granqvist et al.«, *Neuroscience Letters*, 380: 348–350, 2005). Eine etwas ausführlichere Betrachtung dieser Behauptungen und Entgegnungen finden Sie in *The Near-Death Experiences of Hospitalized Intensive Care Patients*, 87–95, und in *The Handbook of Near-Death Experiences*, 219 f.

40   P. Fenwick 1997: »Is the Near-Death Experience N-methyl-D-aspartate Blocking?« *Journal of Near-Death Studies* 16: 43–53; *The Near-Death Experiences of Hospitalized Intensive Care Patients*, 86.

41   *The Near-Death Experiences of Hospitalized Intensive Care Patients*, 91. Auch erwähnt und erörtert in *Light & Death*,

181; Ernst Rodin: »Comments on ›A Neurobiological Model for Near-Death Experiences‹«, *Journal of Near-Death Studies* 7/4: 255–259 (Sommer 1989).

42   Siehe zum Beispiel Dean Mobbs und Caroline Watt: »There is Nothing Paranormal about Near-Death Experiences«, *Trends in Cognitive Sciences*, Vol. 15, Issue 10, 447 ff., 18. August 2011.

43   Siehe B. Greyson, E. W. Kelly, E. F. Kelly: »Explanatory Models for Near-Death Experiences« in *The Handbook of Near-Death Experiences*, 217.

44   Sartori gibt eine besonders gute Erörterung von Hypoxie und Anoxie in *The Near-Death Experiences of Hospitalized Intensive Care Patients*, 59–68.

45   *Life After Life*, 163.

46   Siehe *Consciousness Beyond Life*, 115, *Science and the Near-Death Experience*, 167. In *The Handbook of Near-Death Experiences*, 115–133, durchforsten Janice Miner Holden, Jeffrey Long und B. Jason MacLurg die Literatur nach diesen potenziellen Variablen und kommen zu dem Schluss, dass sie keinen statistisch signifikanten Unterschied machen.

47   *Science and the Near-Death Experience*, 162–168; *Consciousness Beyond Life*, 114 ff.; 144–148. In zwei von Sartoris Fällen wurde den Betreffenden »genau zu der Zeit, als sie eine Nahtoderfahrung oder eine außerkörperliche Erfahrung machten, Blut abgenommen«. »Beide Patienten wurden kontinuierlich mit Sauerstoff versorgt, und der Sauerstoffgehalt in ihrem Blut und im Gehirn war zu der Zeit, als sie ihre Erfahrungen machten, normal.« – »In beiden Fällen wurde die Anoxie- oder Hyperkarbie-Theorie von den Untersuchungsergebnissen nicht unterstützt« (Sar-

tori, 280). Sabom hatte auch einen Fall, wo sein Patient berichtete, er habe von außerhalb seines Körpers gesehen, wie man ihm in der Lendengegend eine Nadel gesetzt hatte. Man hatte ihm Blut für eine Blutgasanalyse abgenommen, die ergab, dass sein Sauerstoffwert höher lag als normal und sein Kohlendioxidwert niedriger – das Gegenteil dessen, was man erwarten würde, wenn Nahtoderfahrungen von Hyperkarbie oder Anoxie verursacht würden. (*Recollections of Death*, 178).

48   Maurice Rawlings: *Beyond Death's Door* (Nashville: Thomas Nelson Inc., 1978), xii.

49   *Science and the Near-Death Experience*, 164 ff., *Consciousness Beyond Life*, 146 ff.

50   *Science and the Near-Death Experience*, 168.

51   Sabom erörtert dies im Hinblick auf Experimente, die Hyperkarbie induzierten. »Waren diese Erfahrungen, von denen Medunas Patienten berichteten und die Nahtoderfahrungen ähnlich waren, von dem hohen Kohlendioxidgehalt des Blutes *per se* verursacht oder gingen sie auf das Konto irgendeines anderen Mechanismus, der etwas mit dem CO_2-induzierten Zustand des Patienten in Todesnähe zu tun hatte?« *Recollections of Death*, 178.

52   *The Handbook of Near-Death Experiences*, 225. Bruce Greyson ist Professor für Psychiatrie und Neurobehaviorale Wissenschaften an der medizinischen Fakultät der University of Virginia und Autor von mehr als 100 Veröffentlichungen in medizinischen Fachzeitschriften. Er war jahrzehntelang eine führende Persönlichkeit in der Nahtodforschung. Edward Kelly lehrt und forscht am Institut für Psychiatrie und Neurobehaviorale Wissenschaften der University of Virginia. Emily Williams Kelly ist Assistentin

am Institut für Psychiatrie und Neurobehaviorale Wissenschaften der University of Virginia.

Ein anderes starkes Argument gegen physiologische Erklärungen ist, dass jede davon dem Geist eher Verwirrung und Desorientierung attestiert, als seine Aktivitäten zu betonen. Laut Parnia und Fenwick »führt jede akute Veränderung der zerebralen Physiologie, wie sie etwa bei Hypoxie, Hyperkarbie, metabolisch und durch Medikamente induzierten Störungen und Krampfanfällen auftritt, zu desorganisierten und eingeschränkten Zerebralfunktionen ... [und] verminderter Aufmerksamkeit«, während »Menschen, die bei einem Herzstillstand eine Nahtoderfahrung machen, ganz klar nicht verwirrt sind und in der Tat erhöhte Wachsamkeit, Aufmerksamkeit und Bewusstheit zu einer Zeit zeigen, in der niemand Bewusstseins- und Erinnerungsfunktionen erwarten würde.« S. Parnia, P. Fenwick: »Near-death experiences in cardiac arrest: Visions of a dying brain or visions of a new science of consciousness?« *Resuscitation* 52: 8 (2002). Gefunden in *The Handbook of Near-Death Experiences*, 228.

53   *Science and the Near-Death Experience*, 160 f.; *The Handbook of Near-Death Experiences*, 218 f.

54   Sartori *(The Near-Death Experiences of Hospitalized Intensive Care Patients)* führte sorgfältig Buch über die Medikamente, die Patienten mit und ohne Nahtoderfahrungen verabreicht wurden. Von denen mit einer Nahtoderfahrung hatten 26,7 Prozent keine Beruhigungsmittel bekommen und 66,7 Prozent keine Schmerzmittel. (235) Nur 6,67 Prozent der Patienten mit einer Nahtoderfahrung hatten sowohl Schmerzmittel als auch Sedativa bekommen. »Wenn Medikamente die Nahtoderfahrungen verursacht

hätten, hätte man einen höheren Prozentsatz erwarten können.« (235) »Ein großer Prozentsatz ihrer gesamten Stichprobe (diejenigen, die ein Nahtoderlebnis hatten und die ohne ein solches Erlebnis) hatte schmerzstillende und/oder beruhigende Medikamente oder ein allgemeines Anästhetikum bekommen.« – »Weniger als ein Prozent der Patienten dieser Stichprobe berichtete von einer Nahtoderfahrung.« (232, 281) Nachdem ihr aufgefallen war, dass fast allen ihrer Patienten, die Halluzinationen (im Gegensatz zu Nahtoderfahrungen) hatten, Schmerz- und Beruhigungsmittel verabreicht worden waren (nur einer hatte eine Halluzination, ohne dass man ihm entsprechende Medikamente verabreicht hätte, aber er litt unter schwerem Schlafentzug) (237), kam Sartori zu folgendem Schluss: »Dies stärkt das Argument, dass Medikamente eher zu verwirrenden Erfahrungen beitragen, die im Gegensatz zu den klaren, präzisen Berichten über Nahtoderfahrungen stehen.« (237) »Medikamente behindern Nahtoderfahrungen oder die Erinnerung daran eher, als sie zu verursachen. Dies wird von Blackmore (1993, 40 f.) sowie von Greyson und Stevenson (1980) bestätigt.« – »Bei einigen der lebendigsten Nahtoderfahrungen wurden zu der Zeit, als die Erfahrung gemacht wurde, keine Medikamente verabreicht.« (Sartori, 281).

55   G. O. Gabbard und S. W. Twemlow: *With the Eyes of the Mind: An Empirical Analysis of Out-of-Body States* (New York: Praeger, 1984); B. Greyson: »Near-death experiences precipitated by suicide attempt: Lack of influence of psychopathology, religion, and expectations« in *Journal of Near-Death Studies* 9: 183–188; H. J. Irwin: *Flight of mind: A Psychological Study of the Out-of-Body Experience* (Metuchen,

NJ: Scarecrow Press, 1985); T. P. Lock und F. C. Shontz: »Personality correlates of the near-death experience: A preliminary study« in *Journal of the American Society for Psychical Research* 77: 311–318 (1983); K. Ring, 1980. *Life at Death: A Scientific Investigation of the Near-Death Experience*, (New York: Coward, McCann & Geoghegan, 1980). Siehe auch *Recollections of Death* und *The Handbook of Near-Death Experiences*, 216.

56   Dr. Sabom weist die Möglichkeit, dass Berichte bewusst oder unbewusst erfunden werden, aus mehreren Gründen zurück. Zunächst ließ er sich die Geschichten von Familienmitgliedern und medizinischem Personal bestätigen und überprüfte sie anhand der Krankenakten. Ihm fiel auf, dass die meisten Patienten nicht mit Nahtoderfahrungen vertraut waren, und die wenigen, die etwas darüber wussten, oft betonten, wie sehr sich ihre Erfahrung von den Erfahrungen unterschied, von denen sie gehört hatten. Sie waren auch sehr zurückhaltend, wenn es darum ging, ihre Geschichten zu erzählen, weil sie keinen Vorteil darin sahen, wohl aber einen Nachteil. Sie fürchteten nämlich, zum Psychiater geschickt zu werden. Schließlich gibt es genügend Hinweise auf langfristige Veränderungen im Leben von Menschen mit einer Nahtoderfahrung, die mit dieser Erfahrung in Verbindung gebracht werden können. Warum sollte eine erfundene Geschichte das ganze Leben radikal verändern? *Recollections of Death*, 156–160.

57   Janice Miner Holden, Jeffrey Long, B. Jason MacLurg: »Characteristics of Western Near-Death Experiences« in *The Handbook of Near-Death Experiences*, 133.

58   *The Handbook of Near-Death Experiences*, 232.

59   In ihrer 60-seitigen Erörterung naturalistischer Erklärungen (*The Near-Death Experiences of Hospitalized Intensive Care Patients*, 59–119) hat Sartori die Literatur sehr gut aufgearbeitet. Ihr Fazit: »Trotz der vielen reduktionistischen Argumente, die vorgebracht werden, lässt sich die Nahtoderfahrung mit solchen Begriffen nicht erklären.« Pim van Lommel kam bei seiner Aufarbeitung der Literatur über naturalistische Erklärungen ebenfalls zu dem Schluss, dass naturalistische Erklärungen versagt hatten. (*Consciousness Beyond Life*, 105–135) Beachten Sie auch andere Literaturbesprechungen in *The Handbook of Near-Death Experiences* und *Light & Death*, 175–191.

60   Der Autor dieser Studie bewies keine Kenntnis der umfangreichen Literatur, die in wissenschaftlichen Fachzeitschriften zu diesem Thema veröffentlicht wurde. Wenn er sich schon nicht die Zeit nehmen wollte, diese Studien alle selbst durchzuarbeiten, hätte er sich zumindest auf deren Zusammenfassungen beziehen können, beispielsweise in *The Handbook of Near-Death Experiences, The Near-Death Experiences of Hospitalized Intensive Care Patients, Consciousness Beyond Life* und *Science and the Near-Death Experience.* Hier ist der Artikel: http://www.scientificamerican.com/article.cfm?id=peace-of-mind-near-death Andere Kritiker von Nahtodstudien legen oft den gleichen Mangel an Vertrautheit mit der wissenschaftlichen Literatur über Nahtoderfahrungen an den Tag. Siehe zum Beispiel Michael C. Kearl: *Endings: A Sociology of Death and Dying* (New York: Oxford University Press, 1989), 493–496. Dieses mehr als 500 Seiten starke Lehrbuch zum Thema Sterben beschäftigt sich auf nur vier Seiten mit Nahtoderfahrungen, erwähnt in diesem Zusammenhang nur Moody

und Kübler-Ross und kommt zu dem Schluss, dass dies alles nur eine Frage des Glaubens sei. Das ist insofern eine sträfliche Vernachlässigung, als *The Journal of Near-Death Studies* (früher *Anabiosis*) schon seit 1981 zweimal im Jahr eine Ausgabe seiner wissenschaftlichen Fachpublikation veröffentlicht und viele Studien durchgeführt wurden, bevor dieser Text geschrieben wurde, darunter auch Saboms prospektive Studie, die 1982 in Buchform vorlag.

Kapitel 5

1 Raymond A. Moody: *Life After Life* (New York: Bantam Books, 1975), 99.

2 Pim van Lommel: *Consciousness Beyond Life* (New York: HarperCollins, 2010), 21.

2a Ibd.

3 »Hornell Hart [ein berühmter amerikanischer Parapsychologe; Anm. d. Übers.] (1954) analysierte 288 veröffentlichte Fälle von außerkörperlichen Erfahrungen, in denen Menschen davon berichten, dass sie Ereignisse wahrgenommen hatten, die sie auf gewöhnliche Weise gar nicht hätten wahrnehmen können. In 99 von diesen Fällen war bestätigt worden, dass die fraglichen Ereignisse wirklich stattgefunden hatten, und die Betreffenden hatten jemandem davon erzählt, *bevor* diese Bestätigung erfolgte.« J. M. Holden, B. Greyson, D. James, 2009: *The Handbook of Near-Death Experiences: Thirty Years of Investigation* (Santa Barbara, Kalifornien: ABC-CLIO, LLC), 223. H. Hart: »ESP projection: Spontaneous cases and the experimental method« in *Journal of the American Society for Psychical*

Research, 1954, 48: 121–146); *The Handbook of Near-Death Experiences* erwähnt auch E. W. Cook, B. Greyson und I. Stevenson: »Do any near-death experiences provide evidence for the survival of human personality after death? Relevant features and illustrative case reports« in *Journal of Scientific Exploration*, 1988, 12: 377–406; E. W. Kelly, B. Greyson, I. Stevenson, 1999–2000: »Can experiences near death furnish evidence of life after death?« *Omega*, 1999–2000, 40: 513–519.

4   Siehe beispielsweise *Life After Life* (28, 98 ff.); *Consciousness Beyond Life* (19 ff., 38, 173–178, 298); Chris Carter: *Science and the Near-Death Experience* (Rochester: Inner Traditions, 2010), 119 f., 156, 171, 216, 219, 265 ff.; Penny Sartori: *The Near-Death Experiences of Hospitalized Intensive Care Patients* (Lewiston, Queenston, Lampeter: The Edwin Mellen Press, 2008), 267–274, 297–301. Michael Sabom (*Recollections of Death* [New York: Harper & Row, 1982], 27) fand heraus, dass 32 seiner Patienten Erfahrungen gemacht hatten, die später bezeugt wurden. Er leistete besonders gute Arbeit beim Abgleichen der Geschichten mit den Krankenakten der Patienten und den Berichten ihrer Ärzte, Krankenschwestern und Familienmitglieder.

5   Einige dieser Fälle wurden in den Untersuchungen von Nahtoderfahrungen, die ich gelesen habe, erwähnt. Sartori erwähnt und dokumentiert Sterbebettvisionen, wo Menschen »berichten, dass sie Verwandte oder Freunde getroffen haben, von deren Ableben sie zu der Zeit gar nichts gewusst hatten«.

6   Ring behandelt durch Beweise gestützte Nahtoderfahrungen in *The Handbook of Near-Death Experiences*, Seite 231, und bezieht sich dabei auf K. Clark in B. Greyson und

C. P. Flynn (Hrsg.): *The Near-Death Experience: Problems, Prospects, Perspectives* (Springfield, Illinois: Charles C. Thomas, 1984) 242–255; Ring und Lawrence: »Further Evidence for Veridical Perception During Near-Death Experiences«, *Journal of Near-Death Studies* 11: 223–229, (1993); Sartori, Badham und Fenwick: »A Prospectively Studied Near-Death Experience with Corroborated Out-of-Body Perceptions and Unexplained Healing«, *Journal of Near-Death Studies* 25: 69–84 (2006). Sartori merkt an, dass »Menschen mit einer Nahtoderfahrung auch davon berichteten, infolge dieser Lösungen für Probleme entdeckt oder über Wissen verfügt zu haben, zu dem sie vorher keinen Zugang hatten«, und zitiert K. Ring: *Heading Toward Omega: In Search of the Meaning of the Near-Death Experience* (New York: William Morrow, 1984), 165–192.

7   Susan Blackmore vermutet, dass diese Behauptungen teilweise darauf zurückzuführen sind, dass da jemand gut geraten hat. *Dying to Live* (Buffalo, NY: Prometheus Books, 1993), 115.

8   »Vielleicht wurde einfach gut geraten«, sagen manche. Aber die Ergebnisse einiger Studien (etwa der prospektiven Studien von Sartori und Sabom) wurden anhand von Kontrollgruppen überprüft, deren Mitglieder keine Nahtoderfahrungen gehabt hatten. Van Lommels Forschungen ergaben, dass von allen Berichten über Nahtoderfahrungen, die er untersucht hatte, »92 Prozent ganz genau waren, während sechs Prozent einige Fehler enthielten und nur ein Prozent völlig falsch war«. (*Consciousness Beyond Life*, 20).

9   Penny Sartori: *The Near Death Experiences of Hospitalized Intensive Care Patients: A Five-Year Clinical Study*,

(New York: The Edwin Mellen Press, 2008) 212–215. Sie kommt zu dem Schluss: »Diese Untersuchung hat gezeigt, dass diejenigen, die von außerkörperlichen Erfahrungen berichteten, genauere Beschreibungen der Ereignisse und der eingesetzten Geräte geliefert haben als diejenigen, die zwar wiederbelebt wurden, aber nicht von einer Nahtod- beziehungsweise außerkörperlichen Erfahrung berichtet haben. Dies spricht wiederum für die Möglichkeit eines unabhängig vom Gehirn existierenden Bewusstseins.« (273 f.) Siehe auch P. Sartori, P. Badham und P. Fenwick: »A Prospectively Studied Near-Death Experience with Corroborated Out-of-Body Perceptions and Unexplained Healing«, *Journal of Near-Death Studies* 25: 69–84, (2006). Der Kardiologe Michael Sabom prüfte auch die Hypothese, dass es sich bei außerkörperlichen »Beobachtungen« lediglich um retrospektive Rekonstruktionen handeln könnte. 25 seiner Herzpatienten, die keine Nahtoderfahrung gemacht hatten, wurden gebeten zu raten, was wohl während des Reanimationsprozesses passiert war. 80 Prozent von ihnen war mindestens ein *großer* Fehler unterlaufen. Außerdem stellte Sabom bei den Patienten, die von wahrheitsgetreuen Wahrnehmungen berichteten, fest, dass sich ihre Beobachtungen oft ganz speziell auf ihre eigene Reanimation bezogen und die Reanimation eines anderen seiner Patienten nicht genau beschrieben hätten. Beispiel: Ein Patient berichtete, er habe gesehen, wie die Ärzte ihm einen »Schuss in die Lende« gaben, was in seinem Fall korrekt war, aber in anderen Fällen, in denen Patienten von wahrheitsgetreuen Wahrnehmungen berichteten, nicht so gemacht wurde. (*Recollections of Death*, 83–87, 113 f.).

10 Michael Sabom: *Light & Death* (Grand Rapids: Zondervan, 1998), 12.

11 *Consciousness Beyond Life*, 19, 158. Wie es Greyson, Kelly und Kelly in ihrer Erörterung der Erklärungsmodelle ausgedrückt haben: »Die eigentliche Herausforderung bei Erklärungsmodellen zu Nahtoderfahrungen besteht darin zu untersuchen, wie komplex das Bewusstsein, einschließlich des Denkens, der sensorischen Wahrnehmung und der Erinnerung, unter Bedingungen sein kann, unter denen unsere aktuellen physiologischen Modelle des denkenden Geistes dies für unmöglich halten.« (*The Handbook of Near-Death Experiences*, 234).

12 *Consciousness Beyond Life*, 161–204.

13 R. H. Sandin *et al.*: »Awareness during Anaesthesia: A Prospective Case Study«, *The Lancet*, Volume: 355, Issue: 9205, Seiten 707–711 (Feb. 26, 2000).

14 Ibd.

15 »Von der Nicht-Ansprechbarkeit wird angenommen, dass sie fast universell zum Zeitpunkt des Herzstillstands als Folge eines drastischen Abfalls der Gehirndurchblutung auftritt. Was Auszubildende in lebensrettenden Sofortmaßnahmen und erweiterten lebensrettenden Maßnahmen als Erstes lernen, ist, die Ansprechbarkeit des Betroffenen zu überprüfen. Es ist jedoch theoretisch möglich, das Bewusstsein nach einem Herzstillstand zu erhalten, wenn die Gehirndurchblutung durch den Einsatz einer hochwirksamen Herzdruckmassage und durch ausreichende Sauerstoffzufuhr aufrechterhalten wird. Berichte über ein solcherart beibehaltenes Bewusstsein während eines Herzstillstands sind in der Literatur eher selten zu finden.« Shailesh Bihari und Venkatakrishna Rajajee: »Prolonged

Retention of Awareness During Cardiopulmonary Resuscitation for Asystolic Cardiac Arrest«, *Neurocritical Care*, Volume 9, Nummer 3, Seiten 382–386 (2008).

16   Pim van Lommel: »Setting the Record Straight: Correcting Two Recent Cases of Materialist Misrepresentation of My Research and Conclusions«, *Journal of Near-Death Studies*, 30 (2), 107–119, Winter 2011. Wenn das EEG (es misst die Gehirnaktivität) eines Patienten während eines Herzstillstandes überwacht wird, zeigt sich nach durchschnittlich 15 Sekunden eine Nulllinie (113). Daher »scheint es nur vernünftig anzunehmen, dass alle 562 Überlebenden eines Herzstillstands in mehreren kürzlich veröffentlichten prospektiven Studien zu Nahtoderfahrungen ein Nulllinien-EEG hatten, weil kein Patient innerhalb von 20 Sekunden nach Beginn des Herzstillstands wiederbelebt wurde«. Nun ist es eine Tatsache, dass ein Nulllinien-EEG nicht automatisch jedwede Gehirntätigkeit ausschließt. Irgendeine Art von elektrischer Aktivität, die ein EEG nicht registrieren kann, könnte sich weiterhin irgendwo tief im Inneren des Gehirns fortsetzen. Doch Bewusstsein kann nur aufrechterhalten werden, wenn große Teile des Gehirns (etwa Hirnstamm, Großhirnrinde, Hippocampus und Thalamus) einwandfrei funktionieren und zusammenarbeiten. Da das EEG hauptsächlich die elektrische Aktivität in der Hirnrinde anzeigt, weist ein Nulllinien-EEG auf einen Zustand der Bewusstlosigkeit hin. »Die Frage ist nicht, ob eine nicht messbare Gehirnaktivität irgendeiner Art vorhanden ist, sondern ob eine messbare Gehirnaktivität in einer bestimmten Form vorhanden ist, und zwar in verschiedenen neuronalen Netzen, die von der modernen Neurowissenschaft als not-

wendige Voraussetzung für bewusstes Erleben betrachtet werden. Und es wurde in mehreren Studien nachgewiesen, dass bei Patienten mit induziertem Herzstillstand während dieses Herzstillstandes keine messbare und spezifische Gehirnaktivität vorhanden war.« (115) Genauso wenig ist eine einheitliche Gehirnaktivität im Tiefschlaf oder bei einer erfolgreichen Anästhesie vorhanden (116). Eine Veröffentlichung des *National Institute of Health* (2010) setzt den Verlust des Bewusstseins nach Beginn eines Herzstillstandes auf zehn Sekunden fest (Seite 7). Laut Dr. Sam Parnia »ist eine alternative Erklärung, dass die Erlebnisse, von denen in Zusammenhang mit einem Herzstillstand berichtet wird, zu einer Zeit entstehen könnten, wenn das Bewusstsein entweder verloren geht oder wiedererlangt wird, aber nicht in der eigentlichen Herzstillstand-Phase selbst. Jeder zerebrale Insult führt zu einer Phase der anterograden und retrograden Amnesie. Das Gedächtnis ist in der Tat ein sehr sensibler Indikator für Gehirnschädigungen und anhand der Dauer der Amnesie vor und nach der Bewusstlosigkeit kann man die Schwere der Verletzung einschätzen. Daher erwartet man, dass Ereignisse unmittelbar vor und nach dem Verlust des Bewusstseins nicht erinnert werden.« (»Do Reports of Consciousness during Cardiac Arrest Hold the Key to Discovering the Nature of Consciousness?« *Medical Hypotheses* 69 (4): 933–937).

17   Bei Greyson, Kelly und Kelly *(The Handbook of Near-Death Experiences)* findet sich eine besonders gute Diskussion der Hypothese, dass Nahtoderlebnisse auftreten, wenn das Gehirn abschaltet oder wenn die Gehirnfunktionen zurückkehren, auf den Seiten 229 ff. ihres Kapi-

tels »Explanatory Models for Near-Death Experiences«. Kurz zusammengefasst: Die Erinnerungen der Patienten an die Zeit kurz vor dem Bewusstseinsverlust oder kurz nachdem sie das Bewusstsein wiedererlangt haben, sind entweder überhaupt nicht vorhanden oder verworren. (M. J. Aminoff, et al., 1988: »Electrocerebral accompaniments of syncope associated with malignant ventricular arrhythmias« in *Annals of Internal Medicine* 108: 791–796 [1988]; S. Parnia und P. Fenwick, 2002: »Near death experiences in cardiac arrest: Visions of a dying brain or visions of a new science of consciousness?« *Resuscitation* 52: 5–11. Siehe auch *The Handbook of Near-Death Experiences*, 230).

Über teilweises Erwachen wurde im Zusammenhang mit 0,1 bis 0,3 Prozent der allgemeinen chirurgischen Eingriffe berichtet. Diese Erfahrungen sind »in der Regel höchst unangenehm, beängstigend, schmerzhaft und nicht visuell – ganz anders als Nahtoderfahrungen« (*The Handbook of Near-Death Experiences*, 230). Dennoch berichtete die Patientin, dass ihre Sicht während ihrer Nahtoderfahrung »klarer und fokussierter war als normalerweise« und dass sie »klarer hörte als mit meinen Ohren« (*Light & Death*, 44). Sartori weist die Vermutung zurück, das Gehirn werde während der Reanimation genug durchblutet, um das Bewusstsein teilweise aufrechtzuerhalten (*The Near Death Experiences of Hospitalized Intensive Care Patients*, 68 f.). Sartori hat später eine ausführlich dokumentierte Diskussion über die Frage zusammengestellt: »Wann ist die Nahtod- beziehungsweise außerkörperliche Erfahrung aufgetreten?« (260–264). Ihr Fazit: »Diese Untersuchung bestätigt Fenwicks Aussage: Es scheint, dass Bewusstsein unabhängig von einem funktionierenden Gehirn existieren kann.« (264)

18   Diese bemerkenswerte Nahtoderfahrung wurde ursprünglich in *Light and Death*, 37–47; 184–190, veröffentlicht. Weiter erörtert wurde sie in van Lommel, 173–178; siehe auch *The Handbook of Near-Death Experiences*, 191 ff., wo Holden Augustines Kritik an dieser Nahtoderfahrung untersucht und findet, dass sie zu wünschen übrig lässt. Augustine ist der Ansicht, dass sie etwas von den Gesprächen mitgehört haben könnte, weil zwei von 1000 Patienten während der Anästhesie eine Art Bewusstheit erleben. Aber diese seltenen Fälle werden in der Regel damit erklärt, dass die Betreffenden unternarkotisiert waren. In diesem Fall war die Narkose tief und auf drei verschiedene Weisen bestens überwacht. Auch das konstante laute Klicken in den genau eingepassten Ohrstöpseln verhinderte, dass sie irgendetwas hörte, während es ihr die Abdeckungen auf den Augen unmöglich machten, etwas zu sehen. Augustine behauptet, sie habe über einen Zeitraum von drei Jahren eine schlüssige Erinnerung an Dinge zusammengefasst, die sie im Laufe der Zeit erfahren hatte. Aber van Lommel und andere stellten fest, dass die Geschichten über die Nahtoderfahrungen einzelner Menschen vom ersten Bericht im Krankenhaus bis zu dem, was Jahre später bei einer erneuten Befragung erzählt wurde, immer gleich blieben. Es gibt keine Tendenz, die Geschichten auszuschmücken. Gegen diesen Fall wurden auch noch andere Anfechtungen vorgebracht, aber meiner Meinung nach greifen sie alle zu kurz. Lebhaft diskutiert wird der Fall von G. M. Woerlee in: »Could Pam Reynolds Hear? A New Investigation into the Possibility of

Hearing during this Famous Near-Death Experience« in *Journal of Near-Death Studies*, 30: 3–25 (2011) sowie in den Antworten von Hameroff und Carter in derselben Zeitschrift.

19 Klares Bewusstsein sollte während einer Vollnarkose oder eines Herzstillstands nicht vorhanden sein, weil der Verstand schnell schwer beeinträchtigt ist. Beispielsweise bewirkt ein Herzstillstand einen sofortigen Kreislaufstillstand, sodass der Blutfluss zum Gehirn zum Erliegen kommt. Selbst wenn das Gehirn auf einer niederen Ebene aktiv bleibt, reicht das für eine bewusste Erfahrung nicht aus. Doch »allein fünf veröffentlichte Studien haben mehr als 100 Fälle von Nahtoderfahrungen vorgestellt, die während eines Herzstillstands gemacht wurden«. (*The Handbook of Near-Death Experiences*, S. 227.) Laut Sam Parnia und Peter Fenwick (Near-Death Experiences in Cardiac Arrest, *Resuscitation* 52: 5–11 [2002]) zeugen »Nahtoderfahrungen während eines Herzstillstands eindeutig nicht von Verwirrung, sondern in der Tat von erhöhter Wahrnehmung, Achtsamkeit und Bewusstheit, und das zu einer Zeit, zu der man Bewusstsein und Gedächtnisbildung nicht erwarten würde«. Greyson, Kelly und Kelly sagen: »Eine Analyse von 520 Fällen aus unserer Sammlung zeigte, dass 80 Prozent der Betreffenden ihr Denken während der Nahtoderfahrung als ›klarer als üblich‹ oder ›so klar wie üblich‹ beschrieben. Außerdem sprachen die Leute in den Berichten aus unserer Sammlung signifikant *häufiger* über eine verbesserte geistige Leistungsfähigkeit, wenn sie dem Tod tatsächlich physiologisch nah gewesen waren, als wenn dies nicht der Fall war.« (*The Handbook of Near-Death Experiences*, S. 229) Der Elfjährige, den ich interviewte, nannte

mir die ganz spezifischen Farben der Blumen, die er während seiner Nahtoderfahrung gesehen hatte, und sogar, welche Farben er dort *nicht* gesehen hatte. Es war eine sehr lebendige Erfahrung mit einer sehr lebendigen intakten Erinnerung. In unserem Gespräch wurde deutlich, dass er die Szenen seiner Nahtoderfahrung abrufen und nach Belieben darüber sprechen konnte, obwohl er, als er sie erlebt hatte, nicht mehr geatmet und bewusstlos unter einem Berg Schnee gelegen hatte. Nelson *(The Spiritual Doorway to the Brain)* behauptet: »Die Merkmale von Nahtoderfahrungen, gemessen mit der Greyson-Skala … sagen uns in ihrer Gesamtheit, dass weite Teile des Gehirns während dieser Erfahrungen beschäftigt sind.« (117) Doch solche »weiten Teile« sollten doch leicht von einem EEG erfasst werden können. Laut Nelson ist das Gehirn während einer Nahtoderfahrung »lebendig und bewusst«. (132) Siehe auch S. 214. Er glaubt, dass »sich ein Teil des träumenden Gehirns in ein Gehirn entlädt, das schon wach ist« und auf diese Weise »Erlebnisse hervorbringt, die realistisch und unvergesslich sind«. Doch auch dies scheint ein voll funktionsfähiges Gehirn zu erfordern, das sowohl in Vollnarkose als auch bei einem Herzstillstand ganz klar kontraindiziert ist.

20   Anders als ein Traum wird, so Sabom, »die Nahtoderfahrung … als handfeste Realität wahrgenommen, sowohl während der Erfahrung selbst als auch in der späteren Betrachtung. Außerdem steht die extreme Verschiedenheit der Trauminhalte von Person zu Person und von Nacht zu Nacht im Gegensatz zur großen Übereinstimmung der Ereignisse bei Nahtoderfahrungen. Es ist daher unwahrscheinlich, dass eine Nahtoderfahrung als Traum erklärt

werden kann.« (*Recollections of Death*, 166) Stellen wir uns vor, ich bin hibbelig und nehme eine Valium-Tablette, um runterzukommen. Nach etwa einer Stunde bin ich ganz entspannt und schlafe auf meinem Sofa ein. Nun ist es gut möglich, dass ich, nachdem ich in einem so entspannten Zustand eingeschlafen bin, einen Traum habe, der Entspannung so darstellt, wie ich sie mir vorstelle: Ich lese ein Buch auf der Veranda einer Berghütte oder baue eine Sandburg am Strand. Wir hören allerdings nicht davon, dass jeder, der Valium nimmt, extrem ähnliche Träume hat mit einem oder mehreren der 15 gemeinsamen Elemente.

Beispiel: Wir finden keine Berichte darüber, dass 90 Prozent der Menschen, die Valium nehmen, Träume haben, die damit anfangen, dass sie auf einem Gummifloß in einem Swimmingpool liegen und mit ihren besten Freunden plaudern, die auch auf solchen Flößen liegen. Und anschließend gehen alle in die Eisdiele, wo sie einen Milchshake trinken und mit dem Besitzer über entspannte Ereignisse ihres Lebens sprechen. Dann gehen sie zur Toilette und finden sich plötzlich auf einer Berghütte wieder, wo sie ein Buch von einem scheinbar endlosen Bücherregal nehmen und sich damit auf die Veranda mit Blick auf einen Forellenbach setzen. Stattdessen ist die Vielfalt von Träumen, die in einem entspannten Zustand produziert werden, scheinbar endlos.

21 *Life After Life*, 21. Dr. Sartoris Patienten waren aus Großbritannien, fast alle aus Wales. Sie schreibt: »Die Berichte über Nahtoderfahrungen aus dieser Stichprobe stimmten mit anderen westlichen Berichten über Nahtoderfahrungen, die in der Literatur dokumentiert sind, überein. Es

gab keine kulturspezifischen Merkmale für eine walisische Population.« Penny Sartori: *The Near-Death Experiences of Hospitalized Intensive Care Patients* (Lewiston, Queenston, Lampeter: The Edwin Mellen Press, 2008), 225.

22 Maurice Rawlings: *Beyond Death's Door* (New York: Thomas Nelson, 1978), xiii.

23 *Consciousness Beyond Life*, 143. Von Dr. Sartoris Patienten, die eine tiefe Nahtoderfahrung hatten, »war angeblich keiner vor der Einlieferung ins Krankenhaus mit Nahtoderfahrungen vertraut« (Sartori, 266).

24 *Consciousness Beyond Life*, xii.

25 *Life After Life*, 175.

26 Siehe zum Beispiel *Recollections of Death,* 116, 162. Eine Person verlor plötzlich mitten im Satz das Bewusstsein. Eine andere wurde hinterrücks von einem Auto erfasst.

27 *Consciousness Beyond Life*, 147. Saboms Studie kommt zu dem Schluss: »Alter, Geschlecht, Rasse, Wohnort, Größe der Heimatgemeinde, Ausbildungsdauer, Beruf, religiöser Hintergrund oder Häufigkeit der Kirchenbesuche einer Person schienen keinen Einfluss darauf zu haben, ob sie in einer terminalen Krisensituation ein Nahtoderlebnis hatte oder nicht. Auch das Wissen über Nahtoderfahrungen vor Beginn der terminalen Krisensituation schien die Person nicht dafür zu prädisponieren, anschließend von einer Nahtoderfahrung zu berichten.« (*Recollections of Death*, 57, 61)

28 *Consciousness Beyond Life*, 147.

29 Sartori lässt Wunschdenken als Grund außer Acht und zitiert sieben Patienten, die explizit sagten, dass sie vom Inhalt ihrer Nahtoderfahrungen überrascht waren. *The Near-*

Death Experiences of Hospitalized Intensive Care Patients, 215 f., 274 f.

30   *Consciousness Beyond Life*, 19.

31   *Life After Life*, 105. Ein Mann mit einer Nahtoderfahrung in Sartoris Studie berichtete, er habe jemanden gesehen, der vielleicht Jesus war, aber er hätte überhaupt nicht damit gerechnet, dass Jesus so aussieht. »Ich weiß nicht, wer er war. Er hätte Jesus sein können nach allem, was ich weiß, aber ich hätte nicht gedacht, dass Jesus so aussieht. Seine Haare waren ungepflegt und hätten mal ordentlich gekämmt werden müssen! Seine Augen waren stechend und strahlend. Es war, als würde ich von seinen Augen angezogen.« *The Near-Death Experiences of Hospitalized Intensive Care Patients*, 192. Siehe auch *Science and the Near-Death Experience*, 105, 107, 111, 115, 117, 124, 219, 264.

32   *Life After Life*, 77–84.

33   Jeffrey Long: *Evidence of the Afterlife* (New York: HarperOne, 2010), 17.

34   *Recollections of Death*, 50. Details über Unterhaltungen auf der anderen Seite und dass sie alle ein Ende hatten, siehe 210 f.; auch *Light & Death,* 23, 67 f., 111 f., 114.

35   http://www.nderf.org

36   Ibd.

37   Siehe zum Beispiel *Consciousness Beyond Life*, 71–79.

38   Melvin Morse: *Closer to the Light* (New York: Villard Books, 1990), 3–21.

39   M. Morse (1983): »A near-death experience in a 7-year-old child« in *American Journal of Diseases of Children (1960)*, 137 (10), 959 ff.

40   *Closer to the Light*, 18–21.

41   Melvin Morses Beitrag in *The Light Beyond* von Raymond Moody (New York: A Bantam Book, 1988), 108.

42   M. Morse, D. Conner, D. Tyler (1985): »Near-death experiences in a pediatric population. A preliminary report« in *American Journal of Diseases of Children* (1960), 139 (6), 595–600; M. Morse, P. Castillo, D. Venecia, et al.: »Childhood Near-Death Experiences« in *American Journal of Diseases of Children* 140 (1986): 1110–1113; *Closer to the Light*, Melvin Morse und Paul Perry, 1990, Villard Books, NY, 1990.

43   Serdahely »kam zu dem Schluss, dass die retrospektiven Berichte Erwachsener von aktuellen pädiatrischen Nahtoderfahrungen nicht zu unterscheiden waren«. (W. J. Serdahely, 1991) »A comparison of retrospective accounts of childhood death experiences with contemporary pediatric near-death experience accounts« in *Journal of Near-Death Studies* 9: 223. »Was den Inhalt von Nahtoderfahrungen betrifft, kann man sagen, dass zwar jede Erfahrung einzigartig ist, die Nahtoderfahrungen von Kindern und Jugendlichen aber einem durchgängigen Muster folgen, das sich wenig von dem Muster unterscheidet, das von Erwachsenen erfahren wird. ... Die Erfahrungen von Kindern scheinen auch weder von der Ursache der fast zum Tod führenden Krise noch vom Alter, vom Geschlecht, von der Religiosität oder irgendeiner anderen demografischen Variablen beeinflusst zu werden. Ein Unterschied scheint zu sein, dass Kinder fast immer ins Licht begleitet werden.« (*The Handbook of Near-Death Experiences*, 92, 105).

44   Laut Richard Bonenfant sind »die Berichte von Kindern oft allein schon deshalb informativ, weil sie genau

das schildern, was sie sehen, ohne sich große Gedanken über eine rationale Interpretation ihrer Beobachtungen zu machen«. R. J. Bonenfant: »A Child's Encounter with the Devil« in *Journal of Near-Death Studies* 20: 95 (2001). Aus *The Handbook of Near-Death Experiences*, 91.

45 *Consciousness Beyond Life*, 75 f.

46 Ibd., 72.

47 *Science and the Near-Death Experience*, 254–268.

48 Ibd., 254 f. Eine andere Beweiskette könnte Nahtoderlebnisse erkunden, bei denen der Betreffende sich wundert, auf der anderen Seite eine Person anzutreffen, von der er gar nicht wusste, dass sie tot ist. Bruce Greyson zitiert 29 solcher Fälle in seinem Artikel »Seeing Dead People Not Known to Have Died: ›Peak in Darien‹ Experiences« in *Anthropology and Humanism*, Vol. 35, Issue 2, S. 159–171 (2010). Greyson merkt auch an: »In unserer Sammlung von 665 Nahtoderfahrungen enthielten 138 (21 Prozent) eine angebliche Begegnung mit einer verstorbenen Person, während nur 25 (vier Prozent) eine angebliche Begegnung mit einer lebenden Person enthielten.« Wenn wir daraus einen Beweis für das Jenseits ableiten wollen, sieht es ganz so aus, als müssten wir herausfinden, wie viel Prozent der Nahtoderfahrungen eine Begegnung mit einer Person enthalten, von deren Ableben der Betreffende nichts wusste. Wenn es weniger als vier Prozent sind, könnte dann die Anzahl derer, von denen die Betreffenden nicht wussten, dass sie gestorben sind, nicht einfach eine Teilmenge der lebenden Personen sein, die gesehen wurden?

49 *Science and the Near-Death Experience*, 257.

50 Ibd., 256.

51   Ibd., 258.

52   Sterbebettvisionen können auch als eine Art Beweis-brücke zwischen Nahtoderfahrungen und finalen Todes-erfahrungen dienen. Manche Forscher weisen auf Folgendes hin: Weil Nahtoderfahrungen per Definition von Menschen gemacht werden, die nach diesem Erlebnis nicht endgül-tig tot sind, müssen wir von der zunächst ungerechtfer-tigten Annahme ausgehen, dass eine Person nach ihrem endgültigen Tod einige der gleichen Dinge erlebt wie bei einer Nahtoderfahrung. Natürlich gibt es nur eine einzige Möglichkeit, dies mit hundertprozentiger Sicherheit zu er-fahren, nämlich den eigenen endgültigen Tod zu erleben. Aber auch eine Sterbebettvision gibt uns einen Hinweis, und zwar von denen, die selbst auf der Schwelle zum fina-len Todesstadium stehen.

53   Siehe besonders Raymond A. Moody: *Glimpses of Eter-nity* (New York: Guideposts, 2010).

54   Ibd., 13 f.

55   *Glimpses of Eternity*, 77, 80 f.

56   Aus einem persönlichen Interview mit Bucky.

57   *Life After Life*, 5 f.

58   *Consciousness Beyond Life*, vi.

59   *Beyond Death's Door*, xii f.

60   *Consciousness Beyond Life*, 310. Warum sollten sie lügen? Versetzen Sie sich in ihre Lage. Nachdem sie gerade durch ein solches Trauma gegangen sind, fürchten sie offenbar, dass die Leute, wenn sie ihnen von so einem wilden Erleb-nis berichten, denken könnten, sie seien verrückt gewor-den. Kein Wunder also, dass sie ihre Erfahrung nur sehr zögerlich mit anderen teilen. Einer der Männer, die ich interviewt habe, erzählte seiner Frau von seinem Nahtod-

erlebnis, aber seinem Chirurgen wollte er nichts davon sagen, obwohl dieser Christ war. Und obwohl er mit anderen Mitgliedern einer Kirche zusammenarbeitet, zögerte er, den Leuten dort etwas davon zu erzählen. Er weiß nicht genau, warum er, was das angeht, so zurückhaltend ist – er ist es einfach. Aber diese Zögerlichkeit, wenn es darum geht, von der Erfahrung zu erzählen, spricht sehr dagegen, dass jemand eine Geschichte erfindet, um Aufmerksamkeit zu bekommen.

Das ist etwas ganz anderes, als wenn ein Fernsehprediger von seinen auf wundersame Weise erhörten Gebeten spricht. Vielleicht ist ihm das tatsächlich passiert, aber allein schon weil ihm alles zur Verfügung steht, um Profit aus einer so dramatischen Aussage zu schlagen, stelle ich sie infrage. Aber ein Patient, der keine religiöse TV-Sendung moderiert, dessen Körper in einem schlechten Zustand ist und der riskieren muss, dass seine geistige Gesundheit infrage gestellt wird, hat kein offensichtliches Motiv, ein solches Ereignis zu erfinden.

61   *Life After Life*, 89.

62   Ibd., 85.

63   *Consciousness Beyond Life*, 39.

64   Ibd., 23.

65   Siehe vor allem K. Ring und S. Cooper, 1999: *Mindsight: Near-death and out-of-body experiences in the blind*. Palo Alto, CA: Institute of Transpersonal Psychology. Van Lommel berichtet von Blinden, die ein Nahtoderlebnis haben, in *Consciousness Beyond Life*, 19, 23–26, 39. Sartori stellt fest: »Die Berichte [über Blinde, die während einer Nahtoderfahrung sehen konnten] wurden als echt eingestuft, und zwar wegen der Ähnlichkeiten zwischen Nahtoderfah-

rungen von Blinden und Sehenden, der Aufrichtigkeit der Erfahrung und, in manchen Fällen, der bestätigenden Aussagen von Zeugen.« *The Near-Death Experiences of Hospitalized Intensive Care Patients*, 100, Kommentare zu Ring und Cooper, 68.

66   http://www.newdualism.org/nde-papers/Ring/Ring -Journal%20of%20Near-Death%20Studies_1997-16-101 -147.pdf   Kenneth Ring und Sharon Cooper: »Near-Death and Out-of-Body Experiences in the Blind: A Study of Apparent Eyeless Vision« in *Journal of Near-Death Studies.* »Es steht außer Frage, dass Nahtoderfahrungen auch bei Blinden vorkommen, und weiterhin, dass sie die gleiche allgemeine Form annehmen und aus genau den gleichen Elementen bestehen, welche die Nahtoderfahrungen von sehenden Individuen definieren.

Darüber hinaus scheint diese Verallgemeinerung auf alle drei Kategorien von Blindheit zuzutreffen, die in dieser Studie vertreten waren: Blindheit von Geburt an, im Laufe des Lebens erworbene Blindheit und starke Sehbehinderung.

Das zweite Thema und die treibende Kraft dieser Studie war, ob die Blinden behaupteten, während ihrer Nahtod- oder außerkörperlichen Erfahrung visuelle Eindrücke gehabt zu haben. Auch in diesem Punkt waren unsere Daten eindeutig.

Insgesamt behaupteten dies 80 Prozent der von uns Befragten, die meisten in Form einer ohne Zögern ausgesprochenen Erklärung, selbst wenn sie von der unerwarteten Entdeckung, dass sie tatsächlich sehen konnten, überrascht oder sogar überwältigt waren. Wie sehende Menschen mit einer Nahtoderfahrung beschrieben auch die blinden sowohl Wahrnehmungen aus dieser Welt als auch jenseitige

Szenen oft in sämtlichen überschwänglich feinkörnigen Details und manchmal in einer extremen, selbst subjektiv als perfekt empfundenen Sehschärfe.«

Was »sehen« Blinde in ihren normalen Träumen (im Gegensatz zu ihren Nahtoderfahrungen)? »(1) In den Träumen von Blindgeborenen gibt es keine visuellen Bilder. (2) Individuen, die erblindet sind, bevor sie fünf Jahre alt waren, haben ebenfalls eher keine visuelle Bildsprache. (3) Diejenigen, die zwischen dem 6. und dem 8. Lebensjahr erblindet sind, behalten ihre visuelle Bildsprache entweder bei oder auch nicht. Und (4) die meisten Personen, die ihr Augenlicht nach ihrem 7. Geburtstag (also im 8. Lebensjahr) verlieren, behalten ihr visuelles Vorstellungsvermögen bei, obwohl die Bilder mit der Zeit allmählich verblassen.«

67 Ibd., 125.

68 *Consciousness Beyond Life*, 24 ff.

69 Ibd., 26.

70 Ibd., 152.

71 Ibd., 55. Die Studie stammt von C. Sutherland: *Transformed by the Light: Life after Near-Death Experiences* (Sydney, Australia: Bantam Books, 1992).

72 *Life After Life*, 84.

73 Ibd., 84 f.

74 *Consciousness Beyond Life*, 40.

75 *Life After Life*, 105.

76 Ibd., 65.

77 Ibd., 84.

78 *Consciousness Beyond Life*, 152. Sabom kam zu den gleichen Ergebnissen, als er seine Nahtoderfahrenen mit seiner Kontrollgruppe verglich. *Light & Death*, 95 ff.

79 (http://en.wikipedia.org/wiki/Illusory_superiority)

80 Alles, was wir sagen können, um zu beweisen, dass Sie nicht nur träumen, dass Sie dies lesen, oder um zu beweisen, dass wir nicht in einer fingierten Wahnvorstellung wie der »Matrix« leben, ist, dass wir ein lebendiges Verständnis von Menschen, Blättern und Grashüpfern haben, und zwar über unsere Sinne. Und wenn Sie einmal darüber nachdenken, kommen Sie nicht wirklich über dieses »lebendige Verständnis« hinaus. Sie sagen vielleicht: »Ja, aber ich spreche mit anderen Menschen, welche die gleiche lebendige Erfahrung mit dieser physischen Welt haben, und wir können physikalische Experimente machen, die beweisen, dass sie real ist.« Sicher, aber wenn dies eine Traumwelt wäre, dann wären diese Menschen und Experimente alle ein Teil Ihres Traums. Nur weil sich das Erlebnis qualitativ von einem Traum zu unterscheiden scheint – es *scheint* real –, sind Sie ziemlich sicher, dass Sie ein Buch lesen und nicht einfach nur träumen, dass Sie ein Buch lesen.

81 Aber lassen Sie uns dies noch einen Schritt weiterführen, und zwar beginnend mit einer Analogie. Sagen wir, Sie versuchen eine Entscheidung zwischen zwei Autos zu treffen, die zum Verkauf stehen, sind aber der Ansicht, dass Ihnen die üblichen Beschreibungen nicht genügend Informationen geben. Daher zieht der Verkäufer eine Studie aus der Schublade mit einer unabhängigen Befragung der letzten 500 Kunden, die diese Autos gekauft haben. 90 Prozent berichten, dass sie nach einem Jahr wirklich froh sind, Auto Nummer 1 gekauft zu haben.

Wie entscheiden Sie sich? Wäre es nicht klug, die Erfahrung der 90 Prozent zu akzeptieren, auch ohne dass Sie das

Auto selbst ein Jahr lang gefahren haben? Handeln wir wirklich so anders, wenn wir die Erfahrungen einer Unmenge von Nahtoderfahrenen akzeptieren, auch wenn wir nie selbst eine gemacht haben?

82   Aus Platzgründen bin ich hier nicht auf die Beiträge der in der Schweiz geborenen Psychiaterin Elisabeth Kübler-Ross eingegangen. Als sie 1958 aus der Schweiz nach New York City zog, um ihre Ausbildung zu beenden, war sie erschrocken über den bedauernswerten Zustand der Sterbenden. Statt umgeben von Freunden und Familienmitgliedern zu sterben, starben sie in der Regel einsam in einem Krankenhauszimmer, umgeben von blinkenden Lichtern und piependen Apparaten. Ärzte schafften es oft nicht, ihnen Beistand zu leisten, weil sie im Tod nur ihre Unfähigkeit zu heilen sahen. Die optimistischen Amerikaner wollten nicht über den Tod nachdenken.

Kübler-Ross hat uns gezwungen, uns mit der Todeserfahrung zu beschäftigen und den Sterbenden emotional beizustehen. Ihre Arbeit hat dazu beigetragen, sowohl Hospize ins Leben zu rufen als auch professionellen Beistand für Sterbende zu organisieren. Sie hörte den Patienten auch zu, wenn sie auf der Schwelle zum Tod plötzlich sehr aufmerksam wurden und von einem schönen Ort erzählten, wo sie verstorbene Angehörige wiedersahen. Als angesehene Wissenschaftlerin wurde Kübler-Ross mit 18 Ehrendoktortiteln ausgezeichnet. Sie unterrichtete Ärzte und Wissenschaftler über den Tod und das Sterben und hat mehr als 20 Bücher geschrieben. Sie machte ihre Studenten und Leser auch mit Nahtoderfahrungen bekannt.

Kapitel 6

1   Kenneth Ring befragte die Teilnehmer dreier Universitätsseminare zum Thema Nahtoderfahrungen (111 Studenten). Am Ende der Unterrichtseinheit berichteten die meisten Studenten, sie hätten nun weniger Angst vor dem Tod, einen stärkeren Glauben an ein Leben nach dem Tod, eine deutlich spirituellere Orientierung, größeren Glauben an die Sinnhaftigkeit des Lebens und eine neue Sicht in Bezug auf Gott. [»The impact of near-death experiences on persons who have not had them: A report of a preliminary study and two replications« in *Journal of Near-Death Studies* 13: 229 (1995).] Während manche von van Lommels Patienten in Holland zwar »spirituell« wurden, aber weniger Interesse an traditioneller Religion zeigten, berichtet Sartori von ihren Patienten (vorwiegend Waliser): »Alle Patienten berichteten von einer gesteigerten Neigung zu beten, in die Kirche zu gehen und die Bibel zu lesen.« *The Near-Death Experiences of Hospitalized Intensive Care Patients*, 244.

2   *Consciousness Beyond Life*, 284.

3   *Life After Life*, 58 f.

4   *Consciousness Beyond Life*, 284.

5   *Life After Life*, 64.

6   Ibd., 59.

7   Ibd., 59.

8   *Consciousness Beyond Life*, 34.

9   Ibd. 29.

10   Susan Blackmore: *Dying to Live* (Buffalo, NY: Prometheus Books, 1993), xii.

11   *Consciousness Beyond Life*, 35.

12   Ibd., 55.

13 *Life After Life*, 65.

14 Ibd., 63.

15 *Consciousness Beyond Life*, 151.

16 Steve Sjogren: *The Day I Died* (Ventura: Regal Books, 2006), 31. Die Frau eines Patienten von Sartori erzählte, wie sich ihr Mann verändert hatte. »[Er] ist ganz anders, seit er diese Erfahrung gemacht hat. Er verhält sich mir gegenüber sehr liebevoll. Vorher hat er immer gemacht, was er wollte, und ist einfach mit dem Auto losgefahren, wenn ihm gerade danach war, ohne einen Gedanken an mich zu verschwenden. Jetzt fährt er nicht mehr einfach los, es sei denn, ich will auch weg. Er ist sehr viel aufmerksamer, und ich habe das Gefühl, dass er auch viel liebevoller und herzlicher ist.« (*The Near-Death Experiences of Hospitalized Intensive Care Patients*, 293).

17 *Life After Life*, 65, 93.

18 In einem meiner persönlichen Interviews erzählte ein Mann mit einer Nahtoderfahrung, er habe mit drei himmlischen Wesen gesprochen und ihnen erklärt, warum er das Gefühl habe, zu seiner Familie zurückkehren zu müssen. Moody gab die Geschichte einer älteren Tante wieder, die krank war. Die ganze Familie betete für ihre Genesung. Schließlich sagte die Tante einem Familienmitglied, sie habe die andere Seite gesehen und wolle dort bleiben, aber ihre Gebete hinderten sie daran, hinüberzugehen. Sie starb kurz nachdem sie aufgehört hatten, für ihre Genesung zu beten. (Ibd., 81).

19 *Consciousness Beyond Life*, 151.

20 Ibd., 53.

21 Ibd., 151.

22 Ibd., 152.

23 *Consciousness Beyond Life*, xiii.

24 Ibd., 29. Moody stellte fest: »Fast jeder macht eine Bemerkung zur *Zeitlosigkeit* dieses außerkörperlichen Zustands.« *Life After Life*, 47.

25 *Life After Life*, 43.

26 *Consciousness Beyond Life*, 21.

27 Einer beschrieb es, »als sehe ich mit allwissenden Augen«. (Ibd., 36)

28 *Life After Life*, 143 f.

29 *Consciousness Beyond Life*, 29 ff.

30 Sartori merkt an: »Die Forschung (Grey 1987, Fenwick und Fenwick 1996a, Ellwood 2001, Rommer 2000) hat deutlich gemacht, dass negative Nahtoderfahrungen genauso real sind wie angenehme und in Abwesenheit von Anästhetika auftreten können.« (*The Near-Death Experiences of Hospitalized Intensive Care Patients*, 18) Sie stellt ferner fest, dass »religiöse Überzeugungen und Vorwissen die Erfahrung nicht zu beeinflussen scheinen, und interkulturelle Studien zeigen ein ähnliches Muster unabhängig vom Inhalt der Erfahrung oder von kulturellen Überzeugungen« (23). »Es gibt Fälle, die sowohl angenehme als auch beängstigende Komponenten haben. Es kann sein, dass sie beängstigend beginnen und dann angenehm werden (Bonenfant 2001) oder umgekehrt.« (Irwin und Bramwell 1988) (24) Laut ihrer Studie »hatten 13,3 Prozent ›beängstigende‹ Nahtoderfahrungen«, was mit drei anderen Studien übereinstimmt, die 12,5 Prozent (Grey 1987), 15 Prozent (Atwater 1992) und 18 Prozent (Rommer 2000) gefunden haben«. Siehe *The Handbook of Near-Death Experiences*, Kapitel 4, für eine gute Übersicht über die vorhandene Literatur in Bezug auf quälende Nahtoderfahrungen.

31   Laut *The Handbook of Near-Death Experiences*, 70, hatte man zwar in neun Studien mit 459 Nahtoderfahrenen keine Berichte über quälende Nahtoderfahrungen gefunden, aber in »zwölf anderen Studien, an denen 1369 Nahtoderfahrene beteiligt waren, gab es Berichte von 315 Personen (23 Prozent), die über Nahtoderfahrungen berichteten, die von verstörend bis furchterregend oder verzweifelt reichten«. Ein neueres Buch, das sich mit quälenden Nahtoderfahrungen beschäftigt, ist *Dancing Past the Dark: Distressing Near-Death Experiences* von Nancy Evans Bush (2012).

32   *Consciousness Beyond Life*, v f.

33   Die Atheisten, deren Bücher ich gelesen habe, behaupten nicht, dass sie ein bombensicheres Argument für den Atheismus haben. Immerhin, wie könnte man jemals mit auch nur annähernder Sicherheit beweisen, dass es keinen Gott gibt? Stattdessen machen sie die sehr viel bescheidenere Aussage, dass sie keinen starken Beweis für die Existenz Gottes sehen. In einer Diskussion wie dieser sollte es (wenn alle Beteiligten objektiv wären) eigentlich nur eine starke Beweiskette brauchen, um einen wahrhaft Suchenden vom Atheismus zum Theismus zu bekehren. Das kann auch mit wissenschaftlichen Theorien passieren. Ich beziehe mich hier auf die Weiße-Schwan-Theorie, die durch Sichtung eines einzigen schwarzen Schwans entkräftet wurde.

Anhang 1

1   Raymond Moody: *Paranormal* (New York: HarperCollins, 2012), 47 f.

2   Ibd., 63.

3   Ibd., 77.

4   Ich habe dieses Nahtoderlebnis auf www.nderf.org gefunden. Dr. Alexander berichtet, dass seine »Begleiterin« während seines Nahtoderlebnisses zunächst in menschlicher Form und in einem wunderschönen Kleid erschien, dann als »Lichtkugel«, um später wieder zu ihrer menschlichen Form zurückzukehren. *Proof of Heaven* (New York: Simon & Schuster, 2012), 68.

5   *The Handbook of Near-Death Experiences: Thirty Years of Investigation* (Santa Barbara, California: ABC-CLIO, LLC), 140–148.

6   Jeffrey Long: *Evidence for the Afterlife* (New York: HarperOne, 2010), 9.

7   Zum Beispiel: Nahtoderfahrung Nr. 1307 auf www.nderf.org: wie ein »Film über mich und mein ganzes Leben …« – »Ich konnte die wahre Bedeutung dieser Beziehungen spüren.« – »Ich empfand ein Gefühl der Liebe und Dankbarkeit den Menschen gegenüber, die in meinem Rückblick auftauchten.« – »Dieser panoramaartige Rückblick auf mein Leben war sehr deutlich. Jedes kleine Detail der Ereignisse und der Beziehungen war da – die Beziehungen in einer Art destillierter Essenz ihrer Bedeutung. Die Personen waren wie im wirklichen Leben, lebendige Bilder mit ihrer Persönlichkeit und ihrem inneren Selbst.« Nahtoderfahrung Nr. 2136 ging durch den Lebensrückblick wie durch eine PowerPoint-Präsentation. Nahtoderfahrung Nr. 2913 erlebte, wie sich die Lebensereignisse in schneller Folge abspulten.

8 Von www.nderf.org

9 Ibd., Nahtoderfahrung Nr. 49.

10 Ibd., Nahtoderfahrung Nr. 1828.

11 Ibd., Nahtoderfahrung Nr. 116.

12 Ibd., Nahtoderfahrung Nr. 1720.

13 Ibd., Nahtoderfahrung Nr. 1465.

14 Ibd., Nahtoderfahrung Nr. 2838.

Anhang 2

1 Charles Q. Choi: »Peace of Mind: Near-Death Experiences Now Found to Have Scientific Explanations«, *Scientific American*, 12. September 2011, S. 127. Solche Behauptungen, sowohl von Survivalisten als auch von Naturalisten, finde ich häufig in der Literatur über Nahtoderfahrungen. Sie erwecken den Eindruck, als seien alle Elemente von Nahtoderfahrungen mit natürlichen Mitteln repliziert worden. Doch jedes Mal, wenn ich die entsprechenden Dokumentationen überprüfe, scheinen die Erfahrungen in vielerlei Hinsicht sehr unterschiedlich zu sein. Zum Beispiel: 1. Melvin Morse, David Venecia und Jerrold Milstein: »Near-death experiences: A neurophysiological explanatory model« in *Journal of Near-Death Studies* 8: 48, 1989 (aus *Handbook*, S. 217 f.) »Alle Elemente der Nahtoderfahrungen, über die berichtet wurde, können unter Laborbedingungen hervorgerufen werden«, und zwar mit eingeatmetem Kohlendioxid. 2. M. A. Persinger, 1989: »Modern neuroscience and near-death experiences: Expectancies and implications«. Persinger kommentiert »A neurobiological model for near-death experiences« im *Journal of Near-Death Studies* 7: 234 (1989) wie folgt: »Eine große Menge

an klinischer und chirurgischer Literatur ... weist darauf hin, dass Empfindungen des Schwebens und Aufsteigens, außerkörperliche Erfahrungen, persönlich bewegende mystische und religiöse Begegnungen, visuelle und auditive Erfahrungen sowie traumähnliche Sequenzen in der Regel von einer elektrischen Stimulation der tiefen mediobasalen Schläfenlappenstrukturen als Einzelerfahrungen hervorgerufen werden.« Persinger behauptet weiterhin, dass er durch transkraniale magnetische Stimulation »alle wichtigen Komponenten einer Nahtoderfahrung, einschließlich außerkörperlicher Erfahrungen, des Schwebens, des Angezogenwerdens von einem Licht, des Hörens fremdartiger Musik und tiefer, bedeutsamer Erfahrungen« hervorgerufen habe (*The Handbook of Near-Death Experiences: Thirty Years of Investigation* [Santa Barbara, Kalifornien: ABC-CLIO, LLC], 220). 3. Saavedra-Aguilar, J. C., und Gomez-Jeria, J. S., 1989: »A neurobiological model for near-death experiences« in *Journal of Near-Death Studies* 7: 209 »Die Liste der psychischen Phänomene, die bei Schläfenlappenepilepsie und stereotaktischer Stimulation des Schläfenlappens auftreten, schließt alle Phänomene einer Nahtoderfahrung ein.« (*The Handbook of Near-Death Experiences,* 219) 4. Michael Shermer, geschäftsführender Direktor der *Skeptics Society*, stellte in einem Artikel vom März 2003 – »Demon-Haunted Brain«, veröffentlicht in *Scientific American* – fest: »Der Neurowissenschaftler Michael Persinger beispielsweise kann in seinem Labor an der Laurentian University in Sudbury, Ontario, alle diese Empfindungen [außerkörperliche Erfahrungen] bei Probanden induzieren, indem er ihre Schläfenlappen bestimmten Magnetfeldmustern aussetzt.« (http://www.michael

shermer.com/2003/03/demon-haunted-brain). Shermer fährt fort, indem er van Lommels Studie als eine zitiert, die »dem Glauben, dass Geist und Seele von Gehirn und Körper getrennt sind, einen Schlag versetzt«, wo doch gerade van Lommels Studie starke Beweise *für* diese These erbracht hat. Siehe van Lommels Antwort auf Shermer: http://www.nderf.org/NDERF/Research/vonlommel_skeptic_response.htm 5. Susan Blackmore behauptet, dass »alle Komponenten einer Nahtoderfahrung auch unter anderen Bedingungen auftreten können, etwa unter dem Einfluss von Drogen und Medikamenten, bei Stress oder sogar in Träumen«. *Dying to Live* (London: HarperCollins, 1993), 49. 6. Dr. Kevin Nelson behauptet, dass »Lemperts Teamkollegen die Erfahrungen ihrer Probanden mit Moodys Beschreibungen von Nahtoderfahrungen verglichen haben. Erstaunlicherweise konnten sie *keinen wirklichen Unterschied* [seine Hervorhebung] zwischen den beiden Arten von Erfahrung feststellen«. (*The Spiritual Doorway to the Brain* [New York: Dutton, 2011], 124) Das ist eine kühne Behauptung. Nach Nelsons Beschreibung hat Lempert mit induzierten Ohnmachten praktisch Nahtoderfahrungen reproduziert. Doch wie ich in Anhang 6 deutlich machen werde, zeigen sich nach eingehender Prüfung von Lemperts Studie signifikante Unterschiede in fast jeder Hinsicht. Es hat fast den Anschein, als habe sich diese Behauptung zu so etwas wie einem hartnäckigen Mythos in der Literatur über Nahtoderfahrungen entwickelt, der einer gründlichen Untersuchung bedarf. Jedes Mal, wenn ich in den zitierten Quellen nachschlage und die Originaldaten genauer unter die Lupe nehme, werden die krassen Unterschiede zwischen Nahtoderfahrungen und den naturalistischen Erfahrungen, von denen berichtet wird, offenkundig.

2 *Trends in Cognitive Sciences*, Volume 15, Issue 10, 447 ff., 18. August 2011.

3 In Spanien wurde der Artikel in »Cuarto Milenio« erwähnt, einer beliebten Fernsehshow über Parapsychologie, sowie in einem Radioprogramm namens »MIlenio 3«, in einer der großen Zeitungen, »el ABC«, und in »el Mundo«. Raten Sie mal, was sie alle als Schlagzeile hatten: »Die Wissenschaft kann Nahtoderfahrungen endlich erklären. Sie haben nichts Paranormales an sich.« Die französische Zeitung »le Figaro« veröffentlicht eine ähnliche Besprechung dieses Artikels, die russische »Коммерсантъ« ebenfalls. (Aus der Diskussion am Ende dieses Interviews: http://www.skep tiko.com/165-dr-caroline-watt-defends-there-is-nothing -paranormal-about-near-death-experiences/

4 *Life After Life*, 156–177.

5 *Science and the Near-Death Experience*, 150–215.

6 *Consciousness Beyond Life*, 105–135.

7 Penny Sartori: *The Near Death Experiences of Hospitalized Intensive Care Patients: A Five-Year Clinical Study* (New York: The Edwin Mellen Press, 2008), 57–120.

8 *The Handbook of Near-Death Experiences: Thirty Years of Investigation* (Santa Barbara, Kalifornien: ABC-CLIO, LLC), 213–234.

9 http://www.skeptiko.com/165-dr-caroline-watt-defends-there-is-nothing-paranormal-about-near-death-experiences/

10 Pim van Lommel stellt in einer veröffentlichten Antwort auf Mobbs und Watt fest: »Ich habe große Bedenken, ob Artikel wie der von Mobbs und Watt den Prozess bis zur Veröffentlichung in einer wissenschaftlichen Fachzeit-

schrift überstehen, wenn die Autoren nicht einmal die vorhandene Literatur berücksichtigen, die der von ihnen vertretenen Position widerspricht.« *Journal of Near-Death Studies*, 30 (2), Winter 2011.

11 *The Handbook of Near-Death Studies*, 7.

12 *Journal of Near-Death Studies*, Vol. 30, No. 2, Winter 2011, Pim van Lommel, Guest Editorial: »Setting the Record Straight; Correcting Two Recent Cases«, 108 f.

13 http://www.skeptiko.com/165-dr-caroline-watt-defends -there-is-nothing-paranormal-about-near-death-experiences/

14 In Kapitel 4 habe ich die von Mobbs und Watt gegebene Erklärung für das Gefühl, tot zu sein, nicht erwähnt, weil sie üblicherweise nicht erörtert wird. Sie merken an, dass das Gehirn Menschen so austricksen kann, dass sie denken, sie seien tot. Das nennt sich Cotard-Syndrom. Sie schildern einen Fall, in dem bei einer Patientin Epilepsie und Enzephalitis diagnostiziert worden war. Doch ihre Überzeugung, sie sei gestorben, war vollkommen irrational, denn sie konnte ihren Körper berühren und merkte, dass sie ganz körperlich herumlief und sich mit lebenden Menschen unterhielt. Sie litt unter Wahnvorstellungen. Sie wusste nicht, wie sie zu Tode gekommen war, vermutete aber, es könne passiert sein, als sie vor ein paar Wochen eine Grippe gehabt hatte. Sie berichtete auch, dass sie Disco-Musik halluziniert hatte, sich bewegende Wände und das Gefühl, Wasser laufe ihren linken Unterarm hinunter. R. McKay, L. Cipolotti: »Attributional Style in a Case of Cotard Delusion«, *Consciousness and Cognition*, 16 (2007), 353.

Wenn man die Details dieser Studie liest, bestätigt sich, dass das Erlebnis dieser Patientin vollkommen anders war als das von Nahtoderfahrenen, die später rational zu dem Schluss kommen, dass sie tot gewesen sein müssen, und zwar basierend auf empirischen Daten, etwa, dass sie gehört haben, wie ein Arzt sie für tot erklärt hat, dass sie ihren leblosen Körper aus einer gewissen Entfernung gesehen haben, dass sie durch Menschen hindurch gegangen sind, dass sie himmlische Wesen gesehen und Gott getroffen haben, und so weiter.

Einerseits unterscheidet sich das Cotard-Syndrom stark von einer Nahtoderfahrung, und andererseits schaffen Mobbs und Watt es nicht, das Syndrom mit Nahtoderfahrungen in Verbindung zu bringen. Sie geben zu, dass »nicht bekannt ist, warum Wahnvorstellungen wie das Cotard-Syndrom überhaupt auftreten«. Welche Daten zwingen uns also zu glauben, dass das Cotard-Syndrom wahrscheinlich während einer Nahtoderfahrung auftritt? Einfach darauf hinzuweisen, dass manche wahnhaften Menschen denken, sie seien tot, beweist in keiner Weise, dass Nahtoderfahrungen, in denen die Betreffenden das Gefühl haben, tot zu sein, illusorisch sind.

15 *Dying to Live*, 34.

16 *Dying to Live*, 39.

17 Mobbs behauptet in einer Antwort auf Kritik, er habe Holdens Kapitel über wahrheitsgetreue Erlebnisse gelesen und dort sei nur eine entsprechende Fallstudie vorgestellt worden. (Response to Greyson, et al.: »There is nothing paranormal about near-death experiences«, Dean Mobbs, *Trends in Cognitive Sciences*, September 2012, Vol. 16, No. 9), S. 446. Doch Holdens Kapitel war eine Besprechung von Literatur zu diesem Thema und kein Versuch, Details zu einzelnen Studien vorzustellen. Sie dokumen-

tierte ihr Kapitel sorgfältig, und zwar für über 100 Beispiele von Nahtoderfahrungen mit Belegen in 43 verschiedenen Studien.

18 http://www.skeptiko.com/165-dr-caroline-watt-defends-there-is-nothing-paranormal-about-near-death-experiences/

19 http://www.skeptiko.com/165-dr-caroline-watt-defends-there-is-nothing-paranormal-about-near-death-experiences/

Anhang 4

1 Raymond A. Moody: *The Light Beyond* (New York: Bantam Books, 1988), 18. Beachten Sie auch Michael B. Sabom: *Recollections of Death*, 145, 184 ff. über die Art der Beweise. Siehe auch Moody: *Life After Life*, 177–186.

2 Moodys Autobiografie mit dem Titel *Paranormal* (New York: HarperCollins, 2012) macht deutlich, warum er sich mit der Erklärung, dass Nahtoderfahrungen einen Beweis für den Himmel und Gott liefern, so zurückhielt. Erstens war er als Philosophiestudent an der Universität Virginia sehr beeindruckt gewesen von der einzigartigen Fähigkeit des Sokrates, Menschen zu der Erkenntnis zu verhelfen, dass ihre Positionen längst nicht so fest und unverrückbar waren, wie sie dachten. Also vermied er Dogmatismus, wohl wissend, dass auch feste Meinungen aufgegeben werden können. Er wollte die Menschen nicht in falscher Sicherheit hinsichtlich des Himmels wiegen, nur um zu erleben, dass diese Hoffnung durch künftige Forschungen zunichtegemacht werden würde. Zweitens wusste er, dass Nahtoderfahrungen keine Erfahrungen waren, die Menschen bei ihrem endgültigen Tod machten. Es waren Erlebnisse, die auf irgendeiner Zwischenstufe statt-

fanden. Daher sagen uns die *Nahtod*erlebnisse von Menschen nicht unbedingt etwas über die *finalen* Todeserlebnisse, die sie haben werden. Drittens hatte Moody eine sehr problematische Beziehung zu seinem Vater, der nicht an Gott glaubte und sich noch nicht einmal Argumente anhören wollte, die für irgendetwas Übersinnliches sprachen. Moody selbst sagt dazu: »Ich hatte große Angst vor meinem Vater – und die habe ich immer noch.« (228) Vielleicht wollte er seinem Vater gefallen, indem er in der Öffentlichkeit stets skeptisch blieb. Viertens war es ihm wichtig, dass *Life After Life* von der wissenschaftlichen und speziell von der medizinischen Gemeinschaft akzeptiert werden würde. Wohl wissend, dass sein erstes Buch nicht genügend Beweise für das Jenseits geben konnte, beschloss er, die Geschichten für sich sprechen zu lassen, statt den Versuch zu unternehmen, sie mit eigenen Superlativen und dogmatischen Schlussfolgerungen zu sensationalisieren. Stattdessen beschloss er, die Geschichten einfach zu veröffentlichen und den wissenschaftlichen Prozess dadurch in Gang zu setzen, dass er die typischen Elemente einer Nahtoderfahrung skizzierte – in der Hoffnung, dies werde andere Forscher zu strengen wissenschaftlichen Untersuchungen von Nahtoderfahrungen inspirieren. Es funktionierte. (46, 81, 100–103, 118).

3   Groß angelegte klinische Studien sind nicht so eindeutig, wie man denken könnte. Beispielsweise hat eine Studie ergeben, dass ganze 90 Prozent der sorgfältig konzipierten, streng kontrollierten, groß angelegten medizinischen Studien am Ende entweder verworfen oder umfassend überarbeitet wurden.

(http://well.blogs.nytimes.com/2010/10/18/questioning-the-results-of-medical-research) Dean Mobbs, Koautor von »There is nothing paranormal about near-death experiences«, schlägt in der Antwort auf Kritik an seinem Artikel vor, dass Nahtodforscher »Goldstandard«-Verfahren wie Doppelblindstudien nutzen sollten (»Response to Greyson et al.: There is nothing paranormal about near-death experiences«, *Trends in Cognitive Sciences*, Sept. 2012, Vol. 16, No. 9, 446). Doch Doppelblindstudien sind nicht immer praktisch, nicht einmal in der Medizin. Wenn Forscher beispielsweise eine Doppelblindstudie durchführen wollen um festzustellen, ob eine Operation am offenen Herzen effektiv ist, brauchen sie zwei Gruppen von Patienten mit schweren arteriellen Blockaden. Die Patienten der ersten Gruppe würden aufgeschnitten und bekämen einen Bypass. Die der anderen Gruppe würden ebenfalls aufgeschnitten, bekämen aber keinen Bypass. Keine der beiden Gruppen wüsste, wer den Bypass tatsächlich hat. Es ist offensichtlich nicht praktikabel, Doppelblindstudien durchzuführen, um Operationen am offenen Herzen zu testen. In solchen Fällen müssen andere Formen der Beweiserbringung genutzt werden.

Die Bedeutung des Begriffs »wissenschaftlicher Beweis« ändert sich von Fachgebiet zu Fachgebiet. »Für den Begriff *wissenschaftlicher Beweis* gibt es keine allgemein akzeptierte Definition, aber in der Regel bezieht er sich auf Beweismittel, die eine wissenschaftliche Theorie oder Hypothese entweder unterstützen oder widerlegen. Von einem solchen Beweis erwartet man im Allgemeinen, dass er empirisch und ordnungsgemäß dokumentiert ist, und zwar in Übereinstimmung mit den wissenschaftlichen Methoden, die auf dem betreffenden Fachgebiet üblich sind. Die Standards für die Beweisführung können variieren, je nachdem, ob das Fachgebiet, auf dem die Untersuchung stattfindet, zu den Natur- oder Sozialwissenschaften gehört.« (http://en.wikipedia.org/wiki/Scientific_evidence).

Der folgende Artikel beschreibt, wie medizinische Entscheidungen auch rechtsgültige Beweise einbeziehen sollten (und auch tatsächlich einbeziehen), obwohl sich die Medizin oft rühmt, allein auf wissenschaftlichen Beweisen zu basieren. Medizin ist »eine Kunst der Wahrscheinlichkeiten oder, im besten Fall, eine Wissenschaft der Unsicherheit. Man kann sie besser praktizieren, wenn man neben den wissenschaftlichen noch andere Standards zur Beweisaufnahme heranzieht. Nur wissenschaftliche Standards für die Beweisführung zuzulassen, ist unangemessen, wenn nicht sogar unmöglich. Hinzu kommt, wie diese Überprüfung zeigen wird, dass ihre Anwendung in der Medizin zu vielen Verzerrungen führt.« Donald W. Miller, Jr., MD, Clifford G. Miller, Esq.: »On Evidence, Medical and Legal«, *Journal of American Physicians and Surgeons* Volume 10 Number 3, Herbst (2005).

4   Siehe John C. Lennox: *God's Undertaker* (Oxford: Lion Hudson, 2009), 32 ff., über die Schwierigkeit, die Wissenschaft und die wissenschaftliche Methode zu definieren. Und S. 38 über die Berücksichtigung aller verfügbaren empirischen Beweise, um auf die beste Erklärung schließen.

5   In der Wissenschaft wurde »anekdotische Evidenz« unterschiedlich definiert, etwa als:

• »Information, die nicht auf Fakten oder sorgfältigen Untersuchungen basiert«;

- »Berichte oder Beobachtungen, die in der Regel von unwissenschaftlichen Beobachtern stammen«;
- »eher zufällige Beobachtungen oder Angaben als Ergebnisse einer strengen, wissenschaftlichen Analyse«;
- »Information, die zwar mündlich weitergegeben, aber
nicht wissenschaftlich dokumentiert wurde«.

Eine gute Darstellung der »anekdotischen Evidenz« finden
Sie hier: http://de.wikipedia.org/wiki/Anekdotische_Evidenz
Sartori unterscheidet ihre Beweise von anekdotischen: »Die
Tatsache, dass ich mit diesen Patienten zu der Zeit arbei-
tete, als sie [die Nahtoderfahrungen] auftraten, erhöht ihre
Authentizität. Ihre Berichte waren nicht anekdotisch, son-
dern wurden entweder zur Zeit des Ereignisses eruiert oder
innerhalb von wenigen Tagen danach.« *The Near Death Ex-
periences of Hospitalized Intensive Care Patients: A Five-Year
Clinical Study* (New York: The Edwin Mellen Press, 2008), 300.

6   Pim van Lommel: *Consciousness Beyond Life* (New York:
HarperCollins, 2010), 139 f., 150–153.

7   Siehe zum Beispiel die Ergebnisse von van Lommels
prospektiver Studie, für die er mit einer Kontrollgruppe arbeitete. Ibd., 149–153.

8   Laut Dr. Long sagten 8,5 Prozent der Nahtoderfahrenen, die ihre Geschichten anonym auf seine Website stellten, dass sie ihre Erfahrung noch nie mit einer anderen
Person geteilt hatten. *Evidence of the Afterlife*, Jeffrey Long
(New York: HarperOne, 2010), 35. Sabom sagt dazu: »Viele
waren nicht einmal in der Lage, dies ihren engsten Freunden oder Angehörigen mitzuteilen, weil sie fürchteten, sich
lächerlich zu machen.« *Recollections of Death* (New York:
Harper & Row, 1982), 11.

9   *The Near Death Experiences of Hospitalized Intensive Care Patients: A Five-Year Clinical Study*, 327.

10   Wie der in Cambridge lehrende Mathematiker und Wissenschaftsphilosoph John Lennox postuliert, schließt die Wissenschaft manche Lücken, andere hingegen öffnet sie. Siehe seine Erörterung in *God's Undertaker* (Oxford: Lion Hudson, 2009), 188–192.

11   *The Handbook of Near-Death Experiences: Thirty Years of Investigation* (Santa Barbara, California: ABC-CLIO, LLC.), 7.

12   Karl Jansen erörtert dies in »The Ketamine Model of the Near-Death Experience«, *Journal of Near-Death Studies*, 16 (1) (1997), S. 5.

13   Raymond A. Moody: *Paranormal* (New York: Harper-Collins, 2012), 243 f.

14   Ibd., 244 ff.

Anhang 5

1   Susan Blackmore: *Dying to Live* (New York: Prometheus Books, 1993), 3.

2   Ibd., 22, 39, 261.

3   Ibd., 62 etc.

4   Ibd., 244.

5   Ibd., 113–135, 262.

6   Ibd., 49.

7   Ibd. Ich weiß zu schätzen, dass sich Blackmore in der Regel mit angemessener Vorläufigkeit ausdrückt, statt dogmatisch zu verkünden, dass sie eine wissenschaftliche Verbindung nachgewiesen hat. Zum Beispiel: »Das bedeutet, dass es eine Phase geben könnte … In diesem Zustand hätten sie in der Lage sein können zu hören, was los war.«

(59) »Ausgehend von diesem Hinweis möchte ich nun versuchen, eine Vorstellung davon zusammenzustückeln, welche Erfahrungen unter welchen Bedingungen auftreten sollten. Der Beweis ist im Moment höchst unzulänglich.« (62) »Es ist sicherlich gefährlich, auf der Grundlage der allgemein im Gehirn ablaufenden Prozesse über bestimmte geistige Prozesse zu spekulieren. Wenn man allerdings bedenkt, dass es sich um reine Spekulation handelt, ergibt sich eine interessante Möglichkeit.« (63) Sie erwähnt auch sachgerecht, wo ihre Hypothese noch weiterer Prüfung bedarf. Über ihre Erklärungen für das Tunnelerlebnis sagt sie: »Soweit ich weiß, wurde dies noch nicht überprüft.« – »Das ist noch nie getestet worden.« (87) »Auch das muss noch überprüft werden.« (90) Bezüglich des Lebensrückblicks merkt sie an, dass die entscheidende Vorhersage »schwerlich direkt getestet«, aber vielleicht indirekt geprüft werden kann. (217)

8   Janice Miner Holden, Bruce Greyson, Debbie James (Hrsg.): *The Handbook of Near-Death Experiences: Thirty Years of Investigation* (Santa Barbara, California: ABC-CLIO, LLC), Kapitel von Holden, Long und McClurg, 132 f.

9   Ibd., 43, 49.

10   Ibd., 67–93.

11   Jeffrey Long: *Evidence of the Afterlife* (New York: Harper-One, 2010), 9.

12   Von www.nderf.org. Eine der Personen, die ich interviewt habe, beschrieb den Tunnel als bunt glänzend wie die bunten Pfefferminzbonbons der Marke Certs. Blackwell führte ihre eigene Umfrage in Indien durch, bei der es ihr darum ging, Nahtoderfahrene zu finden, die ein Tunnelerlebnis gehabt hatten. Aber ihre Umfrage war aus zwei

Gründen in die Kritik geraten. Erstens war sie in einer englischsprachigen Zeitschrift veröffentlicht worden, die hauptsächlich von Menschen gelesen wird, die die Standards des Westens angenommen hatten. Zweitens stellte sich bei näherer Betrachtung heraus, dass das, was die Befragten als Tunnel bezeichneten, möglicherweise nicht dem entsprach, was in den westlichen Berichten als Tunnel beschrieben wurde. *The Handbook of Near-Death Experiences*, 140, 150 ff. Bei Sartori findet sich eine besonders gute Erörterung der Tunnelerfahrung und von Blackmores diesbezüglicher Argumentation. Penny Sartori: *The Near Death Experiences of Hospitalized Intensive Care Patients: A Five-Year Clinical Study* (New York: The Edwin Mellen Press, 2008), 62–66.

13 *Dying to Live*, 180.

14 Michael Sabom: *Light & Death* (Grand Rapids: Zondervan Publishing House, 1998), 184.

15 *Dying to Live*, 136–164.

16 Ibd., 163. Blackmore nimmt dies auch weiterhin als Grundlage für ihre Erklärung von Nahtoderfahrungen an. Gegen Ende ihres Buches schreibt sie: »Mein Fazit ist, dass eine Nahtoderfahrung zu einem Zusammenbruch des Modells vom eigenen Ich führt, und zwar gleichzeitig mit dem Zusammenbruch der normalen Abläufe im Gehirn. Auf diese Weise kann sie die Illusion, dass wir getrennte Ichs sind, geradewegs durchschneiden. Es wird deutlich, dass ein ›Ich‹ nie existiert hat und es daher niemanden gibt, der stirbt.« (S. 259)

17 Siehe *Dying to Live*, Kapitel 7, und vor allem das Fazit auf Seite 164.

18 Ibd., 224.

19 Ibd., Kapitel 11.

20 Ibd., 242 f., 253.

21 Wenn die Nahtoderfahrung wirklich einen Zusammenbuch der Illusion des Ichs demonstriert, würde ich davon ausgehen, dass diejenigen, die sie machen, von einer verminderten Bedeutung des Ichs berichten. Doch in Nahtodstudien findet sich die gegenteilige Erfahrung. Sartori bezieht sich auf H. J. Irwin: »The Near-Death Experience as a Dissociative Phenomenon: An Empirical Assessment« in *Journal of Near-Death Studies*, 12 (2), 95–103 (1993) und kommt zu dem Schluss, dass das Gefühl für die eigene Identität eher verstärkt als vermindert wird. K. Ring fand Nahtoderfahrene, die von einem gesteigerten Gefühl für den Sinn ihres Lebens und größerem Selbstbewusstsein berichteten. *Heading Toward Omega: In Search of Meaning of the Near-Death Experience* (New York: William Morrow, 1984), Verweis in *The Handbook of Near-Death Experiences*, 43. Moodys Probanden (*Life After Life*, 90, 93, 96) berichteten von einem Gefühl der besonderen Bedeutung oder Bestimmung, von dem Gefühl, dass ihnen von Gott oder dem Schicksal eine besondere Gnade zuteil geworden war, und einer stärkeren Gewissheit in Bezug auf das Leben nach dem Tod. Tendenziell verlieren sie die Angst vor dem Tod, nicht weil sie glauben, dass das Ich nie existiert hat, sondern wegen ihres »neuen oder gestärkten Glaubens an ein Überleben des körperlichen Todes«. Viele glauben an den Himmel und eine freudvolle Wiedervereinigung mit ihrem Schöpfer. Sie sind fest entschlossen herauszufinden, was Sein Wille für ihr Leben ist. (*Life After Life*, 96; *The Handbook of Near-Death Experiences*, 45 f.) Siehe auch *Reflections on Death*, 22. Ein Satz wie: »Ich hatte die ab-

solute Kontrolle über meinen Verstand« klingt mehr nach *erhöhter* als nach *aufgelöster* Identität.

Blackmores Interpretation der positiven Veränderungen als etwas, das auf den Zusammenbruch der Illusion des Ichs während der Nahtoderfahrung zurückzuführen ist, wird nicht von den Forschungen gestützt, die andeuten, dass die Erfahrung den Betreffenden »eine transzendente Realität offenbart und sie von Angesicht zu Angesicht mit einer göttlichen Präsenz zusammengebracht hat«. (*The Handbook of Near-Death Experiences*, 57) »Es ist, als habe ihnen der Schöpfer des Universums das kostbare Geschenk des Lebens gegeben, und dieses Leben bekommt eine besondere Bedeutung und ist mit einer einzigartigen Mission ausgestattet.« (58)

22   Wir könnten noch mehr Beobachtungen aufführen, die gegen Blackmores Hypothese sprechen. Wenn wir wirklich keine Wahl haben (wie Blackmore glaubt), gibt es kein echtes Recht und Unrecht. Dann *ist* alles einfach wie es ist. Wenn es kein »Ich« gibt, warum verwendet sie dann Subjekte wie »wir« im ganzen Buch? Wie kann sie mit Sätzen wie »*wir* müssen die mentalen Modelle verstehen, die vom sterbenden Gehirn erschaffen werden« und »*wir* müssen uns fragen, welches Modell des Ich zu dieser Zeit konstruiert wurde« (Hervorhebungen von mir) zum nächsten Kapitel überleiten? Falls ich Kapitel 7 nicht missverstanden habe, *gibt es kein* »*Wir*«, denn wenn es »mich« und alle anderen »Ichs« nicht gibt, kann es auch kein »Wir« als Ansammlung von Individuen geben. Und aus welchem Grund sollten wir unseren Verstandeskräften vertrauen, wenn sie lediglich Teil eines fehlbaren Konstrukts sind?

23   Wenn die Auflösung des Ichs der wichtigste Teil der Erfahrung ist, warum finde ich dann keine Menschen mit einer Nahtoderfahrung, die von diesem Verlust des Ichs und seiner Bedeutung berichten? Laut Blackmore rekonstruiert das Bewusstsein sofort nach der Rückkehr in das Gehirn der Betreffenden ein anderes Modell des Ichs. (259) Obwohl dies den Gegenbeweis für die Berichte über Nahtoderfahrungen erklären würde, würde es auch unsere wichtigsten Daten für die Erforschung von Nahtoderfahrungen – die persönlichen Berichte –, auf denen wir unsere Theorien aufbauen, praktisch nutzlos machen.

Somit scheint Blackmores Verteidigung der Auflösung des Ichs als Grund für eine Veränderung, die das ganze Leben betrifft, außerordentlich schwach zu sein. (247 ff.) Anstatt eine Umfrage zu machen und Menschen zu befragen, welcher Aspekt ihrer Erfahrung sie verändert hat, geht sie davon aus, dass die meisten von ihnen das, was sie verändert hat, falsch interpretiert haben, und behauptet, es sei die »Verlust des Ichs«-Erfahrung gewesen, von der sie noch beweisen muss, dass sie überhaupt ein Teil der Gesamterfahrung war. Um ihre Behauptung zu stärken, zitiert sie einen Mann, der mit der Erklärung, »sein Ich habe sich aufgelöst«, aus seiner Erfahrung hervorging. Blackmore räumt allerdings ein, dass seine Erfahrung durch Medikamente (wahrscheinlich Morphin) induziert war und es sich nicht um eine klassische Nahtoderfahrung handelte. (254 f.) An dieser Stelle scheint sie ihren Forschungsansatz ganz aufgegeben zu haben. Eine gute allgemeine Diskussion der psychologischen Argumente Blackmores finden Sie in *The Near Death Experiences of Hospitalized Intensive Care Patients*, 95–98.

24   *Dying to Live*, 113. Siehe auch ihre Zusammenfassung auf den Seiten 262 f.

25   http://www.newdualism.org/nde-papers/Ring/Ring -Journal%20of%20Near-Death%20Studies_1997-16-101 -147.pdf   K. Ring und Sharon Cooper: »Near-Death and Out-of-Body Experiences in the Blind: A Study of Apparent Eyeless Vision«, *Journal of Near-Death Studies*.

Anhang 6

1   Kevin Nelson: *The Spiritual Doorway in the Brain* (New York: Dutton, 2011), 5.

2   Ibd., 260.

3   Ibd., 67.

4   Ibd., 214, 218.

5   Ibd., 3 f.

6   Ibd., 4.

7   Ibd., 9.

8   Ibd., 200, 270.

9   »Wir haben herausgefunden, dass Nahtoderfahrene in der Tat mehr paranormale oder übersinnliche Fähigkeiten haben als Normalbürger. Und wir sprechen hier nicht von einer leichten Steigerung der Fähigkeiten. Bei Menschen, die eine Nahtoderfahrung gemacht haben, ist es viermal wahrscheinlicher, dass sie auch Erfahrung mit übersinnlichen Erlebnissen haben, als bei Menschen, die keine solchen Erfahrungen gemacht haben.« Melvin Morse mit Paul Perry: *Transformed by the Light: The Powerful Effect of Near-Death Experiences on People's Lives* (Raleigh, NC: Ivy Books, 1993), 91.

10   Siehe die Fragen, die er gestellt hat. (Nelson, 201) Ein anderes potenzielles Problem ist, dass er eine spezifi-

sche Untergruppe von Nahtoderfahrenen untersucht hat. »Jeder glaubte zu der Zeit«, zu der er das Nahtoderlebnis hatte, »dass sein Leben in unmittelbarer Gefahr war.« (200) Warum suchte er sich dann nicht einfach Menschen, die ihre Nahtoderfahrungen teilen wollten? Nun, seine Hypothese lautet, dass Angst »die entscheidende Verbindung« zu vielen unserer spirituellen Erfahrungen ist. (160) Er suchte also offenbar gezielt nach Nahtoderfahrenen, die vor Beginn ihrer Nahtoderfahrung Angst gehabt hatten. Doch andere Nahtoderfahrene wurden einfach plötzlich ohnmächtig, ganz offensichtlich ohne jede Furcht vor dem Tod. Dies gilt beispielsweise für die Patienten, die van Lommel untersucht hat: »Die meisten Patienten hatten vor ihrem Herzstillstand keine Angst vor dem Tod; er kam so schnell, dass sie ihn gar nicht bemerkten.« (365).

Es ist gut möglich, dass Nelson am Ende eine große Anzahl von Fällen hatte, in denen Menschen zwar *dachten*, sie müssten sterben, dem Tod aber in Wirklichkeit gar nicht nah waren. Dies könnte die Stichprobe dahingehend beeinflussen, dass Menschen befragt wurden, die eher dazu neigen, sich in Zeiten extremer Gefahr von ihrem Körper abzuspalten.

11   *The Spiritual Doorway in the Brain*, 128–131.

12   Siehe zum Beispiel B. Greyson, E. W. Kelly, E. F. Kelly: »Explanatory Models for Near-Death Experiences« in *The Handbook of Near-Death Experiences*, 217. Siehe auch Chris Carter: *Science and the Near-Death Experience* (Rochester, Vermont: Inner Traditions, 2010), 164–168.

13   Hier ist ein anderes Beispiel. Grundlegend für Nelsons Hypothese ist seine Überzeugung, dass geistige Funk-

tionen vom Gehirn hervorgebracht werden. Doch wieder zieht er zu keinem Zeitpunkt gegenteilige Beweise in Betracht. Ist sich Nelson, während er sich auf die Forschungen des Neurochirurgen Wilder Penfield verlässt, darüber im Klaren, dass Penfield, nachdem er sich ein Leben lang mit der Erforschung des Gehirns beschäftigt hat, zu dem Schluss kam, dass der Geist vom Gehirn getrennt ist? Penfield sagt: »Ich für meinen Teil bin nach Jahren, in denen ich mich bemüht habe, den Geist allein auf der Basis der Gehirnaktivitäten zu erklären, zu dem Schluss gekommen, dass es einfacher (und viel leichter logisch zu erklären) ist, wenn man von der Hypothese ausgeht, dass unser Wesen aus zwei grundlegenden Elementen besteht.« W. Penfield: *The Mystery of the Mind* (Princeton NJ: Princeton University Press, 1975), 80. Siehe auch die Seiten 39, 47 f., 85.

14 *The Spiritual Doorway in the Brain*, 124.

15 »Syncope and near-death experience« (1994). *The Lancet*, 344 (8925), 829. Lempert, T., Bauer, M. und Schmidt, D. (1994): »Syncope: A videometric analysis of 56 episodes of transient cerebral hypoxia« in *Annals of Neurology*, 36: 233–237.

16 Beispielsweise stellt sich bei einer näheren Untersuchung von Berichten über Tunnelsicht und »Traumfetzen« in Studien über Kampfflieger, die starken Gravitationskräften ausgesetzt sind, oft heraus, dass sich die tatsächlichen Berichte deutlich von den kurzen Zusammenfassungen unterscheiden, die Menschen heranziehen, um zu versuchen Ähnlichkeiten aufzuzeigen. Siehe Chris Carter: *Science and the Near-Death Experience* (Rochester, Vermont: Inner Traditions, 2010), 172–176.

17 *The Spiritual Doorway in the Brain*, 132. In der Tat behauptet Nelson, dass die Merkmale von Nahtoderfahrungen »zusammenwirken, woraus wir schließen können, dass weite Teile des Gehirns an diesen Erfahrungen beteiligt sind«. (117) Aber wäre ein so aktives Bewusstsein, wenn es in der Tat ausschließlich vom Gehirn hervorgebracht werden würde, nicht auf einem EEG zu sehen?

18 Ibd., 146.

19 Ibd., 144 ff.

20 Ibd., 148.

21 Ibd., 148.

22 Ibd., 211 f.

23 In einer Fußnote bringt Nelson seine Skepsis gegenüber paranormalen Behauptungen zum Ausdruck: »Außergewöhnliche Behauptungen jedoch erfordern außergewöhnliche Beweise.« (116) »Wenn es darum geht, an das Übersinnliche zu glauben, lege ich zunächst die Messlatte an, die David Hume für Wunder zur Verfügung gestellt hat, welche die Naturgesetze verletzen: ›Ich glaube nur dann an das Übersinnliche, wenn nicht daran zu glauben bedeuten würde, an etwas noch Übernatürlicheres zu glauben.‹« (267). Einerseits scheint dies ein vernünftiger Ansatz in dem Sinne zu sein, dass wir, wenn jemand schreit: »Das war ein Wunder!«, zunächst nach möglichen natürlichen Erklärungen suchen sollten. Eine Person behauptet vielleicht, durch Gebet sei ihr Krebs auf wunderbare Weise in Remission gegangen. Doch wie hoch ist der Prozentsatz der Menschen, bei denen dieselbe Art von Krebs in Remission gegangen ist? Wenn es fünf Prozent sind, könnte ihre Remission dann nicht hinreichend damit erklärt werden, dass sie zu diesen fünf Prozent gehört?

Doch einige treiben dieses Prinzip zu weit, indem sie längst nicht alles als »außergewöhnlichen Beweis« akzeptieren. David Hume ist beispielsweise der Ansicht, wenn man die Auferstehung Jesu beweisen könnte, sei das noch lange kein wie auch immer gearteter Beweis für dessen Göttlichkeit. Vielleicht hat die Wissenschaft eines Tages eine angemessene natürliche Erklärung dafür, wie sie mittlerweile Erklärungen für so viele andere angeblich wundersame Vorkommnisse hat. Abgesehen davon, gibt es ein Gesetz der Logik, nach dem jemand, der von den Toten aufersteht, automatisch ein Gott sein muss?

Vielleicht zeigt uns die Auferstehung ja lediglich, dass Jesus ein großer Magier war?

Wenn man Humes Ansatz nimmt, wird offensichtlich, dass nichts jemals genügend Beweise für ein paranormales Ereignis liefern wird. Für ihn ist der Beweis für das normale Funktionieren der Naturgesetze so überwältigend, dass die Beweise dafür, dass diese Gesetze verletzt wurden, nie genügen.

Aber mir scheint es, dass die von Nahtoderfahrenen erbrachten Beweise in der Tat außergewöhnlich sind, und zwar in einem solchen Ausmaß, dass natürliche Erklärungen dafür tatsächlich noch »wundersamer« sind als übernatürliche. Sicher, es ist denkbar, dass die Wissenschaft irgendwann in der Zukunft erklären kann, wieso Blindgeborene während einer Nahtoderfahrung sehen können und wieso Menschen in dem Moment aufwachen, in dem ein entfernter Verwandter stirbt, dessen Anwesenheit spüren oder seine Reise in eine andere Dimension miterleben. Aber für mich erfordert es im Lichte aller derzeit verfügbaren wissenschaftlichen Erkenntnisse mehr blindes Vertrauen in eine naturalistische Erklärung als zu glauben, dass es in diesem Leben mehr gibt, als unsere Naturgesetze erklären können. Ich behaupte, dass engagierte Naturalisten die außergewöhnliche Natur der Beweise für das Paranormale vielleicht nie sehen. Und warum nicht? Wegen der Macht ihres Paradigmas, die bewirkt, dass sie alle Beweise durch ihre naturalistisch eingefärbte Brille sehen.

24   Eben Alexander: *Proof of Heaven* (New York: Simon & Schuster, 2012). Mehr über Nelson finden Sie in einer Besprechung von Nelsons Buch. Rudolf H. Smit und Titus Rivas: *Book Review, The Spiritual Doorway in the Brain: A Neurologist's Search for the God Experience* von Kevin Nelson, *The Journal of Near-Death Studies*, Vol. 30, No. 2 (Winter 2011). Der folgende Artikel übt Kritik an zwei von Nelsons Zeitschriftenartikeln zu dem Thema, auf das er in seinem Buch ausführlich eingeht: »Does the Arousal System Contribute to Near-Death and Out-of-Body Experiences? A Summary and Response« von Jeffrey Long und Janice Miner Holden. *Journal of Near-Death Studies*, 25 (3) (Frühjahr 2007).

Anhang 7

1   Raymond Moody: *Paranormal* (New York: HarperCollins, 2012), 60 f.

2   Ibd., 94 f.

3   Blackmore stellt fest, dass »Visionen über die Zukunft der Welt« relativ selten sind. *Dying to Live*, (Buffalo, NY: Prometheus Books, 1993), 30.

4   http://www.skeptiko.com/112-gary-habermas-skeptical-of-near-death-experience-spirituality

5   Einer von Sartoris Patienten berichtete von einem in diesem Zusammenhang interessanten Ereignis. Ein Wesen auf der anderen Seite sagte ihm, er solle eine Verwandte warnen, nicht alles zu glauben, was ein Medium ihr sagt, weil manches davon gelogen sei. Interessanterweise wusste er noch nicht einmal, dass sie ein Medium konsultiert hatte. Penny Sartori: *The Near-Death Experiences of Hospitalized Intensive Care Patients* (Lewiston, Queenston, Lampeter: The Edwin Mellen Press: 2008), 178 ff.

6   Pim van Lommel: *Consciousness Beyond Life* (New York: HarperCollins, 2010), 56 ff.

7   Michael B. Sabom: *Recollections of Death* (New York: Harper & Row, 1982), 139 ff.

8   Ibd., 140.

9   *The Near-Death Experiences of Hospitalized Intensive Care Patients,* 244.

10   Ibd., 252 f.; J. M. Holden, B. Greyson, D. James (Hrsg.): *The Handbook of Near-Death Experiences: Thirty Years of Investigation* (Santa Barbara, California: ABC-CLIO, LLC., 2009), 319 f.

11   *The Near-Death Experiences of Hospitalized Intensive Care Patients,* 304.

Anhang 8

1   P. M. H. Atwater: *Children of the New Millennium* (New York: Three Rivers Press, 1999).

2   R. J. Bonenfant: »A child's encounter with the devil: An unusual near-death experience with both blissful and frightening elements«, *Journal of Near-Death Studies,* 20: 87–100 (2001).

3   R. J. Brumblay: »Hyperdimensional perspectives in out-of-body and near-death experiences«, *Journal of Near-Death Studies*, 21: 201–21 (2003).

4   K. Clark: »Clinical interventions with near-death experiencers« in B. Greyson und C. P. Flynn (Hrsg.): *The Near-Death Experience: Problems, Prospects, Perspectives* (Springfield, IL: Charles C. Thomas, 1984), 242–255.

5   F. P. Cobbe: *The Peak in Darien* (London: Williams & Norgate, 1882).

6   E. K. Cook, B. Greyson und I. Stevenson: »Do any near-death experiences provide evidence for survival of human personality after death? Relevant features and illustrative case reports« in *Journal of Scientific Exploration* 12: 377–406 (1998).

7   R. Crookall: *Case-Book of Astral Projection* (Secaucus, NJ: University Books, 1972).

8   G. F. Ellwood: *The Uttermost Deep: The Challenge of Near-Death Experiences* (New York: Lantern Books, 2001).

9   P. Fenwick und E. Fenwick: *The Truth in the Light: An Investigation of over 300 Near-Death Experiences* (London: Headline, 1995).

10   C. Green: *Out-of-Body Experiences* (Oxford, England: Institute of Psychophysical Research, 1968).

11   M. Grey: *Return from Death* (New York: Arkana, 1985).

12   J. C. Hampe: *To Die is Gain: The Experience of One's Own Death,* Trans. M. Kohl (Atlanta: John Knox Press, 1979).

13   J. H. Hyslop: »Visions of the dying: Class 1« in *Journal of the American Society for Psychical Research* 12 (10): 585–626 (1918).

14   C. G. Jung: »Synchronicity: An Acausal Connecting Principle«. Trans. R. F. C. Hull. In H. Read, M. Fordham, G. Adler und W. McGuire (Hrsg.): *The Collected Works of C. G. Jung.* 2nd ed., Vol. 8. *The Structure and Dynamics of the Psyche* (Princeton, NJ: Princeton University Press, 1969, Erstveröffentlichung 1952), 417–531.

15   E. W. Kelly, B. Greyson und I. Stevenson: »Can Experiences Near Death Furnish Evidence of Life after Death?« *Omega* 40 (4): 513–519 (1999–2000).

16   E. Kübler-Ross: *On Children and Death* (New York: Simon & Schuster, 1983).

17   M. Lawrence: *In a World of Their Own: Experiencing Unconsciousness* (Westport, CT: Praeger, 1997).

18   J. H. Lindley, S. Bryan und B. Conley: »Near-Death Experience in a Pacific Northwest American Population: The Evergreen Study« in *Anabiosis: The Journal for Near-Death Studies* 1: 104–124 (1981).

19   L. K. Manley: »Enchanting Journeys: Near-Death Experiences and the Emergency Nurse« in *Journal of Emergency Nursing* 22 (4): 311–316 (1996).

20   R. Moody: *Life After Life* (Atlanta: Mockingbird Books, 1975).

21   R. Moody und P. Perry: *The Light Beyond* (New York: Bantam Books, 1988).

22   L. L. Morris und K. Knafl: »The nature and meaning of the near-death experience for patients and critical care nurses« in *Journal of Near-Death Studies* 21: 139–167 (2003).

23   M. L. Morse: »Near-death experiences and death-related visions in children: Implications for the clinician« in *Current Problems in Pediatrics* 24: 55–83 (1994).

24   M. L. Morse und P. Perry: *Closer to the Light: Learning from the Near-Death Experiences of Children* (New York: Villard Books, 1990).

25   F. W. H. Myers: »On indications of continued terrene knowledge on the part of the phantasms of the dead«, *Proceedings of the Society for Psychical Research* 8: 170–252 (1892).

26   »Near-Death Experiences: The Proof«. 2. Februar 2006, Artikel kopiert aus *Daily Express*, London. Ogston, A.: *Reminiscences of three campaigns* (London: Hodder & Stoughton, 1920).

27   M. Rawlings: *Beyond Death's Door* (Nashville: Thomas Nelson, 1978).

28   K. Ring, 1980.

29   K. Ring, 1984.

30   K. Ring und S. Cooper: *Mindsight: Near-Death and Out-of-Body Experiences in the Blind* (Palo Alto, CA: William James Center for Consciousness Studies, 1999).

31   K. Ring und M. Lawrence: »Further evidence for veridical perception during near-death experiences« in *Journal of Near-Death Studies* 11: 223–229 (1993).

32   K. Ring und E. E. Valarino: *Lessons from the Light* (New York: Plenum, 1998).

33   B. Rommer: *Blessing in Disguise: Another Side of the Near-Death Experience* (St. Paul, MN: Llewellyn Publications, 2000).

34   M. Sabom: *Recollections of Death: A Medical Investigation* (New York: Simon & Schuster, 1982).

35   M. A. Tutka: »Near-Death Experiences: Seeing the Light« in *Nursing* 31 (5): 62 f. (2001).

36   G. N. M. Tyrrell, 1946.

37   Pim van Lommel, R. van Wees, V. Meyers und I. Elfferich: »Near-death experience in survivors of cardiac arrest:
A prospective study in the Netherlands« in *Lancet* 358:
2039–2045 (2001).

38   Wilson: *The After Death Experience: The Physics of the
Non-Physical*. (New York: William Morrow, 1987).

Anhang 9

1   Michael Sabom: *Recollections of Death* (New York: Harper & Row, 1982), 3.

2   Ibd., 4.

3   Ibd., 7, 83.

4   Ibd., 2.

5   Ibd., 156 ff.

6   Ibd., 54, 68, 71 ff., 77 f., 90, 93 f., 98 f., 103, 110,
112 f.

7   Ibd., 7.

8   Ibd., 156–160.

9   Michael Sabom: *Light and Death* (Grand Rapids: Zondervan, 1998), 193 f.

10   Ibd., 22, 33.

11   Ibd., 37–51; 184–191.

12   Ibd., 131–142.

13   Jeffrey Long: *Evidence of the Afterlife* (New York: Harper-
One, 2010), 43.

14   Ibd., 22 f.

15   Penny Sartori: *The Near-Death Experiences of Hospitalized Intensive Care Patients* (Lewiston, Queenston, Lampeter:
The Edwin Mellen Press, 2008), 6.

16   Ibd., 122.

17   Ibd., 143.
18   Ibd., 216–224.
19   Ibd., 275.
20   Ibd., 131.